高等职业教育电子商务专业系列教材

跨境电商短视频策划与运营

主　编：黄菲菲

副主编：朱静静　廖瑗瑗　杨雪芹　陈磊磊

参　编：蔡宗霞　闫吉祥　陈江生

重庆大学出版社

内容提要

本书基于跨境电商短视频的实际工作过程，以跨境电商短视频策划制作和推广的流程为主线，通过具体的项目任务、工作任务流程来展示教学内容，使学生熟练掌握跨境电商短视频策划、制作、推广、变现的各项技能，培养学生的综合职业能力，满足学生职业生涯发展的需要。本书每个任务均采用"情境导入、知识解析、任务实施、应用实操、任务评价"的组织形式，全面指导学习者深入开展跨境电商短视频策划与运营工作，结合校企合作的项目需求重构教学环节和考核任务，更加突出职业教育的技能能力要求和产教融合需求。

图书在版编目（CIP）数据

跨境电商短视频策划与运营 / 黄菲菲主编. -- 重庆：
重庆大学出版社, 2024. 8. -- (高等职业教育电子商务
专业系列教材). -- ISBN 978-7-5689-4486-1
Ⅰ. F713.365.2
中国国家版本馆CIP数据核字第2024RN3662号

跨境电商短视频策划与运营
KUAJING DIANSHANG DUANSHIPIN CEHUA YU YUNYING

主　编　黄菲菲

责任编辑：尚东亮　谢冰一　　　版式设计：谢冰一
责任校对：谢　芳　　　　　　　责任印制：张　策

*

重庆大学出版社出版发行
出版人：陈晓阳
社址：重庆市沙坪坝区大学城西路21号
邮编：401331
电话：（023）88617190　88617185（中小学）
传真：（023）88617186　88617166
网址：http://www.cqup.com.cn
邮箱：fxk@cqup.com.cn（营销中心）
全国新华书店经销
重庆巍承印务有限公司印刷

*

开本：787mm×1092mm　1/16　印张：18.5　字数：397千
2024年8月第1版　2024年8月第1次印刷
印数：1—2 000
ISBN 978-7-5689-4486-1　定价：69.90元

在这个信息快速传播的时代，短视频已成为当今全球社交媒体领域最为火热的一项内容。国内平台有抖音、快手等，海外有老牌本土社交媒体平台YouTube、Instagram等，其中，近几年跃居下载量首位的TikTok，逐渐成为大众关注的焦点。TikTok在全球月活跃用户数已经超过10亿人，成为新兴社交媒体流量的代表。与此同时，TikTok开始尝试向电商领域拓展，并作为新兴的短视频电商平台正在快速崛起。目前TikTok Shop作为新兴的跨境电商模式正在快速崛起，而TikTok电商的崛起更是对传统海外电商的一种冲击，在这一过程中也涌现了许多新的商业模式。

党的二十大报告强调了发展数字贸易和加快建设贸易强国的部署要求，提出要引导企业推进贸易各环节"上线触网"，借助跨境电商增强品牌培育能力，实现数字化赋能、品牌出海，打造贸易高质量发展新格局。而社交短视频在全球的爆发力清楚地展现了跨境电商短视频运用新的思维方式，结合自身产品优势以及这个时代赋予的发展特色，以优质短视频内容吸引用户，将产品呈现给全世界用户，打破空间与时间的限制，让目标受众有更多的选择。

2023年3月5日，第十四届全国人民代表大会《政府工作报告》明确提到"扎实推进媒体深度融合，提升国际传播效能"，要加强技术融合、产业融合，推动内容生产与融合创新。国家各种利好政策支持推动跨境电商发展，国内众多企业纷纷乘跨境电商短视频东风推动国内品牌宣传，各行创业人群也跃跃欲试。

本书主要分为以下8个项目。

项目一跨境电商短视频基础认知，了解核心概念、现状与趋势，为后续运营奠定基础。

项目二跨境电商短视频账号策划，明确定位、注册及账号管理技巧，确保账号运营有序。

项目三跨境电商短视频运营工具，掌握各类运营工具，提升内容创作与运营效率。

项目四跨境电商短视频内容创作，深入了解短视频内容类型与策划，创作优质内容。

项目五跨境电商短视频爆款短视频，分析爆款要素，学习打造爆款短视频的策略。

项目六跨境电商短视频运营策略，掌握发布推广、引流变现策略，提升运营效果。

项目七TikTok Shop运营，从入驻到运营，全面了解TikTok Shop带货各个环节。

项目八跨境电商短视频实战案例，分析服装、母婴企业成功案例，提炼运营经验。

本书紧密围绕跨境电商短视频的实际工作流程，以策划、制作、推广及变现为核心脉络，通过精心设计的项目任务与工作流程，系统展现教学内容。旨在使学生全面掌握跨境电商短视频从构思到变现的全链条技能，同时培养其综合职业能力，为其职业生涯的持续发展奠定坚实基础。本书特色鲜明，融合情景教学、实操演示与成果导向理念，创新性地运用思维导图构建直观的技能图谱，强化OBE（成果导向教育）模式，确保每位学生都能通过课程产出实际作品。每个项目中的任务均遵循"情景导入激发兴趣、知识解析奠定基础、任务实施强化实践、应用实操提升技能、任务评价反馈成长"的严谨流程，全方位引领学习者深入探索跨境电商短视频的策划与运营之道。特别地，项目八专注于真实案例的深度剖析与经验提炼，虽不沿用完整体例结构，但更为集中地展现了案例的精髓，以满足产教融合及职业教育对技能与能力的双重需求。

本书编写分工如下：项目一由黄菲菲（任务一、任务三、任务四）、杨雪芹（任务二）编写；项目二由黄菲菲（任务一）、廖瑗瑗（任务二）编写；项目三由朱静静、黄菲菲编写；项目四由陈磊磊（任务一）、黄菲菲（任务二、任务五）、朱静静（任务三、任务四）编写；项目五由廖瑗瑗、黄菲菲编写；项目六由陈磊磊（任务一、任务二），黄菲菲（任务三）编写；项目七由黄菲菲编写；项目八由蔡宗霞编写。本书的校对工作，廖瑗瑗负责项目一、项目二，杨雪芹负责项目三、项目四，朱静静负责项目五、项目六，黄菲菲负责项目七、项目八并全书通稿。本书在编写过程中还参考了一些同类教材及参考资料，在此对相关作者表示感谢，同时得到了行业专家和企业的大力支持，尤其是广州企商信息科技有限公司闫吉祥、广东美迪数字科技有限公司陈江生对教材框架、知识体系等方面进行了指导，并对教材提出宝贵建议，在此向他们表示衷心的感谢。

尽管我们在编写过程中力求准确、完善，但书中难免存在疏漏和不足之处，恳请各位读者批评指正。希望本书的出版能带给大家更多的思考和启示，并能从中受益。

编　者

2024年3月

目 录
Contents

项目一
跨境电商短视频基础认知

【职场场景训练】

党的二十大报告提出了发展数字贸易和加快建设贸易强国的战略部署，这为跨境电商短视频运营提供了政策支持和方向指引。数字技术的应用使跨境电商短视频平台成为跨境电商运营推广的重要工具，为企业的数字化赋能和品牌出海提供了有力支持。企业应积极推进贸易各环节"上线触网"，借助跨境电商增强品牌培育能力，实现数字化赋能、品牌出海，打造贸易高质量发展新格局。

"染雅服饰"是一家非遗植物染服饰公司，以染为雅，以衣为媒，坚持"品质、传统、手工、自然、艺术"的理念，专注于传统植物染手工艺的研究与创作，从大自然的馈赠中获取灵感，从华夏民族的传统文化中汲取智慧与力量，将天然的、手工的、美好的植物染服饰带给现代都市中热爱生活、注重品质的人们，为中国非遗植物染服饰的发展贡献自己的力量。目前国内植物染市场还处于发展期，市场份额较小，但随着消费者对健康和环保的认识不断提高，植物染产品受到越来越多的关注。目标用户主要是对传统文化、手工艺和自然品质有追求的中青年时尚人群，他们注重个性化和差异化，追求高品质和环保的生活方式。

公司计划拓展跨境业务，运营跨境电商短视频账号，向海外消费者展示中国植物染的独特魅力和文化底蕴。同时，通过短视频的方式，与全球的植物染品牌和艺术家进行交流，促进植物染行业的全球化发展。

部门召集成员做相关的准备工作，小昊是高职生，有幸加入成为公司实习生，安排进入运营部做项目协作人员。为了尽快适应运营部的工作，小昊充分利用互联网资源进行学习和研究。他深入了解了跨境电商短视频的定义、特征以及发展现状和未来趋势。同时，通过行业报告、招聘网站和网页采集器等工具，小昊搜集了大量关于跨境电商短视频商品品类和岗位人才需求的资讯与数据。这些努力不仅帮助他快速熟悉了跨境电商短视频的基础理论，而且为他未来的工作打下了坚实的基础。

【项目学习目标】

1.知识目标

（1）掌握跨境电商短视频的发展现状与趋势。

（2）熟悉各大主流跨境电商短视频平台的特点和功能。

（3）理解跨境电商短视频商品品类的分布和特点。

2.技能目标

（1）能够根据不同的平台特性和目标受众，选择合适的跨境电商短视频平台进行运营。

（2）能够根据企业需求组建跨境电商短视频运营团队。

（3）能够分析跨境电商短视频发展现状把握未来发展趋势。

3.素质目标

（1）培养学生传播正能量、传递中国传统非物质文化遗产文化。

（2）培养对跨境电商短视频行业的敏感度和创新意识。

（3）增强对国内外文化差异的理解，提升跨文化交流的能力，以适应跨境业务的需求。

【技能提升图谱】

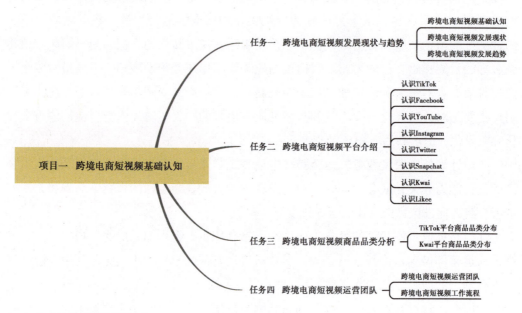

【案例成果展示】

2023年短视频行业
研究报告解读

跨境短视频相关岗位
的职业生涯规划书

非遗植物染服饰跨境短视频
运营团队组建方案

任务一 跨境电商短视频发展现状与趋势

情境导入：

作为初入职场的新人，小昊的首要任务是深入了解跨境电商短视频的相关知识，以便更好地协助部门工作。在主管和同事的帮助下，小昊利用互联网、行业网站等资源，搜集了大量关于跨境电商短视频的信息。这些信息内容繁杂，小昊主要聚焦于跨境电商短视频的基础认知，以及其发展现状和未来趋势。通过这一过程，小昊对跨境电商短视频有了更加全面、深入的了解，为做好后续的部门工作提供了有力支持。

知识解析：

一、跨境电商短视频基础认知

（一）电商短视频定义及特点

1.电商短视频的定义

了解跨境电商短视频，可以先从"短视频""电商短视频"的定义开始。

短视频一般是指在互联网新媒体上传播时长在5分钟以内的视频，其短平快的大流量传播内容逐渐获得各大平台、粉丝和企业的青睐。短视频的内容通常包括技能分享、时尚潮流、社会热点、公益教育和广告创意等主题，由于内容较短，可以单独成片，也可以组合成为系列栏目，在各类新媒体平台上播放和推动。

其中，电商短视频是一种宣传和销售商品的视频形式，通常在电商平台上的店铺中及其他内容营销推广平台上展示。它通过视频的形式展示商品的特点、功能和使用场景，让消费者更直观地了解商品，从而增加购买的可能性。电商短视频的制作需要考虑画质、音乐、剪辑和展示方式等方面，以吸引消费者的注意力。

2.电商短视频的特点

直观生动，短视频以视觉内容为主，能够直观地展示产品的外观、功能和应用场景，使消费者能够更直观地了解产品。

互动性强，短视频平台通常提供点赞、评论、分享等互动功能，增强了消费者与商品、品牌之间的互动，提高了用户的参与度和黏性。

传播速度快，短视频分享性强，易于在社交网络中迅速传播，能够迅速提升品牌的曝光度和知名度。

制作成本相对低廉，相较于传统广告，短视频制作周期短，成本相对较低，中小企业也能负担得起，便于快速迭代和试错。

营销效果直接，短视频可以直接展示产品的卖点，通过创意内容吸引消费者，从而直接推动销售转化。

针对性强，短视频可以根据目标消费者的喜好和需求，制作符合特定群体兴趣的内容，提高广告的针对性和效果。

数据分析支持，短视频平台提供丰富的数据分析工具，帮助商家了解用户行为和偏好，优化营销策略。

跨文化沟通，短视频能够跨越语言和文化的障碍，帮助国际品牌在不同文化背景下进行有效的市场营销。

移动端友好，短视频主要在移动设备上观看，适应了消费者日益增长的移动购物习惯，提升了用户体验。

创新性强，短视频形式多样，易于创新，商家可以通过创意内容和新颖的形式吸引用户，创造新的营销模式。

3.电商短视频的影响

随着短视频的兴起，它已经成了一种重要的营销手段。短视频能够提供生动和全面的商品信息，帮助消费者更好地了解产品特性，提升购物体验。同时，短视频平台具有较高的用户互动性，可以增加用户对品牌和产品的参与和关注。通过直观的视频展示，短视频还能有效地影响消费者的购买决策，提高转化率。此外，短视频平台的广泛传播特性有助于品牌快速提升知名度和影响力。

对于中小企业来说，短视频营销是一种成本较低、性价比高的营销手段。短视频平台提供了数据分析工具，帮助商家根据用户行为和偏好调整营销策略，实现更精准的营销。

针对国际品牌，短视频能够跨越文化和语言的界限，进行有效的本地化营销。同时，短视频的出现也激发了市场营销的新方式，如直播带货、短视频营销等。随着短视频营销的重要性增加，市场对懂得短视频制作和营销的人才需求也在不断地增长。

（二）跨境电商短视频定义及特点

1.跨境电商短视频的定义

跨境电商短视频是指通过互联网短视频平台，以跨境电子商务为主要目的，进行的视频创作、发布和传播活动。这类短视频的主要目的是推广和销售商品，吸引用户购买。跨境电商短视频的制作需要考虑目标用户的需求和偏好，以及不同国家和地区的文化差异和法律法规。

2.跨境电商短视频的特点和优势

文化传播，短视频形式多样，可以包含产品展示、使用教程、生活方式内容等，有助于传播品牌文化和产品信息。

用户互动，短视频平台通常具有强大的社交属性，用户可以通过点赞、评论、分享等方式与内容互动，增加品牌曝光度和用户黏性。

算法推荐，短视频平台利用算法根据用户的观看习惯、兴趣等信息进行内容推荐，提高信息的到达率和观看率。

跨地域性，跨境电商短视频可以突破地域限制，触达全球潜在客户，扩大市场范围。

易于传播，短视频内容简洁明了，易于在社交网络上快速传播，有助于形成病毒式营销效果。

数据分析，短视频平台提供详细的数据分析，帮助跨境电商了解用户行为，优化营销策略。

3.跨境电商短视频的影响

跨境电商短视频已经成为当今各大品牌及商家营销策略的重要组成部分，其功能和价值远超过简单的视频分享。跨境电商短视频能够快速提升品牌的知名度和曝光度，通过生动的视觉表现力和高度分享性，使品牌在全球市场中脱颖而出。

除了提升品牌曝光度，跨境电商短视频还具有一系列的优势。它以更直观、更生动的方式展示产品，为用户提供更好的体验，增强用户对品牌的信任感。同时，短视频能够引导用户进行购买，提高销售转化率。跨境电商短视频平台通常具有较高的用户互动性，通过点赞、评论和分享，增加用户与品牌之间的互动，进一步增强用户的参与度。

此外，跨境电商短视频为跨境电商提供了新的市场渠道，通过相关的短视频营销平台触及更广泛的潜在客户，开拓新的市场。跨境电商短视频营销成本相对较低，且效果更直接，Return on Investment（ROI，投资回报率）更高。值得注意的是，跨境电商短视频能有效地传递品牌故事和文化，帮助跨境电商突破文化差异，更好地与目标市场中的消费者建立联系。跨境电商短视频制作周期短，更新速度快，能够帮助跨境电商快速响应市场变化，及时调整营销策略。同时，平台提供的数据分析工具可以帮助从业者了解用户偏好，优化产品和服务，实现更精准的营销。

短视频的崛起激发了行业创新和变革，为跨境电商带来了无限的可能性。跨境电商短视频作为一种新兴的营销工具，对跨境电商行业的发展产生了深远的影响，不仅改变了品牌与消费者之间的互动方式，也为跨境电商的营销策略和市场拓展带来了新的机遇。

二、跨境电商短视频发展现状

（一）跨境电商发展趋势

据统计，2020年全球跨境电商市场规模已经达到9.09万亿美元，预计到2025年将达到16.93万亿美元。在中国市场方面，2020年中国跨境电商市场交易额已经达到1.75万亿元，同比增长21.3%。

跨境电商呈现出全球化、多领域发展、数字化和社交化等特点，新的电商平台和模式不断涌现。同时，跨境电商面临诸如监管制度、物流、知识产权保护等问题。

因此，跨境电商短视频在跨境电商中扮演着重要角色，通过生动直观的视频内容，能够提升消费者体验，增强用户参与度，促进购买决策，扩大品牌影响力，降低营销成本，并提供数据分析和优化支持。因此，跨境电商短视频成为跨境电商中不可或缺的营销工具和平台。

（二）跨境电商短视频发展历程

回顾过去跨境电商短视频行业的发展，如图1-1-1所示"全球短视频行业的发展历程"，如图1-1-2所示"中国短视频行业主要玩家出海历程梳理"，可以发现3个关键的时间点。

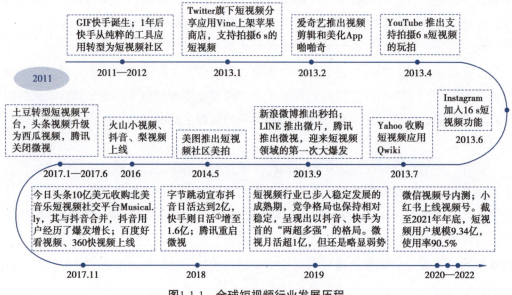

图1-1-1　全球短视频行业发展历程

（资料来源于腾讯控股深度报告）

1.2011—2014年

短视频自2011年开始渐入市场，最早是快手App由最初的工具应用转型为短视频社区；随后陆续出现Twitter旗下Vine支持短视频拍摄；爱奇艺推出平台啪啪奇；YouTube推出拍摄短视频玩拍；Instagram加入短视频功能；Yahoo收购短视频应用Qwiki；新浪微博推出秒拍；LINE推出微片；腾讯推出微视等一系列的企业业务调整，迎来短视频领域的第一次大爆发。

---

①日活：日活跃用户数量，也称每天用户活跃数量，一般用于反映平台、网站、互联网应用等运营情况。

2.2014—2016年

2014年短视频行业在国内进入发展时期，已成为在线世界的标志，从状态更新到照片共享，再到短视频。火山小视频、抖音、西瓜视频等相继上线，同时国内短视频玩家也嗅到跨境市场先机，字节跳动、快手、欢聚时代等相继启动跨境短视频市场布局，2014—2016年可以说是短视频出海萌芽期。

3.2017年至今

2017年抖音用户经历了爆发式增长，日活达到2亿，快手日活增至1.6亿，其在跨境市场也在逐渐扩大，产品不断推陈出新。2019年短视频行业步入稳定发展的成熟期，竞争格局也相对稳定，呈现以抖音、快手为首的"两超多强"格局，跨境市场上字节跳动旗下的TikTok在疫情暴发后率先实现流量增长，引领行业发展，蝉联跨境热门移动应用下载榜首位，下载量同比增长超10%，主要占据北美和欧洲市场。快手旗下Kwai在南美洲、东南亚、俄罗斯等市场具有领先优势。

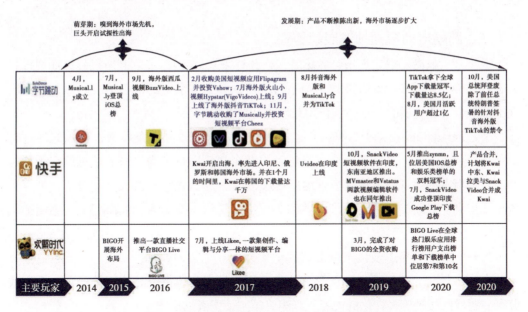

图1-1-2　中国短视频行业主要玩家出海历程梳理

（资料来源于中国银河证券研究院）

（三）跨境电商短视频竞争格局

跨境电商短视频产品布局较早，竞争主要来自老牌社媒巨头的内嵌短视频功能，如 Facebook Watch、Instagram Reels、Snap Spotlight和 YouTube Short，都是在 2020 年推出的。

中国跨境电商短视频产品优势明显，以字节跳动的 TikTok，欢聚时代的Likee，快手国际版 Kwai 为代表，月下载量超千万。2022年度最受跨境欢迎、下载量最高的应用是抖音国外版 TikTok，其拥有6.72亿次的下载量，而这已是 TikTok 连续3年蝉联年度平台热门榜单的冠军宝座。其次为 Meta 旗下的图片社交应用 Instagram，以 5.48 亿次位居第二。2022年平台下载量排行榜如图1-1-3所示。

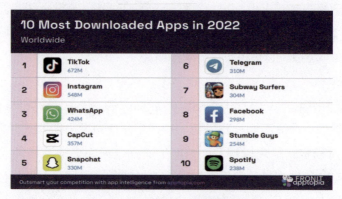

图1-1-3　2022年平台下载量排行榜

（资料来源于Topia调研报告）

三、跨境电商短视频发展趋势

近年来，电商短视频步入跨境化时代，预计未来5年内跨境电商短视频市场规模将突破万亿美元。其中，TikTok作为当下跨境短视频生态系统的核心构成之一，已经展现出其对全行业发展的重要影响作用与巨大的商业价值。

来自Fastdata极数关于TikTok生态发展与全球短视频生态布局报告显示，通过对未来互联网人口数、各大洲互联网渗透率以及短视频用户平均收入的相对保守预测，2025年跨境电商短视频市场规模可达1 358亿美元。各大洲市场规模可划分为：第一梯队（北美洲）、第二梯队（欧洲、亚洲）、第三梯队（南美洲、大洋洲）、第四梯队（非洲）。

（一）跨境电商短视频未来发展趋势

内容多样化，短视频内容从简单的产品展示扩展到包括产品使用教程、生活方式分享、背后的故事等多样化的内容，以满足不同消费者的需求。

用户互动增强，短视频平台不断优化互动功能，如评论、点赞、分享等，从而提高用户的参与度和互动性，影响消费者的购买决策。

个性化推荐，算法推荐越来越精准，根据用户的观看习惯和喜好提供个性化内容，提高用户体验和内容的相关性。

社交属性凸显，短视频平台具有很强的社交属性，通过社交分享和互动，短视频能够迅速传播，扩大品牌影响力。

直播电商兴起，直播带货成为短视频平台的新趋势，实时互动和即时购买的特点带动了销售额的增长。

多平台整合，跨境电商需要在不同国家和地区的短视频平台进行布局，实现多平台整合营销，以最大化覆盖目标市场。

本土化策略，为了更好地适应不同市场的文化差异和消费习惯，短视频内容需要进行本土化调整，以提高内容的影响力和吸引力。

内容质量提升，随着市场竞争的加剧，内容质量成为短视频能否获得用户关注和转化的关键因素。

技术驱动创新，人工智能、虚拟现实等技术的应用，为短视频的内容创作和用户体验带来新的可能性。

合规与风险管理，随着监管政策的加强，短视频内容需要更加注重合规性，避免触碰政策红线，同时加强品牌和产品的风险管理。

（二）跨境电商短视频运营面临的挑战

在进行跨境电商活动时，文化差异和本地化策略是至关重要的。不同国家和地区的人们拥有各自独特的文化背景和消费习惯，因此，为了吸引并留住目标市场的用户，跨境电商短视频内容必须进行适当的本地化调整。语言作为沟通的桥梁，克服语言障碍是推动内容传播的关键，这就要求我们寻找有效的解决方案，确保信息的准确传达。

此外，遵守各国的法律法规是开展跨境业务的基础，尤其是在广告宣传方面，必须特别注意遵守当地的法律法规，以免造成不必要的法律风险。同时，在进行用户数据分析时，保护用户隐私和避免数据泄露是至关重要的，这不仅关乎道德和信誉，也直接影响到用户的信任和满意度。

物流配送是跨境电商面临的另一个挑战，包括成本控制和时效性问题，这些因素都会直接影响用户体验和满意度。品牌信任的建立是一个长期而艰巨的任务，特别是对于跨境电商来说，由于距离和文化差异，赢得消费者的信任需要更多的努力。所以在进行跨境电商短视频内容细节创作的时候，要注意对相关信息进行合情合规的调整。

在竞争激烈的短视频平台上，商家众多，如何使自己的内容脱颖而出，是一个需要深思熟虑的挑战。内容质量和创新是吸引和保持用户的关键，这要求创作者不断提供高质量的内容，并灵活适应市场的变化。

多平台运营管理也是一项挑战，需要在不同的短视频平台上进行战略布局，同时面对不同平台的特点和管理要求。最后，利用数据分析工具来分析用户行为，优化内容策略，是提高效果和效率的关键，这要求我们掌握数据分析的技能，并能够将其应用于实践。

任务实施：

在完成了资料的查阅和学习后，小昊对跨境电商短视频有了初步的认识。为了更好地消化和理解这些知识，他根据公司的学习任务要求，开始对信息进行梳理。任务目标是全面学习和理解跨境电商短视频的基础知识，包括其定义、特点、影响、发展现状、竞争格局以及未来趋势。通过这一过程，小昊能够更系统地掌握跨境电商短视频的相关知识，为后续的工作提供坚实的理论基础。任务实施步骤如下。

1.学习短视频的定义和特点

阅读相关资料，了解电商短视频的定义和特点。可以参考行业报告、学术文章或官方网站等可靠来源。思考电商短视频相对于传统视频的特点，如时长限制、内容形式、用户参与度等。

2.学习跨境电商短视频的定义和特点

阅读相关资料，了解跨境电商短视频的定义和特点。可以参考行业报告、学术文章或官方网站等可靠来源。思考跨境电商短视频相对于国内电商短视频的差异，如目标受众、内容形式、国际化策略等。

3.研究跨境电商短视频的影响

深入了解跨境电商短视频对文化传播、商业模式、全球化传媒等方面的影响。思考跨境电商短视频如何改变人们的观看习惯、内容传播方式和商业合作模式。

4.研究跨境电商短视频的发展现状和竞争格局

阅读行业报告和新闻报道，了解跨境电商短视频的发展现状和市场竞争格局。

5.研究跨境电商短视频的未来趋势

阅读行业专家的观点和预测，了解跨境电商短视频未来的发展趋势。关注技术创新、商业合作模式、用户需求等方面的动态，思考未来跨境电商短视频行业的发展方向。

6.总结学习成果

总结所学跨境电商短视频基础知识，如定义、特点、影响、发展现状、竞争格局和未来趋势。撰写一份学习笔记或简短报告，概述对跨境电商短视频的理解和认知，并进行交流分享。

应用实操：

拓展阅读，讨论研读《2023年跨境出海社交电商白皮书》，以此了解跨境社交媒体发展现状和行业趋势（2022—2026年），按照以下实训步骤进行。

1.报告概览

先浏览报告的概览部分，包括目录、摘要和引言等，了解报告的主题、目的和重点。同时，留意报告作者和出版机构的背景和信誉。

2.报告结构

仔细阅读报告的结构和章节，了解报告的整体框架和组织结构，对报告的内容有一个整体的认知。

3.详细阅读各章节

逐章节深入阅读报告的内容。注意关注报告中的数据、趋势分析和关键观点。思考这些观点和数据对跨境出海社交电商行业的影响和意义。

4.分析数据和趋势

细致分析报告中提供的数据和趋势。比较不同数据之间的关系，寻找行业的关键驱动因素和发展趋势。思考这些趋势对跨境出海社交电商的影响和机遇。

5.整理关键信息

总结和整理报告中的关键信息、观点和结论。记录下感兴趣和重要的信息点，以备后续的分析和应用。

6.对比其他资源

对比该报告与其他相关的行业报告或研究，了解行业观点的一致性或差异性。这有助于获得更全面的行业认知。

7.撰写报告总结

以Word文档或PPT形式，根据研究所获得信息，撰写一份报告总结，概括报告中的关键信息、观点和结论。分享收获并提出观点和建议，将报告中的洞察和结论应用到实际场景中，提出相应的策略或决策建议。

8.完成后交流分享

任务评价：

项目	知识理解能力正确	资料来源客观全面	分析归纳总结到位	整体完成度高
学生自评	□优秀 □良好 □合格	□优秀 □良好 □合格	□优秀 □良好 □合格	□优秀 □良好 □合格
小组评价	□优秀 □良好 □合格	□优秀 □良好 □合格	□优秀 □良好 □合格	□优秀 □良好 □合格
教师评价	□优秀 □良好 □合格	□优秀 □良好 □合格	□优秀 □良好 □合格	□优秀 □良好 □合格
企业评价	□优秀 □良好 □合格	□优秀 □良好 □合格	□优秀 □良好 □合格	□优秀 □良好 □合格

任务二 跨境电商短视频平台介绍

情境导入：

在全面了解跨境电商短视频的发展历程后，小昊对其未来前景充满了期待。为了迅速投入短视频运营工作，小昊准备深入学习当前主流跨境电商短视频平台的基础运营知识，包括平台的发展历程、平台特点、用户画像以及运营模式等，为接下来的运营工作打下扎实的认知基础。

知识解析：

自21世纪初社交媒体诞生以来，它已迅速改变了人们沟通、联系和兴趣分享的方式。资讯网数据显示，截至2023年，全球约有48.8亿人活跃在各类社交媒体平台上。

社交媒体短视频平台的发展为企业与客户建立联系提供了新的机会。通过在各大社交媒体短视频平台上设立品牌账号，并发布与平台调性相符的内容或广告，企业能够与客户在线建立联系，进而提升品牌忠诚度。此外，企业还可以通过发布有针对性的动态广告，精准触达潜在客户，激发购买意愿。

社交媒体为企业提供了一个与目标受众直接互动的平台，使得企业能够更好地了解客户需求、调整产品和服务策略、提高客户满意度。因此，利用社交媒体进行品牌推广和客户关系管理已成为企业不可或缺的一部分。

一、认识TikTok

TikTok是全球知名的短视频社交平台，由字节跳动公司开发，也被称为海外版、全球版或国际版抖音，如图1-2-1所示。2017年，它在中国首次推出中文版，随后与Musical.ly合并，于2018年在跨境市场以"TikTok"品牌推出。自此，TikTok在全球范围内积累了数百万用户，成为舞蹈、音乐和搞笑内容的热门平台，尤其受到年轻用户的喜爱。

（一）平台特点

全球化战略：TikTok的全球化是其一大特点，产品覆盖全球多个国家和地区，成为了一个真正具有全球影响力和吸引力的社交媒体平台。这得益于TikTok依托其强大的技术实力，为用户带来令人"上瘾"的音乐体验等。通过智能算法和音乐识别技术，TikTok能够根据用户的兴趣和喜好，为他们推荐最适合的音乐内容，让用户在欣赏视频的同时沉浸在优美动听的音乐中。

图1-2-1　TikTok搜索界面展示

内容本地化：针对不同国家及不同市场，TikTok采取接地气的本地化打法，既能贴近当地用户，也能让不同国家的用户充分展示自我、表达创意。

个性化内容：TikTok会根据用户行为数据等，为用户打上动态化的标签，并进行相应的内容匹配，实现智能化和个性化的内容推荐，将用户带入个性化的不同场景。

去中心机制：去中心算法让每一个用户都站在同一起跑线上，只要用户能够创作出优质的内容，就能与粉丝量多的大V进行公平竞争。

超级流量池：TikTok的下载量和月活跃用户都远远高于同类平台，拥有非常多的优质流量。只要持续生产高质量内容，就能高效获取到精准流量。

利用短视频展示商品特点：TikTok跨境电商最大的特点就是利用短视频展示商品的特点，让消费者更加直观地了解商品的功能和使用方法。通过视频的形式，消费者可以在短时间内了解到商品的各个方面，从而更加容易做出购买决策。

与社交媒体相结合，增强购买欲望：TikTok跨境电商将社交媒体和电商相结合，让消费者更容易了解商品的特点和优势，并通过交流和分享增强购买欲望。消费者可以通过评论、点赞和分享等方式来表达对商品的态度，从而吸引更多潜在客户。

采用短平快的交易流程，提高购买效率：TikTok跨境电商采用短平快的交易流程，让消费者更加便捷地完成购买流程。消费者只需要在短时间内完成下单、支付和发货等流程，就可以轻松购买到自己喜欢的商品，从而提高购买效率。

（二）发展历程

2016年9月，"字节跳动"从产品Musical.ly中获得灵感，推出短视频App——抖音。

2017年，"字节跳动"以10亿美元收购了Musical.ly，把它与TikTok合并，并正式在海外市场上线。

2020年，TikTok 在全球的下载量超过了 WhatsApp、Facebook 和 Instagram，达到8.5亿次。

2020年8月11日，TikTok宣布，创作者的资金从2亿美元提高到10亿美元。

2021年7月，TikTok 在全球的下载量已超过30亿次，成为全球下载量超过30亿次的第五大非游戏应用程序。

2021年9月27日，TikTok宣布月活跃用户可以突破10亿大关。它是全球发展速度最快的短视频平台之一，在4年时间内，月活跃用户就达到了10亿。

TikTok在电商生态方面的发展历程，如图1-2-2所示。

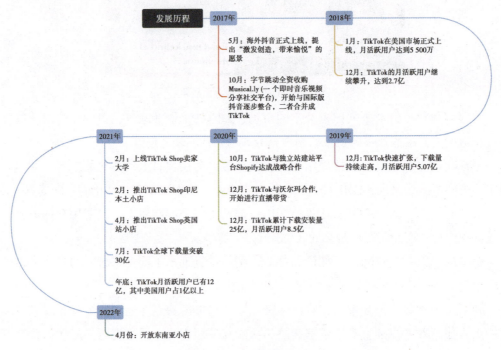

图1-2-2　TikTok发展历程

（数据来源于小红书，TK鹏起文化传媒）

（三）用户画像

根据DemandSage数据，2023年TikTok在美国的MAU（月活跃用户）超过1.6亿，已接近美国总人口的45%，有65%的美国用户，每天都会访问TikTok，这款来自中国的短视频平台，已成为许多美国年轻人日常生活中不可或缺的一部分。TikTok短视频平台用户数排名第二的国家，是东南亚的印度尼西亚，印度尼西亚的TikTok用户数量达到1.13亿。此外，在东南亚国家中泰国的TikTok渗透率最高。TikTok的用户画像主要呈现以下几个特点。

①年轻化：TikTok的用户主要集中在年轻人群体，以18~24岁年龄段为主，这个年龄段用户占比超过50%。

②女性用户居多：TikTok的女性用户占比超过57%，明显高于男性用户。

③地域分布广泛：TikTok在全球范围内广泛流行，用户来自不同国家和地区，但

以美国、欧洲和东南亚等地的用户居多。

④家庭收入水平较高：TikTok的用户家庭收入水平相对较高，美国用户家庭年收入超过10万美元的比例达到37%。

⑤受教育程度较高：TikTok的用户受教育程度相对较高，以大学生和年轻人为主。

⑥社交活跃：TikTok的用户通常在社交方面比较活跃，喜欢分享自己的生活和创意，同时也乐于接受新鲜事物和流行文化。

需要注意的是，TikTok的用户画像并不是一成不变的，随着时间的推移和用户群体的不断扩大，用户画像也会发生一定的变化。同时，不同地区和国家的TikTok用户画像也可能存在一定的差异。

（四）运营模式

TikTok的运营模式以内容创作者为中心，构建了一个多元化的盈利体系。在这个平台上，个人和机构内容创作者的数量众多，他们上传和分享各式各样的短视频，通过吸引观众的关注、增加视频观看次数和互动来提升自己的知名度。一些优秀的创作者因此获得了大量粉丝，甚至成为了网络红人，并由此获得了商业合作的机会。

TikTok也为品牌和广告商提供了一个高效的推广渠道，他们可以在这里投放广告，并通过CPM（千次展示成本）、CPC（每次点击成本）或CPL（每次潜在客户成本）等不同的计费方式来支付广告费用。内容创作者可以与TikTok共享广告收入，从而获得收益。

此外，TikTok还推出了直播功能，允许创作者进行实时直播，与观众互动。观众在直播中可以通过送礼物、打赏等方式支持创作者，这为创作者提供了另一种收入来源。

商业合作也是TikTok运营模式的一部分，品牌和广告商可以利用TikTok的平台特性与用户互动，进行产品宣传、营销推广和客户服务。总体来说，TikTok的运营模式以内容创作者为核心，通过广告收入、直播业务和商业合作等多种方式为创作者提供收入，同时也为品牌和广告商提供了广阔的推广空间。

二、认识Facebook

Facebook是一家总部位于美国的社交媒体平台，成立于2004年，由马克·扎克伯格（Mark Zuckerberg）等人创立。Facebook最初是一个面向大学生群体的在线社交网络，后来逐渐扩展到全球范围内的其他用户群体。目前，Facebook已经成为全球最大的社交媒体平台之一，拥有数十亿活跃用户。

（一）主要功能

Facebook是一个全球性的社交网络平台，其最主要的特色就是强大的社交互动功能。具体来说，Facebook提供的功能包括但不限于以下几点。

首先，用户可以在上面创建个人资料，分享个人的基本信息，上传照片和视频，以及个性化设置自己的主页。此外，用户还可以通过发送私人信息，发布状态更新，分享文章、图片和影片等多种方式与其他用户互动。同时，Facebook还允许用户加入各种兴趣爱好组和社群，扩大人际交往的范围。

其次，Facebook还拥有丰富的内容应用程序和游戏。用户可以玩各种类型的游戏，包括休闲、竞技和角色扮演游戏等。同时，用户还可以使用应用程序来管理自己的活动、日程、购物清单等各种个人信息。这些应用程序和游戏可以让用户在平台中更加随意地表达自己的兴趣和个性。

此外，Facebook还利用社交网络中的连锁效应和广告营销策略，成功地提供了广告投放服务。广告主可以通过Facebook广告系统在平台上投放广告，实现精准投放和效果追踪。Facebook于2017年8月推出了Watch功能，旨在增加其平台上的长视频内容数量，尤其是剧集类型。这一举措的目的是与YouTube等在线视频巨头竞争，并从中分得一部分视频广告利润。Facebook Watch技术界面展示如图1-2-3所示。

最后，Facebook也是一个多媒体平台，支持文本、图片、视频等多种媒体类型的发布，还提供了直播、VR等多种交互形式。同时，Facebook的Marketplace功能和店铺可以让用户发布和购买商品，且提供付款（Facebook Pay）服务。

总之，Facebook平台以其生态完整度高、用户基数大和互动性强等特点吸引了众多用户。

（二）用户画像

作为全球最大的社交媒体平台之一，依据2023年5月最新数据，拥有29.89亿活跃用户。以下是Facebook人群画像特点。

年龄：Facebook的用户年龄跨度很大，从青少年到老年人都有。然而，大部分用户在25~34岁，这个年龄段的用户占比较大。

性别：Facebook的用户男女比例较为均衡，女性略多于男性。

地域：Facebook用户遍布全球，但主要市场集中在北美和欧洲。同时，随着全球化的趋势，其他国家和地区的使用者也在不断增长。

受教育程度：大部分Facebook用户拥有大学以上学历，用户质量较高。

职业：Facebook的用户职业背景丰富，包括学生、职场人士、自由职业者、企业家等。不同行业和产品都能在Facebook上找到精准的目标受众群体。

兴趣爱好：Facebook用户兴趣爱好广泛，不同文化和兴趣的用户都能在平台上找到共同爱好者。一些用户通过Facebook分享和讨论各种话题，如时尚、旅游、美食、科技等。

婚姻状况：一些Facebook用户将婚姻状况公开在个人主页上，但这不是强制要求。一些用户通过Facebook宣布结婚或离婚的消息，或者分享与家庭相关的内容。

需要注意的是，用户画像是一个动态变化的过程，随着时间的推移和用户行为的变化，Facebook的用户画像也会发生相应的变化。因此，对于广告主和营销人员来说，需要不断关注用户行为和市场趋势的变化，及时调整广告策略和优化投放效果，以保持竞争优势。

（三）运营模式

企业可以在Facebook上开展多种营销活动。首先，通过创建官方主页，企业可以添加必要的基本信息，如公司简介、联系方式和地址等，以便用户能够轻松找到并联系企业。其次，企业可以将Facebook作为24小时在线产品展厅，通过分享产品图片、视频和相关内容，及时更新产品动态，让用户随时了解企业的最新产品信息。再次，企业还可以在Facebook上直接销售产品和服务，通过平台内置的支付功能，用户可以在Facebook上完成购买，从而形成一个完整的在线购买闭环。最后，企业可以使用Facebook ads Manager工具创建和管理广告，无论是静态图片广告还是动态视频广告，企业都可以根据自身需求和目标受众选择合适的广告形式。通过这些方法，企业可以在Facebook上建立品牌形象，吸引潜在客户，并提高产品销售额。

图1-2-3　Facebook Watch搜索界面展示

三、认识YouTube

YouTube是一个全球范围内的视频分享网站，由美国华裔陈士骏等人创立于2005年2月15日。该平台允许用户上传、观看和分享视频，具有社交媒体的功能。YouTube的内容广泛，涵盖了电影、电视剧、音乐、游戏、纪录片、搞笑视频等多个领域。据统计，YouTube的日均上传视频数量达到上千万个，每天观看视频的总时长超过10亿小时。YouTube也成了全球最大的在线视频网站之一，吸引了众多广告主和品牌合作商进行广告投放和品牌推广。同时，YouTube还提供了订阅服务，让用户可以订阅自己感兴趣的频道并获得更新通知。总之，YouTube是一个集视频分享、社交媒体和广告营销于一体的综合性平台，如图1-2-4所示。

（一）平台特点

庞大的用户群体：YouTube是一个全球范围内的视频分享网站，拥有庞大的用户群体。这些用户来自不同国家和地区，涵盖了各个年龄段和职业领域的人群。因此，广告主可以通过YouTube精准定位目标受众，提高广告投放效果。

内容丰富多样：YouTube的内容非常丰富多样，涵盖了电影、电视剧、音乐、游戏、纪录片、搞笑视频等多个领域。同时，用户还可以根据自己的兴趣爱好创建自己的频道，上传和分享各种类型的视频。这为广告主提供了更多的创意和机会，可以根据不同的产品特点和受众需求进行有针对性地推广。

社交媒体属性：YouTube不仅仅是一个视频分享网站，还具有社交媒体的属性。用户可以在平台上关注其他用户并建立社交关系，与其他人分享和讨论自己喜欢的视频。这种社交互动功能可以帮助广告主更好地与潜在客户建立联系，增强品牌认知度和忠诚度。

强大的数据分析能力：YouTube拥有强大的数据分析能力，可以分析用户的观看习惯和行为特征，从而提供更加个性化、精准化的广告服务。通过数据分析和挖掘，广告主可以找到更符合自己产品和品牌的目标受众，实现高效的广告投放和营销效果。

开放性：YouTube是一个开放性的平台，允许第三方开发者开发和扩展其功能。这意味着广告主可以通过与第三方合作开发定制化广告和服务，吸引更多用户关注和使用自己的产品或品牌。

竞争激烈：由于YouTube的用户数量庞大且内容丰富多样，吸引了众多广告主和品牌合作商进行广告投放和品牌推广。因此，在平台上进行广告投放需要面对激烈的竞争环境，需要制订有效的策略和执行方案来提升广告效果和转化率。

综上所述，YouTube作为一个综合性平台，具有庞大的用户群体、丰富多样的内容和社交媒体属性等特点。对于广告主来说，需要根据自身情况和需求选择合适的渠道进行广告投放和营销活动，以获得最佳的推广效果。

图1-2-4　YouTube Shorts界面展示

（二）用户画像

年龄层广泛：根据数据统计，YouTube用户年龄跨度较大，从青少年到老年人都有。其中，25~34岁的用户占比较大，这个年龄段的用户通常具有较高的消费能力和活跃度。

性别均衡：与Facebook不同，YouTube用户男女比例较为均衡，女性略多于男性。这可能与YouTube平台上的内容类型和受众群体有关，不同的内容和受众吸引了更多的不同性别的人群。

教育程度较高：YouTube用户教育程度相对较高，以大学生和年轻人为主。这些用户通常对科技、娱乐和文化等领域感兴趣，并且具有一定的知识和技能来理解和分享视频内容。

职业多样：YouTube用户职业背景丰富，涵盖了学生、职场人士、自由职业者、企业家等各个领域。不同行业和产品都能在平台上找到精准的目标受众群体。

兴趣爱好广泛：YouTube用户兴趣爱好广泛，涵盖了各种类型的视频和话题。一些用户通过平台分享和讨论电影、电视剧、音乐、游戏等内容，还有一些用户创建了自己的频道并上传和分享各种类型的视频。

地理位置分布广泛：虽然YouTube用户主要来自北美和欧洲地区，但随着全球化的趋势，其他国家和地区的使用者也在不断增长。因此，广告主可以根据不同国家和地区的用户特征进行有针对性的推广。

付费意愿高：YouTube用户具有较强的付费意愿和能力。一些用户愿意为订阅服务、高级会员资格或其他增值服务支付费用，这也为广告主提供了更多机会来吸引这些高价值用户的关注和使用自己的产品或品牌。

综上所述，YouTube作为一个综合性平台，其用户画像呈现出年龄层广泛、性别均衡、教育程度较高、职业多样、兴趣爱好广泛等特点。对于广告主来说，需要根据自身情况和需求选择合适的渠道进行广告投放和营销活动，以获得最佳的推广效果。同时，也需要关注用户行为和市场趋势的变化，及时调整广告策略和优化投放效果。

（三）运营模式

YouTube的运营模式主要围绕内容创作与分享、广告收入分成、合作伙伴计划、数据分析与推荐系统、社区互动、创作者工具与资源、规则与政策等方面展开。

首先，YouTube平台鼓励用户免费上传、观看和分享各种类型的视频内容，如娱乐、音乐、游戏、时尚、美妆、教育、科技等，并允许用户创建自己的频道来组织和展示作品。

其次，YouTube与内容创作者共享广告收入，激励他们创作高质量内容。广告形式包括贴片广告、植入广告和横幅广告等，收入按比例与创作者分成。

此外，YouTube的合作伙伴计划帮助创作者通过广告收入分成、频道会员、商品销售等方式实现商业化，但创作者须遵守平台政策并保持内容原创性和吸引力。

YouTube通过分析用户行为数据，如观看、搜索、点赞和评论等，推荐个性化内容，提升用户体验。

社区互动是YouTube平台的一大特色，用户可以通过点赞、评论、分享和订阅等方式与其他用户和创作者互动，促进内容发现和创作者成长。

YouTube为创作者提供工具和资源，如YouTube Studio管理平台、培训和支持等，帮助他们更好地创作和管理内容。

同时，YouTube制定了一系列规则和政策，确保内容安全、合法和健康，禁止侵权、色情、暴力、欺诈等不良内容，并对广告和商业合作设有限制和要求。违反规则的用户和创作者可能会受到相应处理。

四、认识Instagram

Instagram是一个图片和视频分享平台，由Kevin Systrom和Mike Krieger于2010年创建。Instagram最初只允许用户上传图片，后来逐渐加入了视频分享功能。Instagram被Facebook公司在2012年以10亿美元的价格收购，现在已经成为全球最受欢迎的社交媒体平台之一，如图1-2-5所示。

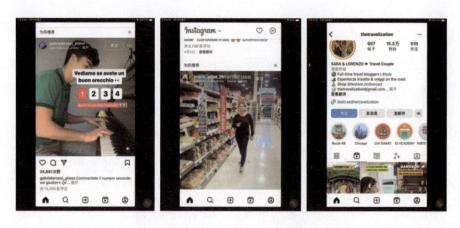

图1-2-5　Instagram Reels搜索界面展示

（一）平台特点

Instagram是一个集图片和视频分享、社交互动、标签和话题、个人主页和动态以及商业合作为一体的社交媒体平台。用户可以轻松地上传和分享自己的作品，与其他用户进行互动交流，并使用各种工具进行美化。同时，通过添加标签和话题，用户可以更方便地查找和浏览相关内容。此外，Instagram还为品牌和广告商提供了一个与用户互动和推广商品的平台，许多企业和个人都在此进行产品宣传、营销推广和客户服务等活动。

（二）用户画像

年龄分布，Instagram用户主要集中在年轻人群，特别是Z世代和千禧一代。据统计，Instagram用户中最主要的年龄段是18~24岁。不过，Instagram也吸引了部分中老年人群的用户。2023年数据，其活跃用户约16.28亿人（平台限制13岁以下人员注册）。

性别比例，Instagram的性别比例较为均衡，男性用户和女性用户数量相当。不过，在某些国家和地区，女性用户可能会略多于男性用户。截至2023年最新数据，其中女性用户49.4%，男性用户50.6%。

地域分布，Instagram用户遍布全球，主要分布在北美、欧洲、亚洲和南美等地区。美国、巴西、印度和印度尼西亚等国家的用户数量较多。

兴趣偏好，Instagram用户兴趣广泛，喜欢关注和分享各种类型的内容。热门内容包括时尚、美妆、旅游、美食、艺术、健身、宠物等。此外，Instagram用户还喜欢参与社交互动，如点赞、评论和分享他人的图片和视频。

视频和短视频内容，Instagram用户喜欢观看和分享各种类型的视频内容，包括长视频和短视频。Instagram Stories（即时动态）和Reels（短视频功能）等短视频内容在Instagram上非常受欢迎。

社交互动，Instagram用户积极参与社交互动，喜欢给图片和视频点赞、评论和分享。此外，用户还通过平台上的私信功能与其他用户交流。

创作者生态系统，Instagram拥有庞大的创作者群体，他们通过上传图片和视频与粉丝互动。一些创作者通过Instagram获得了关注，并与品牌合作达到商业目的。

（三）运营模式

在Instagram平台上，大量的个人和机构内容创作者上传和分享各种类型的图片和视频，通过吸引观众关注和提高内容观看次数及互动来提升自己的知名度。一些成功的创作者因此成了网络红人，并获得了商业合作机会。

Instagram为品牌和广告商提供了一个高效的推广渠道，他们可以在此投放广告，并按照CPM、CPC或CPL等计费方式支付费用。创作者可以通过与Instagram共享广告收入来获得收益。

Instagram推出了会员制度，允许观众为创作者的独家内容、特殊徽章和会员专享聊天等功能付费，为创作者提供了一个稳定的收入来源。

平台上的商业合作机会丰富，品牌和广告商可以利用Instagram与用户互动和推广商品，进行产品宣传和营销推广。

Instagram的直播功能允许创作者进行实时直播，与观众互动，同时创作者可以通过直播获得礼物、打赏等收入。

此外，Instagram推出了创作者基金，为有潜力的创作者提供资金支持。这些创作者可以通过完成任务和指标来获得基金奖励。

这些多样的运营模式共同构成了Instagram作为一个社交媒体平台的吸引力，不仅为创作者提供了展示和赚钱的机会，也为品牌和广告商提供了推广和合作的平台。

五、认识Twitter

Twitter是一个社交媒体平台，成立于2006年，由Jack Dorsey、Biz Stone和Evan Williams等人创建。早期Twitter允许用户发布短文本消息（称为"推文"），并与其他用户进行互动。Twitter在2013年上市，成为市值超过100亿美元的上市公司，如图1-2-6所示。

（一）平台特点

Twitter是一个以短文本消息为主的社交媒体平台，用户可以发布最多280个字符的简短文字，分享自己的观点、想法和信息。这个平台的特点包括实时互动、关注与粉丝机制、标签和话题功能，以及广告和推广机会。

Twitter允许用户即时查看和参与其他用户的推文，通过评论、转发和点赞等方式进行互动。这种实时性使得Twitter成为一个非常活跃的社交媒体平台。

用户可以选择关注其他用户的账号，成为他们的粉丝。通过关注，用户可以获取更多感兴趣的信息和观点，并扩大自己的社交圈子。

此外，Twitter允许用户给推文添加标签和话题，这使得内容更加易于查找和浏览。用户可以根据标签和话题浏览相关内容，发现更多感兴趣的主题。

对于品牌和广告商来说，Twitter提供了一个高效的推广渠道。他们可以通过投放广告、赞助内容等方式在Twitter上进行推广，与目标受众建立联系并提高品牌知名度。

最重要的是，Twitter开放了其API，鼓励第三方开发者开发各种应用程序。这进一步扩展了Twitter的功能和用途，为用户和企业提供了更多的选择和机会。

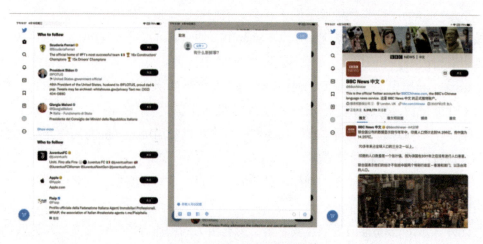

图1-2-6　Twitter搜索界面展示

综上所述，Twitter是一个功能丰富、互动性强的社交媒体平台，不仅为用户提供了便捷的社交沟通方式，还为品牌和广告商提供了高效的推广渠道。

（二）用户画像

性别分布，Twitter用户中男女比例大致相当，但男性用户略多一些。截至2023年数据，女性用户占35.7%，男性用户占64.3%。

年龄分布，Twitter用户年龄主要集中在18~34岁，约占70%以上。这一年龄段的用户群体是社交媒体的主要用户，也是品牌广告的主要目标人群（平台限制13岁以下人员注册）。

地域分布，Twitter用户遍布全球，主要分布在北美、欧洲、南美和亚洲等地区。一些国家的用户数量较多，如美国、巴西、印度和印尼等。截至2023年数据，平台活跃用户达到3.729亿人。

兴趣爱好，Twitter用户兴趣广泛，关注各种类型的内容，包括新闻时事、娱乐明星、体育赛事、科技产品，同时，Twitter用户也积极参与社交互动，如评论、转发和提问等。

教育程度，Twitter用户的教育程度相对较高，大多数用户拥有高中及以上学历。

职业身份，Twitter用户涵盖了各行各业的职业身份，包括企业高管、员工、教师、学生、医生、律师，这些用户在Twitter上分享和交流各种信息和观点。

（三）运营模式

Twitter作为领先的社交媒体平台，为内容创作者、品牌和广告商提供了卓越的营销与推广解决方案。对于创作者而言，Twitter不仅是一个分享创意和故事的舞台，更是提升知名度、扩大受众群体并获取稳定收入的宝贵平台。通过精心策划的内容和积极互动，他们能够吸引大量关注者，进而提升个人影响力。

对于品牌和广告商而言，Twitter则是一个高效的推广渠道。借助精准定位和数据分析，他们能够与目标受众建立紧密联系，有效推广产品和服务。通过创新的内容营销策略，品牌可以与用户进行有意义的互动，提升用户参与度和忠诚度。

此外，Twitter还为创作者提供了一系列支持措施。其直播功能允许实时传递精彩内容，增强观众参与感。而创作者基金等项目则为有潜力的创作者提供资金支持，帮助他们实现更多创意目标。

总而言之，Twitter凭借其强大的功能和多元化的营销策略，已然成为各方在社交媒体领域创造商业价值的首选平台。无论是创作者、品牌还是广告商，都可以在这里发掘无限机会并取得卓越成果。

六、认识Snapchat

Snapchat是一款即时通信和多媒体分享应用，由Evan Spiegel、Robert Murphy和

Bobby Murphy于2011年创建。它主要的特点是提供即时通信、发送和接收照片、视频、语音消息以及进行实时互动。Snapchat以其阅后即焚的功能而闻名，即用户发送的消息和内容在接收者查看后会被自动删除。此外，Snapchat还提供了许多其他功能，如Stories、Discover、Memories等，如图1-2-7所示。

图1-2-7　Snapchat搜索界面展示

（一）平台特点

消息自毁功能：Snapchat的最大特点是其发送的照片和视频在几秒钟内会自动消失，为用户提供了更高的隐私保护。这种"阅后即焚"的特点让用户可以分享瞬间的照片和视频，不必担心被恶意传播。

实时互动：Snapchat允许用户与朋友进行实时交流，通过发送照片、视频和即时消息来分享生活的点滴。这种实时互动让用户感觉更加亲密，拉近了人与人之间的距离。

丰富的滤镜和特效：Snapchat提供了大量的滤镜和特效，用户可以将自己的照片和视频进行美化，使其更加有趣和有创意。这些滤镜和特效为用户带来了更多的乐趣和创造力，使他们能够表达自己独特的个性。

AR功能：Snapchat不仅提供常规的广告形式，而且允许品牌通过AR滤镜、故事、短视频等创新功能进行营销。AR功能不仅让用户觉得好玩，也是品牌进行营销的利器。相比普通广告，AR体验能双倍吸引消费者的注意力，受到来自电商、时尚、美妆等各类品牌的青睐。

用户黏性高：大部分用户在Snapchat中消费内容的黏性较高，表现出较高的忠诚度。特别适合目标市场在北美、欧洲以及面向千禧一代和Z世代的品牌进行推广。

年轻化：Snapchat的用户群体普遍年轻化，大部分在18~34岁。女性用户略多于男性用户，三分之一的Snapchat用户已为人父母。

国际化：Snapchat在全球范围内拥有大量的用户，广告主可以根据不同国家和地区的用户特征进行有针对性地推广。

（二）用户画像

Snapchat的用户画像主要集中在年轻人群体，特别是18~34岁的年龄段。这个用户群体通常具有较高的社交活跃度，喜欢分享自己的生活点滴，追求新鲜、有趣、创意的内容，并且对品牌和广告也有一定的关注度。

Snapchat的女性用户略多于男性用户，但男性用户在某些地区和年龄段也有较高的占比。三分之一的Snapchat用户已为人父母，这也为品牌和广告主提供了针对年轻家庭市场的机会。

此外，Snapchat在全球范围内拥有大量的用户，主要集中在北美、欧洲和澳大利亚等发达地区。不同地区、不同行业和不同背景的用户在Snapchat上都有自己的特点和喜好，但普遍表现出年轻化、社交活跃、追求创意等特点。

需要注意的是，以上用户画像只是一种概括性的描述，并不能完全代表所有Snapchat用户的情况。不同地区、不同行业和不同背景的用户在Snapchat上都有自己的特点和喜好。

（三）运营模式

Snapchat是一个以内容创作者为中心的社交媒体平台，吸引了大量的个人和机构创作者。他们通过发送照片、视频和语音消息与粉丝进行互动，通过吸引关注、增加内容观看次数和互动性来提高自己的知名度。在Snapchat上，一些创作者不仅积累了大量的粉丝，还通过平台的独特性成为了网络红人，并获得了商业合作的机会。

为了支持这些创作者，Snapchat提供了多种盈利方式。首先，广告收入是创作者收入的重要来源。品牌和广告商可以利用Snapchat的高效推广渠道，通过CPM、CPC或CPL等计费模式在平台上投放广告。创作者可以通过与Snapchat分享广告收入来获得收益。

此外，Snapchat的直播功能让创作者能够与观众进行实时互动，通过直播分享即时视频，这些视频仅在一定时间内可见，符合Snapchat的"阅后即焚"理念。创作者可以通过直播获得观众的礼物和打赏，从而增加收入。

Snapchat还为品牌和广告商提供了一个平台，让他们能够与用户互动、推广商品和服务。企业和个人可以通过Snapchat进行产品宣传、营销推广和客户服务。

为了进一步支持创作者，Snapchat推出了会员制度，允许粉丝为创作者的独家内容、特殊徽章和会员专享聊天等功能付费。这为创作者提供了一个稳定的收入来源。

总之，Snapchat的运营模式通过广告收入、直播业务、商业合作和会员制度等多种方式，为内容创作者提供丰富的收入来源，同时也为品牌和广告商提供了有效的推广渠道。

七、认识 Kwai

Kwai（快手）的国际版，又名"Kuaishou"，它是一款由北京快手科技有限公司开发的短视频分享及社交平台。"Kuaishou"在国内外市场均取得了显著的成功，特别是在一些亚洲和拉美国家。

（一）平台特点

用户基数大和活跃度高：Kwai在多个国家和地区都拥有庞大的用户群体，这使得平台具有很高的活跃度和参与度。用户通过Kwai分享和观看短视频，表达自己的想法和创意。

内容多样化和个性化：Kwai上有大量的短视频内容，涵盖了各种主题，如搞笑、美食、旅行、教育等。平台会根据用户的兴趣和行为推荐个性化的内容，使用户更容易找到自己感兴趣的视频。

社交属性强：Kwai不仅是一个短视频平台，还是一个社交平台。用户可以关注其他用户，点赞、评论和互动，甚至可以与他们进行私信交流。这种社交属性使得用户更容易建立联系和分享兴趣。

本地化运营：Kwai在不同地区有不同的运营策略和重点，会根据当地的文化和市场需求进行本地化的内容推荐和活动策划。这种本地化运营方式有助于吸引更多的用户和提升他们的参与度。

广告模式新颖：Kwai的广告模式不同于传统的广告模式，它通过与品牌合作推出有趣、创意的广告内容，让用户更容易接受和记住品牌信息。这种新颖的广告模式有助于提升品牌知名度和用户忠诚度。

技术支持稳定：Kwai在技术上拥有强大的支持和优化，确保用户可以流畅地观看和上传视频。平台还提供了多种社交功能，使用户可以方便地进行互动和交流。

Kwai作为一个短视频平台，具有用户基数大、活跃度高、内容多样化和个性化、社交属性强、本地化运营、广告模式新颖和技术支持稳定等特点。这些特点使得Kwai成为一个充满活力和创意的平台，吸引了大量用户的关注和使用。

（二）用户画像

Kwai的用户画像主要集中在年轻人群体，特别是18~34岁的年龄段。这个用户群体通常具有较高的社交活跃度，喜欢分享自己的生活点滴和创意，并且对新鲜、有趣、创意的内容也有较高的关注度。

在性别结构上，Kwai的女性用户略多于男性用户，但男性用户在某些地区和年龄段也有较高的占比。这使Kwai的用户画像具有一定的均衡性。

Kwai的用户不仅分布在发达地区，如北美、欧洲和澳大利亚等，也在一些新兴市场和地区拥有大量的用户。这使Kwai成了一个全球性的平台，具有广泛的用户基础和多样化的内容。

此外，Kwai的用户职业背景多样，涵盖了学生、职场人士、企业家、自由职业者等各个领域。不同行业和职业的用户都可以在Kwai上找到自己感兴趣的内容和话题，并进行互动和交流。

需要注意的是，以上用户画像只是一种概括性的描述，并不能完全代表所有Kwai用户的情况。不同地区、不同行业和不同背景的用户在Kwai上都有自己的特点和喜好。

（三）运营模式

Kwai是一个专注于短视频内容的社交媒体平台，通过多种策略实现用户增长，包括广告投放、社交媒体营销、合作伙伴关系与病毒式营销。针对不同地区的文化特点，Kwai制定相应的本地化营销策略，以吸引和增加当地用户基数。

平台提供了丰富多样的短视频内容，覆盖了生活、娱乐、幽默、美食、旅游、时尚和美容等多个领域。Kwai鼓励原创内容创作，并利用算法推荐技术，将合适的内容精准推送给感兴趣的用户。同时，通过举办各种挑战、比赛和节日主题活动，激发用户的创作热情和参与度。

为了增强用户之间的互动，Kwai提供了点赞、评论、转发等社交功能，并允许用户通过私信进行一对一交流。这些社交功能有助于提升用户黏性和平台的活跃度。

Kwai还为创作者提供了全方位的支持，包括激励计划、培训、内容推广等。通过广告分成、礼物打赏和商业合作等方式，Kwai帮助创作者实现收入增长。

在运营方面，Kwai利用大数据分析和人工智能算法，深入分析用户行为和偏好，优化产品功能，提升用户体验，并提高广告效果。

Kwai的盈利模式主要依赖于广告收入、创作者分成、直播打赏和付费会员服务。广告商可以通过多种模式在平台投放广告，而创作者则可以通过与Kwai分享广告收入和礼物打赏来增加收入。此外，Kwai的付费会员服务为会员提供了额外的功能和优惠。

八、认识 Likee

Likee是一款短视频分享和社交平台，由新加坡的BIGO Technology Group开发。该平台以短视频为核心，为用户提供创作、分享、浏览和互动等功能。在全球范围内，Likee拥有庞大的用户基础，在亚洲和拉美地区备受欢迎。用户通过Likee分享生活中的点滴，表达创意和情感，并与其他用户进行互动交流。这样的平台特点使Likee成为一个充满活力和创意的社交空间，吸引了大量年轻用户的关注和使用。

（一）平台特点

多样的视频特效和音乐：用户可以使用各种音乐和特效来制作自己的视频，并与其他用户分享。

活跃的社区：Likee还有一个活跃的社区，用户可以在这里与其他用户分享自己的作品和交流创作经验。

本地化运营：针对不同文化、背景、文化和价值观的地区开展不同的文化活动，推广不一样的内容。

品牌Logo和口号：Likee推出了新的品牌Logo和口号"探索你所喜爱的（Explore What You Like）"，邀请用户探索他们的兴趣。

总体来说，Likee是一个以创意和趣味为主打的短视频矩阵软件，其特点是多样的视频特效和音乐、活跃的社区、本地化运营以及新的品牌Logo和口号。

（二）用户画像

Likee的用户画像主要集中在年轻人群体，特别是18~34岁的年龄段。这些用户通常具有较高的社交活跃度，喜欢分享自己的生活点滴和创意，并且对新鲜、有趣、创意的内容也有较高的关注度。

在性别结构上，Likee的女性用户略多于男性用户，但男性用户在某些地区和年龄段也有较高的占比。这使得Likee的用户画像具有一定的均衡性。

此外，Likee在全球范围内拥有庞大的用户群体，尤其是在亚洲和拉美地区备受欢迎。不同地区、不同行业和不同背景的用户在Likee上都有自己的特点和喜好，但普遍表现出年轻化、社交活跃、追求创意等特点。

需要注意的是，以上用户画像只是一种概括性的描述，并不能完全代表所有Likee用户的情况。不同地区、不同行业和不同背景的用户在Likee上都有自己的特点和喜好。

（三）运营模式

Likee平台致力于激发用户的创作潜能，并提供一系列强大的视频编辑工具和特效，使用户能够轻松制作出引人入胜的内容。用户可以自由上传自己的视频，与他人展开互动，包括点赞、评论和分享视频等。

除了卓越的视频分享功能，Likee还构建了一个充满活力的社交网络。用户可以关注其他用户，建立并维护社交关系，通过互动提高平台的参与度和活跃度。平台采用先进的推荐算法，根据用户的兴趣和行为为其推送相关内容，使用户能够轻松发现新的视频作品。此外，Likee还提供直播功能，让用户与观众实时互动，增强用户对平台的黏性。为了实现商业价值，Likee积极开展广告和商业化活动，如展示广告、品牌合作和付费推广等。同时，平台不断更新内容和功能，并通过用户增长策略，如邀请好友奖励等，持续吸引新用户并保持现有用户的活跃度。

任务实施：

1.整理TikTok平台信息表

在部门运营的初步规划中，公司选择TikTok作为首个试点平台。为了更深入地了解TikTok，小昊整理了一份TikTok平台的基本信息表，结合了之前所学的知识和互联网资源。这份信息表包括TikTok的平台特点、用户画像以及运营模式等方面的信息，旨在为公司的运营工作提供有力的支持。通过这份信息表，小昊能够更好地认识TikTok，为接下来的运营工作打下坚实的基础。TikTok平台信息表见表1-2-1。

表 1-2-1　TikTok 平台信息表

名称	Logo	开发公司推出时间	下载量	平台特点	运营模式	运营地区	用户画像
TikTok							

2.拓展学习

阅读报告或相关材料拓展学习，下面是一些阅读指引。

（1）阅读"Fastdata极数"2023年度上半年TikTok生态发展白皮书

阅读报告的引言和概述部分，了解TikTok生态在2023年上半年整体的发展状况和趋势。关注报告中关于TikTok用户增长、活跃度、使用时长等方面的数据，了解平台的发展规模和用户黏性。分析报告中关于TikTok商业化发展的部分，了解TikTok在广告、电商等方面的表现和策略。

（2）阅读"TikTok"TikTok 2023年全球流行趋势报告

阅读报告中关于全球范围内流行趋势的内容，了解TikTok在各个国家和地区的受欢迎程度和影响力。关注报告中关于TikTok用户行为和偏好的研究，了解平台用户的特点和需求，分析报告中关于TikTok创新和未来发展的展望，了解平台未来的发展方向和潜力。

（3）阅读"东方证券"传媒行业，海外短视频系列报告之一——TikTok的十亿用户之路

阅读报告中关于TikTok发展历程的内容，了解TikTok从起步到成为十亿级用户的历程和关键节点。分析报告中关于TikTok与其他社交平台的竞争关系，了解TikTok在市场中的竞争优势和地位。关注报告中关于TikTok未来发展的预测和建议，了解行业专家对TikTok未来发展的看法和预期。

（4）分享和交流

将从报告中获得的信息进行整理和归纳，形成自己对TikTok平台的认识和理解。与团队成员分享自己的阅读体会和学习成果，展开讨论和交流，提升自己的专业素养和认知水平。

应用实操：

小昊想深入了解跨境短视频领域，进一步探索并整理其他跨境短视频平台的基本

信息。通过创建表格来系统地收集和整理这些平台的数据，可以帮助他更好地理解这个领域的运作机制和趋势，见表1-2-2。

表 1-2-2　跨境短视频平台资料信息

平台名称（短视频）	Logo	开发公司推出时间	下载量	平台特点	运营模式	运营地区	用户画像
Facebook Watch							
YouTube Shorts							
Instagram Reels							
……							

任务评价：

项目	熟悉常见平台	了解平台特点及运营模式	提出有效运营想法	整体完成度高
学生自评	□优秀 □良好 □合格	□优秀 □良好 □合格	□优秀 □良好 □合格	□优秀 □良好 □合格
小组评价	□优秀 □良好 □合格	□优秀 □良好 □合格	□优秀 □良好 □合格	□优秀 □良好 □合格
教师评价	□优秀 □良好 □合格	□优秀 □良好 □合格	□优秀 □良好 □合格	□优秀 □良好 □合格
企业评价	□优秀 □良好 □合格	□优秀 □良好 □合格	□优秀 □良好 □合格	□优秀 □良好 □合格

任务三　跨境电商短视频商品品类分析

情境导入：

在充分了解跨境电商短视频行业的发展、趋势和主流平台后，小昊对公司产品是否适合在跨境电商短视频平台上进行销售产生了疑虑。为了更好地适应跨境电商短视频平台的运营实际，小昊利用互联网和行业网站等资源搜集了关于跨境电商短视频行业的报告和相关数据。他主要关注商品品类的分析，以确定公司产品的市场定位和潜在机会。通过深入分析跨境电商短视频的商品品类，小昊能够更好地理解市场需求和竞争格局，为公司产品在跨境电商短视频平台上的推广提供有力的支持。

知识解析：

一、TikTok平台商品品类分布

2024年一开年，几乎全国卖家都对TikTok电商展现出了空前的热情和兴趣。基于欧美和东南亚两大市场，TikTok社交+电商的双重巨大流量与资本加持，正在影响世界。

（一）TikTok平台上的商品品类

时尚配饰：服装、鞋子、包包、配饰等。这些商品通常注重设计感和潮流元素，适合年轻人的口味。

美妆个护：化妆品、护肤品、洗发水、牙膏等个人护理产品。这些商品通常注重品牌和功效，适合女性用户的需求。

家居生活：家居装饰、家具、厨房用品、收纳用品等。这些商品通常注重实用性和美观性，适合家庭用户的需求。

母婴儿童：婴儿用品、儿童玩具、母婴食品等。这些商品通常注重安全和品质，适合有小孩的家庭的需求。

电子产品：手机、平板电脑、耳机、智能手表等。这些商品通常注重功能和性能，适合科技爱好者的需求。

图书音像：小说、漫画、音乐、电影等。这些商品通常注重文化和娱乐性，适合用户的休闲阅读和娱乐需求。

需要注意的是，TikTok平台上的商品品类分布可能会随着用户需求的变化而有所不同。此外，由于TikTok主要面向年轻人群体，因此时尚配饰、美妆个护和家居生活类商品相对较为热门。

（二）TikTok电商布局发展历程

TikTok于2019年开始探索电商运营并逐步展开全球布局。Fastdata研究院整理数据显示，在东南亚市场，TikTok于2021年4月在印度尼西亚率先开启直播带货，随后在2022年4—6月上线越南、泰国、马来西亚、菲律宾、新加坡。在欧洲市场，TikTok Shop在英国于2021年4月开放；而Fanno平台则主要面向欧洲市场，于2021年11月推出。在北美市场，TikTok与沃尔玛合作，于2020年12月在美国开始了首场直播带货。随后，TikTok Shopping于2021年8月在美国和加拿大试运营。这些动作标志着TikTok在全球电商领域的积极扩张和布局。

下面以2023年3月份TikTok商城热搜榜单分析品类分布情况，步骤如下。

第一步，查阅榜单，截至2023年3月，TikTok Shop商城已在菲律宾、马来西亚、泰国、越南等市场正式上线。本期商城热卖榜单（3月）将提供最新的商城热搜词及其对应的商品需求，助力跨境商家把握商城最新趋势，抢占先机，获取新的增长机，如图1-3-1所示。

图1-3-1　截止时间2023年3月TikTok榜单

第二步，分类整理各地区市场品类排名。

1. 菲律宾榜单核心关键词

从头到脚的衣着打扮：菲律宾用户热衷于在TikTok Shop商城搜索与衣着装扮相关的商品，无论女性还是男性用户，都会在商城探索上衣（马球衫、连衣裙）、穿搭、手提包、下装（裤子）、鞋子（休闲运动鞋、凉鞋）等相关商品，从头到脚，衣着打扮无缝衔接。

生活气息和浪漫并重：在商城，当地用户既会搜索与生活必备用品息息相关的商品，如家居装饰使用的墙纸、厨房清洁使用的洗碗液套装等；同时，用户也喜欢在商城探索一些浪漫约会的必备商品，如夜用香水等，如图1-3-2所示。

2. 马来西亚榜单核心关键词

民族文化购物需求旺盛：3月马来西亚当地的盛大节日——斋月和开斋节火热来袭，当地用户在商城上积极探索与民族文化相关的服饰周边商品，如长裙长袍、祈祷周边商品、男士服饰等。同时，除了服饰，空气炸锅等厨房用品也广受用户欢迎，陪伴用户度过了一个难忘的民族文化盛宴。

追求休闲生活：当地用户希望能够在TikTok Shop上发现一些休闲生活的好物，在商城上搜索和休闲运动（蓝牙耳机）、休闲出行（书包）、休息（躺椅）等相关的商品，如图1-3-3所示。

图1-3-2　菲律宾热搜品类榜单

图1-3-3　马来西亚热搜品类榜单

3.泰国榜单核心关键词

时尚弄潮儿：泰国用户是时尚的追寻者，热衷于在商城搜索与服饰时尚相关的商品，如时尚运动鞋、帆布鞋、牛仔裤等相关商品，同时，具备时尚感、外形俱佳的行李箱等商品也受到用户欢迎。

娃娃守护者：母婴经济同样在泰国商城得到展现，当地用户在商城上积极探寻与婴儿尿布、婴儿湿巾等相关的商品，为自家娃娃寻找优质、安全、便利的生活用品，如图1-3-4所示。

图1-3-4　泰国热搜品类榜单

4.越南榜单核心关键词

包包爱好者：越南当地用户对各种类型的背包和手提包拥有较高的探索需求，颜值佳、具备时尚感、使用便捷的商品在商城收获了大量拥趸，激起用户的购买欲望。

数码产品粉丝：大量越南用户通过商城探索3C数码周边商品，在手机配件方面，用户对于高充电性能的手机快充线拥有较高需求；同时，在娱乐方面，用户也喜欢探寻蓝牙音响等相关商品，为自己的生活增添更多声音与欢乐，如图1-3-5所示。

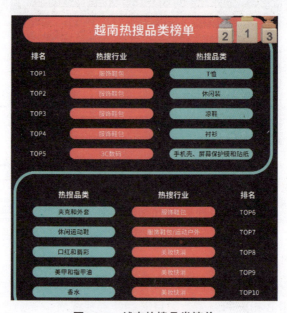

图1-3-5　越南热搜品类榜单

二、Kwai平台商品品类分布

Kwai是一个短视频平台，其商品品类分布相对广泛，涵盖了多个领域。以下是一些常见的商品品类在Kwai平台上的分布情况。

时尚类：服装、鞋帽、饰品等时尚产品。这类商品通常以时尚、潮流、个性化为主要特点，吸引年轻用户的关注和购买。

美妆类：主要涉及化妆品、护肤品、美发产品等。这类商品通常与美容、护肤、美发等话题相关，受到女性用户的青睐。

家居类：家居装饰、家居用品、厨房用品等。这类商品通常以品质、设计、实用性为主要卖点，满足用户对美好家居生活的追求。

数码类：主要涉及手机、电脑、相机等电子产品及其配件。这类商品通常以科技、智能为主要特点，吸引科技爱好者和专业人士的关注。

食品类：各类零食、饮品、保健品等。这类商品通常以口感、健康为主要特点，满足用户的口腹之欲和健康需求。

以上只是Kwai平台上的部分商品品类分布情况，实际上，Kwai平台上的商品品类还有很多其他细分领域，具体分布情况需要根据市场和用户需求进行进一步的研究和分析。

（一）Kwai巴西市场

在巴西市场，Kwai线上购物的热门品类包括服饰包包、时尚美妆、电子产品、家居装饰以及健康类产品，如图1-3-6所示，这些品类占据了Kwai线上购物的前五名。

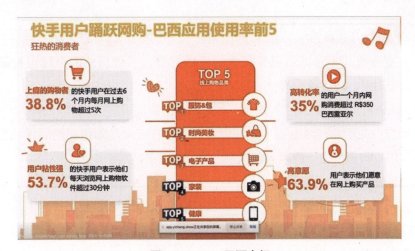

图1-3-6　Kwai巴西市场

（资料来源于雨果跨境）

（二）Kwai印度尼西亚市场

印度尼西亚用户同样拥有非常高的购物热情，当地前五的线上购物品类主要是衣服鞋子，时尚配饰、食品杂货、游戏图书、电子产品，如图1-3-7所示。

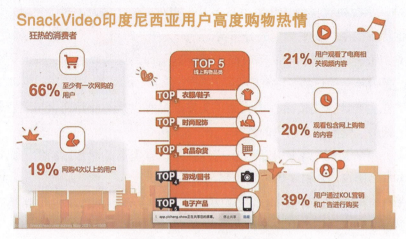

图1-3-7　Kwai印度尼西亚市场

（资料来源于雨果跨境）

任务实施：

结合公司的运营规划首选TikTok平台，通过平台榜单商品了解品类分布还不够，为此小昊拿到《TikTok生态发展与全球短视频生态布局报告》，通过研究报告，进一步了解TikTok电商发展布局与生态情况，可以按照以下实训步骤进行。

1.了解报告的背景和目的

开始之前，先阅读报告的引言和目录部分，了解报告的撰写目的、研究的背景和范围。

2.全球短视频行业版图

在报告中查找关于全球短视频行业的概述部分，了解当前的全球短视频行业格局、主要竞争对手、市场规模等信息。

3.TikTok电商生态

阅读报告中关于TikTok电商生态的章节，了解TikTok是如何在电商领域发展并布局的，包括用户购物体验、商家入驻机制、推广方式等内容。

4.TikTok达人生态

研读关于TikTok达人生态的部分，了解TikTok是如何培养和支持达人用户的，包括达人的收益方式、合作机制、资源支持等内容。

5.TikTok广告生态

阅读报告中关于TikTok广告生态的章节，了解TikTok的广告模式和生态系统，包括广告形式、广告投放方式、广告主体等信息。

6.TikTok直播

研读关于TikTok直播的部分，了解TikTok是如何推出直播功能，并在直播领域发展和布局的，包括直播的特点、用户互动方式、直播主题等内容。

7.TikTok服务商生态解析

阅读报告中关于TikTok服务商生态的章节，了解TikTok是如何建立服务商生态系统，并与各种服务提供商合作的，包括服务商的类别、合作模式、服务内容等信息。

8.总结报告内容

整理报告中的关键信息和发现，包括TikTok的发展动态、在全球短视频行业中的地位、各个生态系统的特点和重要性等。

9.提出问题和讨论

基于研读过程中的理解和整理的信息，提出一些关键问题，并与同事或导师进行讨论，以进一步深入理解TikTok的电商生态发展。

10.总结经验和思考

根据整个研读报告的过程，总结经验和思考，包括对TikTok生态发展的看法、全球短视频行业的观察以及未来发展的预测等。

以上步骤可以帮助系统地研读《TikTok生态发展与全球短视频生态布局报告》，深入了解TikTok在不同领域的发展和布局，并对全球短视频行业的趋势有更清晰的认识。

应用实操：

通过查阅互联网及行业报告等资料，分别针对Facebook 、YouTube、Instagram 等跨境短视频平台进行深入的品类分析，见表1-3-1。

表 1-3-1 其他跨境短视频平台市场品类统计表

平台	市场	品类分布情况	特点

任务评价：

项目		掌握平台商品分析方法	明确品类及市场用户需求	熟悉平台数据处理	提出品牌策略及运营建议
学生自评		□优秀	□优秀	□优秀	□优秀
		□良好	□良好	□良好	□良好
		□合格	□合格	□合格	□合格
小组评价		□优秀	□优秀	□优秀	□优秀
		□良好	□良好	□良好	□良好
		□合格	□合格	□合格	□合格

续表

项目	掌握平台商品分析方法	明确品类及市场用户需求	熟悉平台数据处理	提出品牌策略及运营建议
教师评价	□优秀	□优秀	□优秀	□优秀
	□良好	□良好	□良好	□良好
	□合格	□合格	□合格	□合格
企业评价	□优秀	□优秀	□优秀	□优秀
	□良好	□良好	□良好	□良好
	□合格	□合格	□合格	□合格

任务四　跨境电商短视频运营团队

情境导入：

经过前期的资料收集和整理，小昊已经对跨境电商短视频基础有了深入的了解。为了更好地胜任岗位工作，他进一步研究了跨境电商短视频运营团队的组建及相关岗位的职业能力要求。通过这一系列的了解，小昊能够更好地规划自己的职业发展，提前为未来的工作做好准备。

知识解析：

跨境电商短视频作为当前热门的行业，已成为许多出海企业的关键需求。然而，要成功运营跨境电商短视频，一个专业团队的组建是必不可少的。

一、跨境电商短视频运营团队

在跨境电商短视频运营中，一个成熟的团队不仅需要总负责人来统筹全局，还需要明确的职责分工。对于跨境短视频运营团队来说，编导、摄影师、剪辑师和运营人员的角色至关重要。明确的职责划分可以让团队成员快速了解自己的工作内容，提高工作效率。只有当团队成员清楚自己的职责，才能更好地协同工作，实现高效的跨境电商短视频运营。因此，对于跨境短视频运营团队来说，明确人员职责和分工是至关重要的，跨境电商短视频岗位分工和职责见表1-4-1。

表 1-4-1　跨境电商短视频岗位分工和职责

岗位	职责	职业能力要求
编导	负责选题策划、脚本撰写、确定主题风格等，编导又可以分为文案策划、剧本创作、拍摄监督三类岗位。 文案策划，拍摄主题内容，具有新颖性、创新性； 剧本创作，制定脚本，梳理短视频拍摄思路； 拍摄监督，跟进拍摄效果和进度。	1.能够洞察海外用户内容需求，根据用户需求及账号定位，进行选题、制作相应的内容 2.懂英语或其他语种，具备文案功底，有创意、擅长捕捉行业的热点话题，能够产出优质内容 3.挖掘选题、策划内容、撰写拍摄脚本和文案 4.掌握基本的拍摄和剪辑技能
摄影师	撰写拍摄分镜头语言，布置场景和拍摄视频，专业的摄影师还要负责化妆、灯光、音响等相关工作。	1.有创意、有网感、有较好的审美和画面感 2.懂内容创作，优先摄影和影视相关专业 3.熟练使用手机、各类单反、数码相机，熟练掌握镜头语言的运用
剪辑师	对拍摄素材进行调色、剪辑、处理字幕、配音等工作，对最后的成片负责。	1.能熟练操作 Pr、ED 等剪辑工具 2.熟悉跨境短视频拍摄流程和剪辑技巧 3.具备一定网感，对热点敏感
演员	视频中的人物，根据脚本完成拍摄任务。	1.表现力强，具备语言台词功底 2.符合短视频需求 3.跨境短视频一般要求本地人员
运营人员	短视频营销的重要一环，视频完成后发往哪些平台渠道、如何获得最大的播放量、如何提升用户黏性等，设计视频头图、标题、简介、推荐位等都属于短视频运营人员要负责的工作。	1.熟悉跨境平台玩法，能够进行多平台账号运营，搭建矩阵，持续输出优质短视频内容，打造爆款短视频 2.懂数据分析，根据数据分析和用户喜好对内容进行优化调整 3.根据公司要求及账号定位进行推广、变现及引流

二、跨境电商短视频工作流程

在组建了跨境短视频运营团队后，下一步是明确整个工作流程。一般而言，工作流程可以分为以下几个阶段，前期准备、选题确定、内容策划、拍摄与剪辑、内容分发、引流变现（粉丝运营）。这些阶段相互关联，缺一不可，共同构成了完整的跨境短视频工作流程。明确并遵循这一流程，可以确保团队每一步工作的专业性和连贯性，从而提高运营效率和效果。图1-4-1展示了跨境短视频工作流程的各个环节，为团队提供了可视化的指导和参考。

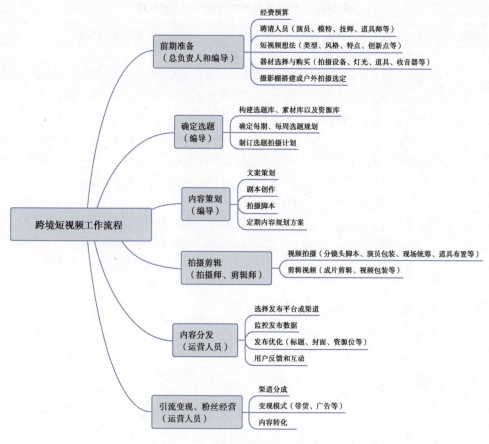

图1-4-1　跨境短视频工作流程

任务实施：

在分析了上述资料后，小昊对自己的职业规划有了更明确的认识。为了更深入地了解企业对跨境电商短视频运营人员的要求，他收集了近一个月的招聘信息，仔细分析了岗位工作任务和职业能力要求，为自己的职业发展做好充分准备。

以BOSS直聘平台为例，具体实施步骤如下。

①打开官网，输入"跨境电商短视频运营"，点击搜索，如图1-4-2所示。

图1-4-2　打开官网

②进到岗位招聘信息界面，可以根据自己心仪的工作地区和要求进行设置检索要求，如图1-4-3所示。

图1-4-3　设置招聘条件

③根据反馈的信息点击进入招聘岗位，如图1-4-4所示。

图1-4-4　招聘岗位具体信息

④收集关键信息，整理见表1-4-2。

表 1-4-2　短视频运营岗位要求一览表

岗位	学历要求	专业要求	经验要求	岗位工作任务	职业能力要求	薪资待遇	其他要求（如语言）
跨境短视频运营岗位							

应用实操:

结合上述跨境短视频的工作流程,自选某一感兴趣的领域规划跨境短视频团队组建方案,包括岗位工作内容、职业能力要求以及工作流程,见表1-4-3。

表 1-4-3 跨境短视频团队组建方案

团队组建分工	
团队岗位和要求	工作内容、工作职责、职业能力要求
编导	
摄影师	
剪辑师	
演员	
运营人员	
团队工作流程	
阶段一	
阶段二	
……	

任务评价:

项目	能组建短视频运营团队	明确团队岗位任务	掌握科学高效工作流程	整体完成度高
学生自评	□优秀 □良好 □合格	□优秀 □良好 □合格	□优秀 □良好 □合格	□优秀 □良好 □合格
小组评价	□优秀 □良好 □合格	□优秀 □良好 □合格	□优秀 □良好 □合格	□优秀 □良好 □合格
教师评价	□优秀 □良好 □合格	□优秀 □良好 □合格	□优秀 □良好 □合格	□优秀 □良好 □合格
企业评价	□优秀 □良好 □合格	□优秀 □良好 □合格	□优秀 □良好 □合格	□优秀 □良好 □合格

【案例拓展】

一个初创品牌ROI做到1 400%，看看跨境短视频营销的高阶玩法

Holy Corn，俄罗斯的一个初创快消品牌，通过在短视频平台Likee上的整合营销，将ROI做到了1 400%，还一举拿下了今年俄罗斯地区艾菲奖"品效合一"银奖和"高性价比品宣"铜奖两座奖杯。众所周知，艾菲奖是唯一一个以"实效"为评估标准的跨境营销传播国际奖项，被誉为营销传播界的"奥斯卡"。Holy Corn的短视频营销是如何征服艾菲奖的280多位专家评委的呢？

Holy Corn成立于2017年，是俄罗斯一个初创的快消品牌，主打产品是以健康时尚为特色的爆米花。产品在15 000多个线下零售店销售，2020年每月销量达50万包。

图1-5-1　创始人艾丽莎·巴瑟罗娃（Alisa Basyrova）

创始人艾丽莎·巴瑟罗娃（Alisa Basyrova），如图1-5-1所示，23岁从麦肯锡辞职后用自己的积蓄创立了Holy Corn品牌。作为非常了解互联网文化的年轻人，艾丽莎清楚地知道，产品和品牌未来的重要营销平台将是短视频。2020年，她选择了在俄罗斯最大的短视频平台之一Likee作为品牌和产品全年宣发的核心阵地。

而Likee为BIGO旗下的短视频平台，在俄罗斯、美国、中东、东南亚、南亚、土耳其等国家和地区有着非常大的市场影响力，是仅次于TikTok的跨境出海短视频平台。

一个初创品牌如何ROI做到1 400%，跨境短视频营销的高阶玩法秘密在哪里？下面逐一揭秘。

一、平台赋能的巧妙策略：产品即营销

和一般的营销传播不同，在产品的选择上，Holy Corn并没有从现有产品线中拿出一款直接推广，而是和Likee深度合作，联合开发了一款Holy Corn X Likee联名爆米花产品。Holy Corn希望以联名款爆米花为拳头产品，带动整个产品线的销售。

这款联名款产品充分运用了Likee的标识和品牌吉祥物KiKi，以Likee的吉祥物KiKi为核心元素，如图1-5-2所示，对产品的包装、包装内附的活动闪卡、终端柜台陈设等都进行了专属设计和策划，最终有超过30万份含有闪卡的爆米花产品在全俄超过1万家

商场和超市进行了投放，覆盖俄罗斯95%的人口。

图1-5-2　Holy Corn联名款爆米花产品

项目成功的最核心一点就是Holy Corn充分借助了Likee的品牌赋能，发掘出Likee吉祥物的特点和能量，这让Holy Corn X Likee联名款爆米花不仅是一款产品，也是传播素材的一部分。线下专属柜台陈列、包装设计，都成了产品最直接的展示，也成了将消费者从线下引流到线上的入口，如图1-5-2所示。

最终的销售效果证明，联名款爆米花的策略非常有效。Holy Corn销售数据显示，在活动期间Holy Corn总销量增长4倍，其中联名爆米花比普通爆米花销量高出15%，而项目总体ROI达到1 400%。

二、短视频的高阶玩法：打造销售与推广的闭环

项目成功的另一个核心因素是Holy Corn深刻理解到短视频营销的特点，巧妙运用了Likee平台的优势和玩法。

在Likee平台，Holy Corn首先创建了官号并发起话题挑战，号召网友和消费者积极参与互动。目前官方的挑战视频观看量已经超过1 320万。而在挑战话题下发布UGC内容的普通用户超过了25 000位。这样的话题挑战活动形成了多维的品牌展现，也建立了多元的消费场景，如图1-5-3所示。

图1-5-3　Holy Corn设计品牌展示与消费场景

同时，Holy Corn在Likee上线闪卡兑换活动，打通与线下消费者的互动通道。闪卡

一共4种。紫卡可兑换活动头像框，橙卡可兑换活动账号背景，黄卡可兑换活动勋章，金卡为特殊卡片。和其他卡片组合获得抽奖机会，即收集满紫橙黄3张闪卡加上金卡，就可以参与抽奖，实体奖品有KiKi礼盒、KiKi衣服、摄影灯、爆米花礼盒等，这些都是非常受Likee用户欢迎的奖品，如图1-5-4所示。

图1-5-4　Holy Corn在Likee上线闪卡兑换活动

消费者购买联名款产品获得闪卡，通过闪卡兑换活动获得头像、勋章等奖励，而这些奖励又成了产品推广的素材，刺激其他用户到线下购买。由此，形成了一个从线下到线上再到线下、从购买到推广再到购买的螺旋式增长的良性循环。

三、整合的推广：线上线下，立体呈现品牌故事

为了进一步提升活动的影响力，Holy Corn联合Likee俄罗斯五大头部KOL参与产品推广，为Holy Corn创作出丰富的创意内容，相关作品曝光量超8 900万，如图1-5-5所示。

图1-5-5　Holy Corn创意短视频

除此之外，国际顶级时尚及生活方式媒体ELLE Girl、俄罗斯顶级商业新闻博客VC.ru以及俄罗斯诸多新闻媒体也对Holy Corn X Likee联名款进行了报道，媒体综合曝光量超2 500万。

出色的营销策略、巧妙的短视频玩法、整合的线上线下传播，最后成就了Holy Corn闪亮的营销成绩，也征服了艾菲奖200多位严格、挑剔的专家评委。

（案例来源于商业观察界面，《一个初创品牌ROI做到1 400%，看看海外短视频营销的高阶玩法》）

●【小组讨论】

认真阅读上述的跨境短视频运营的成功案例，理解一个初创品牌ROI做到1 400%跨境短视频营销策略，思考并讨论，如何借助跨境短视频实现品牌推广。

请以小组的形式进行讨论，结束讨论后，请每个小组派代表发言分享小组讨论的想法。

●【项目小结】

本章项目介绍跨境短视频行业的发展动向，包括短视频定义、特征、跨境短视频发展现状、未来趋势等，重点解析了目前跨境短视频平台发展历程、特点、用户画像及运营模式，以及不同跨境短视频平台商品品类分布，梳理跨境短视频运营工作流程和团队及岗位人才需求情况。

●【课后任务】

一、单选题

1.下列属于字节跳动旗下的产品是（　　　）。

　　A.Snapchat　　　　B.Instagram Reels　　　　C.Kwai　　　　D.TikTok

2.2022年度平台热门榜单的冠军是（　　　）。

　　A.Likee　　　　B.TikTok　　　　C.YouTube Shorts　　　　D.Triller

3.2022年度TikTok销量排名第一的品类是（　　　）。

　　A.美妆个护　　　B.箱包　　　　C.居家日用　　　　D.女装

4.下列属于TikTok平台最大优势的是（　　　）。

　　A.超级流量池　　B.去中心化算法　　　C.产品全球化　　　D.内容本地化

5.下列跨境短视频平台的用户购买意愿最高的是（　　　）。

　　A.TikTok　　　　B.Facebook　　　　C.YouTube　　　　D.Instagram

6.下列哪项属于Twitter的优点？（　　　）

　　A.变现方式多　　B.创建企业社区　　　C.联合推广　　　　D.聚合标签

7.在个人bio页面挂购物链接属于什么运营模式？（　　　）

　　A.衍生周边服务　B.直播带货　　　C.电商引流　　　　D.广告收益

8.与AR（增强现实）技术建立连接的是（　　　）。

　　A.Snapchat　　　　B.Facebook　　　　C.YouTube　　　　D.Instagram

二、多选题

1.决定TikTok流量池级别的重要指标有（　　　）。

　　A.点赞率　　　　B.评论率　　　　C.转发率　　　　D.完播率

2.影响跨境短视频发展的要素有（　　）。

　　A.平台特色　　B.用户画像　　　　　C.平台功能　　D.便捷程度

3.下列哪些属于Facebook的运营模式？（　　）

　　A.使用AR　　　　　　　　　　B.创建动态广告

　　C.搜索引擎推荐　　　　　　　　D.24小时产品展厅

4.哪些跨境短视频平台设置了"Stories"板块（　　）。

　　A.Snapchat　　　B.Facebook　　　C.YouTube　　D.Instagram

5.各类跨境短视频平台的共同特点有（　　）。

　　A.及时互动　　　　　　　　　B.受众年轻化

　　C.发布广告　　　　　　　　　D.人工智能底层逻辑算法

6.下列属于目前跨境主流短视频平台的有（　　）。

　　A.TikTok　　　　　　　　　B.Instagram Reels

　　C.Snapchat　　　　　　　　D.YouTube Shorts

7.国内短视频玩家推出跨境短视频平台分别有（　　）。

　　A.字节跳动推出TikTok　　　　B.快手推出Kwai

　　C.欢聚时代推出Likee　　　　　D.腾讯推出微信视频号

8.国外老牌的社媒巨头嵌入短视频功能的有（　　）。

　　A.Facebook Watch　　　　　　B.Instagram Reels

　　C.Snap Spotlight　　　　　　D.Youtube Short

三、简答题

1.简要说明跨境短视频行业的发展历程。

2.简述TikTok平台的特点及运营模式。

3.阐述Facebook Watch、YouTube Shorts、Instagram Reels、Twitter、Snapchat、Kwai、Likee等跨境短视频平台特点及运营模式。

4.简述跨境短视频运营团队组成结构。

5.简述跨境短视频工作流程。

项目二
跨境电商短视频账号策划

【职场场景训练】

　　党的二十大报告提出，坚持经济全球化正确方向，营造有利于发展的国际环境，共同培育全球发展新动能。如今，跨境电商短视频已经成为人们生活的重要组成部分，它不仅加速了信息的传递和交易的达成，而且极大地推动了跨境贸易的发展。跨境电商短视频的兴起，使跨境贸易变得更加简单和高效，也因此受到国内出海企业的广泛关注，成为其争夺市场的关键手段。

　　对于小昊来说，他已经对跨境电商短视频有了初步了解，并开始学习如何策划跨境电商短视频账号。在同事的帮助下，他熟悉了公司的产品，掌握了前期的基础运营知识。通过互联网上的资料和同事的经验分享，小昊对账号策划的原则、用户定位分析的注意事项、账号类型和定位方法等有了深入的理解。他还学习了账号前期的基础运营策划技巧，以及视频账号日常的基础运营维护技巧。

【项目学习目标】

1. 知识目标

（1）了解账号策划的基本原则。

（2）了解账号类型和运营方向。

（3）了解账号标签类型及应用。

2. 技能目标

（1）掌握账号定位方式。

（2）掌握账号注册流程。

（3）掌握账号策划技巧。

3. 素养目标

（1）培养对不同文化、价值观和社会制度的理解和尊重。

（2）传播和弘扬非遗植物染服饰的文化价值。

（3）团队合作精神和正确的职业观。

【技能提升图谱】

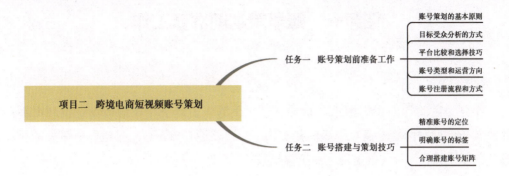

项目二　跨境电商短视频账号策划

任务一　账号策划前准备工作
- 账号策划的基本原则
- 目标受众分析的方式
- 平台比较和选择技巧
- 账号类型和运营方向
- 账号注册流程和方式

任务二　账号搭建与策划技巧
- 精准账号的定位
- 明确账号的标签
- 合理搭建账号矩阵

【案例成果展示】

非遗植物染服饰跨境短视频
账号策划方案

任务一　账号策划前准备工作

情境导入:

在公司主管和同事们的悉心指导下,小昊深入了解了企业的市场定位和产品特性。基于前期对跨境电商短视频的扎实认知,他开始有条不紊地推进账号策划的初步准备工作,旨在为公司的跨境电商短视频战略奠定坚实的基础。

知识解析:

在开启跨境电商短视频运营之旅时,首先需要明确企业账号的运营目的。这个目的可能是增加流量、提升粉丝数量、促进销售,或者是打造独特的品牌IP。不同的运营目的将决定账号的定位和内容策略,因此,做好账号策划前准备工作显得非常重要。

一、账号策划的基本原则

明确目标和信息传达。确定视频账号的目标和传达的核心信息。明确运营的目的是吸引关注、推广产品、传递文化等,确保视频账号能够有效传达用户人群所需的信息。

了解目标受众。对目标受众进行深入分析,包括其特点、兴趣、需求和文化背景。这有助于定位视频账号内容和形式,以吸引目标受众的关注和共鸣。

创意和故事叙述。通过创意和故事叙述来吸引观众的兴趣和情感共鸣。一个有趣、独特的故事情节和创意表现可以提高视频的吸引力和传播效果。

视觉呈现和制作质量。注重视频的视觉呈现和制作质量。包括画面构图、摄影技巧、特效运用、音频效果等。提供高质量的视觉和听觉体验,增加观众的观赏性和留存率。

符合平台特点和用户习惯。根据所选择的平台特点和用户习惯,优化视频账户的呈现方式和内容策略。例如,在移动设备上观看的跨境短视频应注意做到快速、简洁和易于分享。

持续创新和优化。跨境电商短视频行业竞争激烈,持续创新和优化是保持竞争力的关键。通过关注市场趋势、了解观众反馈和不断尝试新的创意和表现形式,不断提升视频的质量和吸引力。

合规和道德原则。在跨境电商短视频策划过程中,要遵守相关的法律法规和道德准则。确保视频内容合规、真实、无违法和虚假宣传，以维护品牌声誉和用户信任。

二、目标受众分析的方式

分析和定位目标受众是跨境电商短视频策划中至关重要的一步，可以从以下方式了解目标受众。

第一，可以采用市场研究的方式了解目标受众的特征、行为和需求，也可以利用人口统计数据来了解目标受众的人口统计特征，如年龄、性别、地理位置、收入水平等。

第二，可以研究目标受众的兴趣爱好、消费习惯和在线行为。关注目标受众的文化背景和语言使用习惯。在不同地域，用户人群会有不同的"跨"文化体系，有不同的喜好，内容及风格偏好，见表2-1-1。通过深入了解和分析目标受众的特征和需求，可以更准确地定位跨境电商短视频的内容、风格和传播策略，从而提高视频账号的影响力和传播效果。

表 2-1-1　不同地区的跨境短视频内容风格偏好统计表

国家或地区	内容及风格偏好
美国、欧洲	猎奇、运动、热舞、萌宠、美妆、模仿，风格多样化
中东	本土美女、互动、网络红人、电子产品、挑战，风格色调热烈
印度	魔术、美女、舞蹈、摩托、网络红人，风格多接地气，生活气息重
东南亚	本土美女、平台新功能、校园、炫酷，风格多炫酷、吸引人眼球
日韩	校园妹子、cosplay、动漫、化妆、唱歌，风格多为清新可爱

三、平台比较和选择技巧

在选择跨境电商短视频平台时，需要综合考虑多个因素。以下是一些常见的比较和选择要点。

第一，比较平台的用户规模和活跃度，了解平台的受众覆盖面和用户参与度。选择具有较大用户基础和活跃社区的平台，以增加视频的曝光度和传播范围。

第二，评估平台上的目标受众是否与视频账号的目标受众相匹配。选择与目标受众兴趣和需求相符的平台，以提高视频账号的关注度和吸引力。

第三，比较不同平台的特点和功能，如视频长度限制、创意表现方式、用户互动功能等。选择与视频内容和创意形式相契合的平台。考虑平台的广告和商业机会，了解平台是否提供广告投放、品牌合作和收益分享等机会。这有助于从商业角度更好地评估平台的价值和潜力。了解平台在分发和推广方面的支持和资源投入。选择有良好分发机制和推广渠道的平台，以提升视频的可见度和传播效果。

第四，借助平台数据分析工具，了解视频表现、观众反馈和用户洞察。这对于优化视频账号内容和传播策略至关重要。

通过综合比较和选择适合的跨境短视频平台，可以更好地展示和传播视频内容，实现预期的目标和效果。

四、账号类型和运营方向

（一）账号类型

1.个人账号（Personal Account）

个人用户仅用于查看视频为主，不常用于发作品，只是来学习或娱乐。无须更多的功能和数据。此类账号属于个人使用账号，平台上的音乐，道具等使用权限完全开放，没有限制。

2.专业账号（Pro Account）

适用于视频创作者，需要使用到后台数据分析及接收广告业务等。这个类型可以是个人账号也可以是企业账号，开通此类账号后才能开通基金。此类账号具有数据分析功能，视频创作者可以通过数据后台看到视频的流量来源，以及每个国家流量的占比，甚至还可以通过数据来分析自己账号的用户画像、用户行为、用户爱好等内容，并依据这些数据内容进行视频内容的优化，从而获得更好的变现。

3.企业账号（Business Account）

适用于公司、适合品牌、零售商、组织和服务提供商等。主要用于公司做业务推广使用，如品牌推广、销售及提供服务等。账号所用的音乐、道具都应为商用，在版权上会有所限制。有部分音乐无法使用。企业号对粉丝量的要求相对不高，也有数据分析功能。

4.企业蓝V号（Business VIP）

企业蓝V号有邮箱，也有分析工具、置顶、下载外链、主页直链等功能，可以当成企业的品牌号去运营。

5.广告账号（Advertising Account）

广告账号是虚拟账号，可以选择一些视频放上去，开户要求有一定的金额预存，不需要TikTok账号就可以进行广告投放。

（二）账号运营方向

与此同时，不同的企业品牌依据自己实际运营目的需要，又会对短视频账号进行不同的运营定位，进行有针对性的运营维护操作。

1.流量运营方向

现在主流平台的流量运营方向账号定位，大部分都是基于平台提供的创作基金。以TikTok的创作者基金为例，TikTok 创作者基金是平台为了激励原创作者的加入与生产更多的优质内容，而设置的一个激励基金。TikTok 公开表示会拿出20亿美元用于创作者基金奖励。TikTok创作者基金是刚入门的视频账号最好的一种变现方式。

图2-1-1是世界杯作为热门话题时，短视频账号基于平台热门话题等而制作的关于世界杯的视频内容。平台话题的热度以及短视频内容的良好质量，就可以为短视频账号带来不错的流量和点击率。

图2-1-1　流量运营方向定位短视频账号类型

2.账号用户运营方向

此类账号的运营目标不仅限于单个视频的点击率，而是追求账号用户数量的裂变与增长。为了实现这一目标，运营者会在账号介绍、视频文案和评论区等地方，采取适当的引导策略，鼓励用户关注账号。随着粉丝数量的增长，这类账号可以为商家提供广告服务，从而获得广告费用。

此类账号主要以泛娱乐内容为主，根据目标受众的兴趣爱好进行划分。选择创作方向时，可以聚焦于宠物、美女、孩子等热门领域，或者是搞笑段子和热门电影剪辑等受众喜爱的内容。通过创作这些相关内容，不仅可以吸引更多用户关注账号，还有助于对账号用户进行质量和数量的进一步优化。

3.跨境电商运营方向

此类账号类型致力于辅助商品销售业务运作与推广。为了实现这一目标，运营者会进行一些跨境电商购物平台的引流操作，例如在主页挂上自己的独立站网址、亚马逊店铺网址、速卖通店铺网址等，以便引导用户进行购买。同时，TikTok平台也推出了"小黄车"功能，因此部分运营者会直接通过"小黄车"进行商品销售。

此类账号所发布的视频内容主要围绕商品展开，内容垂直度较高。虽然相较于流量运营方向的账号，其粉丝增长速度可能稍慢，但这些粉丝的精准度更高，转化率也相应提升。

图2-1-2展示了一个国内抖音商家转移到TikTok上进行跨境电商销售的账号示例。通过在TikTok平台上发布与商品相关的短视频，该账号成功吸引了潜在消费者的关

注，并实现了商品的销售目标。

图2-1-2　带货号类型

在运营此类跨境电商短视频账号时，可以借鉴优秀案例的成功经验。在账号运营初期，可以考虑进行多品类选品，而不仅限于某类特定产品。这样可以增加账号的成长潜力，并能够在后续进行多种类的产品推广。同时，在账号主页挂上购买链接，方便用户直接进行购买操作。

为了更好地定位内容方向，建议根据企业的产品品类和卖点信息，反推目标客户群体的用户画像等特征。了解目标客户的喜好、需求和消费习惯，有助于制定更符合他们口味的内容策略。此外，随着TikTok平台的发展，未来的变现方式将主要通过商城和独立站。因此，在内容创作上，应尽量以产品的价值展示为主，通过醒目的视频字幕、标题等元素，直白清晰地引导目标客户人群进行购买。

4.专属IP形象运营方向

此类账号运营，主要目的是打造企业品牌IP形象。通过品牌IP的打造，能够迅速提升账号作品的辨识度，拉近与用户之间的距离，提高粉丝的黏性。这种账号定位对团队的配合要求较高，通常适用于已经相对成熟的大品牌。

目前，IP类账号主要推荐四大类型：剧情类、技巧类、测评类和知识类，如图2-1-3所示，这位国外的大博主专攻美食教程，但经营成本较高。

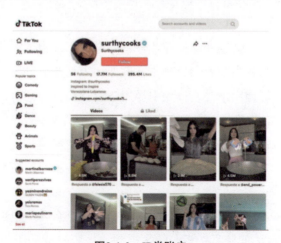

图2-1-3　IP类账户

需要注意的是，以上所提及的几种TikTok账号类型划分并不是完全独立的，它们之间可能存在一定的重合和交叉。在实际运营过程中，企业可以根据自身特点和需求，选择适合的账号类型进行运营。同时，也可以根据市场变化和用户需求的变化，不断调整和创新账号的内容和策略，以实现更好的运营效果。

五、账号注册流程和方式

在TikTok平台上，账号的注册方式主要有三种：邮箱注册、手机号注册和第三方账号登录，图2-1-4所示为账号注册界面。可扫描右侧二维码查看TikTok注册方式视频示例。

图2-1-4　TikTok注册方式　　　　　　　　　扫码观看

步骤1：下载并安装TikTok应用。在手机应用商店（如App Store或Google Play）中搜索并下载TikTok应用。

步骤2：打开应用并点击注册。打开TikTok应用后，点击页面下方的"我"按钮（通常位于屏幕底部中间），然后选择"注册"选项。

步骤3：选择注册方式。TikTok提供了几种注册方式，包括使用手机号码、电子邮件地址、Facebook账号或Google账号注册。选择一种你喜欢的方式进行注册。

步骤4：输入个人信息。根据你选择的注册方式，输入相应的个人信息。例如，如果选择使用手机号码注册，你需要输入手机号码并进行验证。

步骤5：阅读并同意TikTok的用户协议和隐私政策。

步骤6：在验证个人信息后，你将需要设置一个密码并创建一个独特的用户名。确保密码安全并记住它，因为你需要在以后登录时使用。

步骤7：完善个人资料。根据账号定位设定，选择上传个人照片或设置个人头像，并填写个人简介。这将帮助别人更好地了解视频账号。

注意在注册TikTok账号时，遵循平台的用户协议和社区准则，确保账号的行为符合TikTok的规章制度。TikTok的最低使用年龄必须是13岁，密码包含8~20个字符，包

含数字、字母和特殊符号。（具体细节请参考平台最新规则）

TikTok账号注册流程中，如有Google、Instagram、Twitter等海外社交媒体账号，也可以选择第三方账号注册的方式，同步授权登录，在登录页面，可以看到第三方账号注册和登录选项。

任务实施：

通过上述学习，小昊结合公司产品进行跨境电商短视频账号运营定位，同学们也可以自选感兴趣的领域，尝试制订一份跨境电商短视频账号策划准备的工作方案。任务实施步骤如下。

1.账号策划原则

学习并理解跨境电商短视频账号策划的原则；分析成功的跨境电商短视频账号案例，总结出账号策划的关键要素和成功经验；讨论和分享自己对账号策划原则的理解和看法。

2.用户定位方法

学习不同的用户定位方法，如借助平台后台数据，国内的数据分析平台等。选择一种或多种用户定位方法，通过实际操作和数据分析，确定目标受众的特征、喜好和需求。根据目标受众的定位结果，制定适合他们的账号内容和运营策略。

3.跨境电商短视频平台选择

研究不同的跨境电商短视频平台，如TikTok、YouTube、Instagram等，了解它们的特点和受众群体。分析目标受众在不同平台上的活跃度和使用习惯，选择适合目标受众的跨境电商短视频平台。总结选择平台的依据，并解释为什么该平台适合自己的账号策划。

4.账号类型定位

研究不同类型的跨境电商短视频账号，分析不同的运营方向，具体领域如旅游、美食、时尚、科技等，了解它们的特点和成功案例。根据自己的兴趣和市场需求，选择一个适合自己的账号类型。分析所选账号类型的特点和目标受众，制订符合该类型的账号策划和内容创作方案。

5.确定账号信息

选择合适的跨境电商短视频平台，并注册一个适合自己账号类型和目标受众的账号。填写账号信息，包括用户名、个人资料、账号名等，并设置账号权限和隐私设置。

实训任务要求：按照任务要求最终形成一份跨境电商短视频账号策划准备工作方案，并进行分享交流。

应用实操:

根据上述任务,完成账号注册过程。掌握TikTok、Facebook、YouTube、Instagram 等跨境短视频账号注册方法,并将不同平台的注册关键要点进行记录和整理,见表2-1-2。

表 2-1-2 不同跨境电商短视频平台的注册

平台名称	账号注册方式和账号信息设置
TikTok	
Facebook	
YouTube	
Instagram	
……	

任务评价:

项目	理解跨境电商短视频策划原则	掌握目标受众分析方法	懂得账号类型和定位	熟悉账号注册及流程操作
学生自评	□优秀	□优秀	□优秀	□优秀
	□良好	□良好	□良好	□良好
	□合格	□合格	□合格	□合格
小组评价	□优秀	□优秀	□优秀	□优秀
	□良好	□良好	□良好	□良好
	□合格	□合格	□合格	□合格
教师评价	□优秀	□优秀	□优秀	□优秀
	□良好	□良好	□良好	□良好
	□合格	□合格	□合格	□合格
企业评价	□优秀	□优秀	□优秀	□优秀
	□良好	□良好	□良好	□良好
	□合格	□合格	□合格	□合格

任务二　账号搭建与策划技巧

情境导入：

经过任务一的学习，小昊对账号策划前的准备工作有了基本的了解，并且掌握了账号注册的操作。现在，他将更深入地学习账号策划与运营技巧。

知识解析：

一、精准账号的定位

跨境电商短视频平台通过数据跟踪和分析，能够深入了解用户的兴趣、偏好和行为，从而形成各种用户标签和人群画像。对于企业来说，如果能够精准地把握目标人群的标签，并结合自身的运营需求和核心资源，创作出有针对性的短视频作品，就有可能获得更加精准的流量和潜在客户。如图2-2-1所示，这是一个记录宠物生活的账号，账号在头像、昵称、简介、视频内容和标题等方面都保持一致的主题和风格时，系统就能够更精准地将视频推荐给对此类内容感兴趣的用户。这种一致性有助于提升账号在目标受众中的曝光度和认知度，从而吸引更多关注和互动。

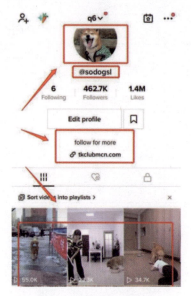

图2-2-1　类目垂直示范

账号定位主要体现在账号形象、人设和选题3个方面，这样的定位能够精准吸引目标用户，提高转化率，增强粉丝黏性，从而有效地宣传和推广企业品牌。通过塑造独特的账号形象，打造符合品牌形象的人设，以及选择具有吸引力和价值的选题，能够吸引更多垂直领域的用户关注和互动，进一步提升品牌知名度和美誉度。这样的定位方式能够帮助企业在竞争激烈的短视频市场中脱颖而出，实现商业价值的最大化，如图2-2-2所示。

图2-2-2　TikTok账号信息

（一）账号形象设计

"内容为王，视觉为先"，短视频账号的形象是呈现给用户的第一印象，一般账号形象设计包括有以下部分。

符合定位的头像：当用户刷到企业的视频时，除了视频内容，首先看到的就是头像。在各种短视频平台尽量使用统一的头像，有利于加深用户印象，形成账号矩阵，进行品牌账号传播。如果是企业类账号，头像可以设置成品牌Logo、品牌核心产品的卖点图片、当季新产品的展示图片等。TikTok账号的头像不仅可以放照片，还可以放视频，动静态是可以切换的。

用户名：要求与账号的类目相关，强化定位，体现品牌特点和行业特点的名称。同时在进行文字设计时，尽量简洁易懂，减少生僻字、奇异字符的使用，才能便于品牌的打造和传播。TikTok上的用户名必须唯一，每30天可以更改一次。但这种变更不便于形成用户黏性，不建议随意更改用户名。

背景图片：如果打造企业类，可以用品牌文化图片，增加品牌信任。

账号简介：简介是用户了解账号的重要信息渠道，需要提供能吸引用户的关键信息，激发用户关注。同时，简介内容可以引导用户点击主页的链接，进而引流或进行跨境电商带货；还能留下联系邮箱，以便后期商务合作。

以上这些信息组合成为账号的个人主页，如图2-2-2所示。若适当地设置好，便能引起用户兴趣，点击关注，甚至是评论与私信，实现可持续性的商业变现价值。

（二）账号人设设定

所谓人设，是指账号拟人化的人物设定，是账号向用户展示的独特形象，可以吸引粉丝、实现裂变式传播。在进行账号人设策划时要有差异性，融入真实的商家产品和品牌属性。

账号人设需要结合自身运营预设的目标人群用户定位，通过用户定位，视频账号可以更精准地了解目标受众的需求和兴趣标签，依据这些标签，设计和创作与之匹配的拟人化人设。

人设也是账号隐形标签之一，是需要在账号作品中逐步塑造提炼出来的，能区别于其他账号的形象。在视频账号作品的整体风格上统一与完整，依据目标人群用户需求进行设计，基于品牌差异化营销战略而精心打造的账号人设，就可形成一个明确的账号IP形象，体现账号的定位。

（三）账号选题内容

跨境电商短视频账号选题是账号吸引观众关注和参与互动的关键因素。只有与目标人群用户兴趣爱好标签相匹配的账号选题，才能在平台的推荐机制中获得最优的流量推荐。一些主流热门的选题有以下方面。

热门话题和趋势：关注当前的热门话题和趋势，可以增加账号的短视频曝光度和关注度。例如，社交媒体上的热门话题、时下流行的音乐和舞蹈等。

专业知识：如果账号在某个领域拥有专业知识，可以制作短视频分享专业见解和经验。例如，健康和健身、烹饪、旅游、科技、历史等。

生活方式：分享与生活方式相关的内容，如时尚、美妆、家居、亲子、宠物等，可以吸引广泛的观众。

创意和搞笑：制作有趣、幽默的短视频，如恶搞、搞笑模仿、滑稽情景剧等，可以给观众带来轻松愉快的体验。

教育和学习：分享实用技能、学习方法和知识，如语言学习、编程、手工制作、艺术绘画等，可以帮助观众提升自己。

美食和烹饪：分享美食制作教程、餐厅推荐、食材介绍等，可以吸引美食爱好者。

旅游和户外活动：分享旅行攻略、风景名胜、户外活动等，可以吸引喜欢旅游和探险的观众。

情感和心理：分享情感故事、心情日记、心理建议等，可以帮助观众处理生活中的困扰和压力。

舞蹈和音乐：分享舞蹈教程、翻跳、原创编舞，或分享音乐欣赏、翻唱、乐器演奏等，可以吸引音乐和舞蹈爱好者。

社会责任和公益：关注社会问题，参与公益活动，制作短视频呼吁关注和改变，可以提升你的账号形象和社会责任感。

在进行跨境电商短视频账号选题时，要结合账号及品牌的基本情况，同时关注观众的兴趣和需求。通过不断尝试和调整，找到最适合的短视频账号选题，从而吸引更多的观众关注和参与。

二、明确账号的标签

标签是跨境电商短视频平台为每个视频、账号和注册用户打上的标识，旨在协助平台的推荐机制更精准地为用户搜索和推荐相关内容。在视频内容经过审核后，标签信息能够帮助平台根据用户的喜好和兴趣为其提供个性化的推荐。

（一）标签分类

短视频平台的标签按照不同的分类规则，会分为不同的标签类型。

1.按照标签使用对象划分

（1）账号标签

短视频账号标签是指在短视频平台上，账号运营者为自己的账号或视频添加的关键词，用以描述账号或视频的主题、内容、行业、领域等。这类标签可以帮助用户更快速地找到感兴趣的视频，同时也有利于平台对视频进行分类和推荐。

（2）内容标签

内容标签更倾向于短视频平台及平台用户针对短视频作品所添加的关键词和话题，用以区分和描述平台上的各类短视频作品，并作为视频作品流量进行各类话题排行的数据依据。以TikTok平台为例，"挑战"类的内容标签是用户在TikTok上进行的一项流行互动活动，这些通常是与特定声音（如流行歌曲）相关的舞蹈或小动作挑战。来自世界各地的人们使用不同主题的内容标签挑战作为创建自己TikTok视频的灵感。

（3）粉丝标签

粉丝标签是指在短视频平台上，视频账号为自己特定的粉丝群体所特设的一些关键词，用以描述粉丝的特点、兴趣爱好、需求等。粉丝标签可以帮助创作者更好地了解粉丝，从而制作出更符合粉丝需求的内容，提高粉丝满意度和忠诚度。

2.按照标签使用作用划分

（1）流量推荐标签

在各大短视频平台中都会逐步形成一些用户比较熟知和认可的热门标签，引导着大批的流量方向，使用此类标签也可以适当地为账号作品引流。比如，#TikTok、#foryou、#fyp，这些都是TikTok里的热门标签，每条视频都会有这样的标签，并不需要全部加上举例的标签，但是需要加1~2个。

（2）属性描述标签

比如做玩具大类的，可以加#toy、#gift、#goodtoy、#kidstoy等，大类标签的作用是能让系统识别出该视频属于哪个领域。

（3）品类细分标签

比如家具类的，可以加#desk、#chair等。

3.按照标签主题划分

按照标签主题划分，分为产品、位置、节日、行业等多类，见表2-2-1。

表 2-2-1　短视频主题标签

标签分类	范例
产品标签	如 #cloth、#shose 等
位置标签	让视频更精准地投放到目的地区的用户
节日标签	如 #Valentine's Day、#April Fools'Day 等
行业标签	如 #Agriculture、#finance 等
每日主题标签	如 #Sunday、#Monday 等
形容词标签	如 #cute、#funny 等
首字母缩略词标签	如 #gf 等
表情符号标签	如 #（❀´‿`❀）、#（≧∇≦）ノ、#cuteness 等
品牌标签	如 #NIKE、#NBA 等
话题 / 挑战赛标签	如 #Icebucketchallenge、#fliptheswitch 等
通用标签	如 #fyp、#foryoupage、#viral、#TikTok，这些标签具有普适性，所有的视频都可以应用，最大的作用是让视频抵达更多的用户
趋势标签	当下最流行、火热或上升趋势最快的标签，趋势标签在"discover"里可以查看
小众标签	如 #nailprices、#mite、#caesarean birth，这类标签较少人使用，领域较窄，针对性较强，专业性更强，但也正是因为这些原因，这些标签的受众精准度更高

（二）标签的作用

短视频平台中使用各种类型的标签是具有重要作用的，对视频账号创作者、用户和平台运营都有积极的影响。

1.探索和发现

标签可以帮助用户更快速地搜索和发现感兴趣的视频，提高用户在平台上的观看体验。用户可以通过在搜索栏中输入标签关键词来查找相关视频，或者点击标签查看与该标签相关的视频推荐。

标签可以帮助创作者了解粉丝需求。通过粉丝标签，创作者可以更好地了解粉丝的兴趣爱好、需求和特点，从而制作出更符合粉丝需求的内容，提高粉丝满意度和忠诚度。

2.分类和筛选

平台可以利用标签对视频进行分类、归类和筛选，从而帮助用户更方便地浏览和选择自己感兴趣的内容。用户可以根据自己的喜好选择标签，以获取更符合自己需求的视频推荐。而且，平台依据标签对视频进行分类和推荐，提高视频的曝光度和流量，从而吸引更多用户使用平台。

3.推荐和推广

平台可以根据用户的观看历史、喜好和标签选择等信息，推荐相关标签的视频给用户，提升用户体验和用户留存。同时，标签也可以为平台内的热门视频和内容创作者提供有针对性的推广机会，通过标签的热度和流行程度吸引更多用户关注。

4.精准营销

标签可以帮助广告主和品牌进行精准的视频广告投放，选择与目标受众相关的标签，提高广告的曝光率和转化率。通过标签的定向投放，可以使广告更精准地触达感兴趣的用户群体。

5.促进社区互动

标签可以让具有相似兴趣爱好和需求的用户更容易找到彼此，促进社区内的互动和交流，增强平台的社交属性。

6.提供数据分析依据

短视频标签可以为平台提供数据分析依据，帮助平台了解用户行为和喜好，进一步优化产品功能和推荐算法。

在短视频平台上，适当使用主题标签或话题标签可以将特定的关键词或短语转化为可点击的链接，使用户能够轻松找到或跟踪相关内容。拥有定向账号在TikTok平台上会优先推送同一领域的热门视频。如果一个账号的视频能够登上For You推荐，这就意味着该视频质量上乘，可作为同类型账号的参考标杆。因此，对于特定类目的创作者来说，这些上For You推荐的账号具有极高的参考价值。

虽然不同短视频平台的标签使用存在细微差异，但它们的基本作用是一致的，帮助用户更轻松地搜索和点击内容。因此，在短视频账号的运营初期，合理利用标签设置技巧至关重要。通过在标题、关键词、摘要和详细描述中精心设置标签，可以有效地提高视频的排名、曝光度和精准引流效果。

（三）选用标签技巧

短视频平台上，正确使用标签可以提高视频的曝光度和吸引更多的观众。以下是一些短视频账号标签使用的技巧。

1.精选热门标签

关注平台上的热门标签和趋势，在视频内容符合的情况下，可以选择与自己视频内容相关的热门标签。适当使用热门标签，以提高视频曝光度，这样可以增加视频被推荐和搜索的机会。但要注意避免过度使用热门标签，以免让粉丝感到内容混乱。

2.混合使用多个标签

除了选择热门标签，还可以根据视频内容选择其他相关的标签。多个标签的组合能够让视频覆盖更广的领域，吸引更多不同兴趣的观众。如果视频账号创作者在多个短视频平台上运营账号矩阵，可以跨平台使用标签，使用相同的标签，以提高跨平台的内容可见性和粉丝互动。使用过程中，同时要注意各标签流量差距的搭配。

3.注意标签数量

不要使用过多的标签，一般建议在5~10个标签。过多的标签可能会让人感到混乱，同时也可能被平台认为是标签滥用，影响视频的曝光度。过多的标签，会占据视频文案界面，遮盖视频封面图及视频播放时界面的观感，同时也会影响视频作品标题的展现情况。

4.使用定制标签

为自己的短视频账号创建独特的定制标签，这样可以提高品牌曝光度，并帮助粉丝更容易找到并关注你的内容。视频账号还可以通过创建独特的标签，建立创作者的个人品牌，并与其他创作者区分开来。例如，可以创建以创作者名字或昵称开头的标签。

5.标签相关性高

选择与视频内容相关性高的标签，这样能够吸引到真正对该内容感兴趣的用户，提高观众留存度和互动性。同时注意保持视频账号作品标签的一致性，发布多个视频时，保持标签的一致性，有助于让粉丝更容易找到感兴趣的内容，并建立创作者的品牌形象。

6.关注细分领域

除了选择大众的热门标签，也可以关注更细分的领域，找到特定领域中的热门标签，这样能够吸引到更独特的观众群体。

7.定期更新标签

随着内容策略的调整和粉丝需求的改变，创作者需要定期更新和优化标签，以保持标签的准确性和有效性。

8.分析标签效果

视频账号运营过程中，需要及时记录每条视频中使用的标签，并且监控它们的浏览量、播放量、评论量、转发量、点赞量等数据，通过分析视频的曝光量、点击量和互动情况，了解标签的使用效果，并根据数据优化标签策略。

　　总之，合理使用短视频账号标签可以帮助创作者更好地了解粉丝需求，提高内容曝光度和粉丝互动。在实际运营过程中，创作者需要不断尝试和调整标签策略，以找到最适合自己账号的标签使用技巧。

　　在实际的标签使用过程中，还可以借助搜索栏了解标签数据。具体操作要点：打开TikTok界面，点击搜索栏，如图2-2-3所示，我们可以搜索相关类目大类关键词，系统界面所推荐相应的热门标签，便是视频账号作品在编辑时使用标签的首选之一。同时可以借鉴竞争对手，找到对标账号，翻看对标账号视频，参考他们每个视频使用的标签情况，评判他们的标签是否与我们对应，可以为自己所用。

Q plant dye clothing							✕
热门	视频	用户	音乐	商品	直播	地点	**话题标签**
# plantdyeclothing							7923 次观看
# plantfacedclothing							1670 次观看
# plantclothing							35.4K 次观看
# plantclothes							29.0K 次观看
# dyeclothing							463.9K 次观看
# playamadeclothing							462.2K 次观看
# played_clothing							44.6K 次观看
# placlothing							3.5M 次观看
# tidedyeclothing							42.1K 次观看
# tiedyeclothing							22.4M 次观看
# plantdyedclothing							25.2K 次观看
# plantdyedclothes							1476 次观看
# played_clothing ✈							1073 次观看
# todyeclothing							7139 次观看

图2-2-3　标签搜索栏

三、合理搭建账号矩阵

　　账号矩阵是指在多个短视频平台上创建的一系列不同级别的视频账号，这些账号之间相互关联，共同为企业提供宣传、推广和营销服务。构建成功的视频账号矩阵有助于企业扩大品牌影响力、吸引更多粉丝、增加内容曝光度，并促进更多的商业合作。企业构建视频账号矩阵的做法如下。

　　根据企业的目标受众，选择适合的短视频平台。例如，依据目前各平台人群数据显示，如果目标受众是年轻人，那么TikTok等平台可能更合适；而如果目标受众是专业人士，那么YouTube、bilibili等平台可能更适合。

在选定平台后，按照平台运营规则、使用企业合法官方信息数据注册创建跨平台多个账号。为每个账号设置一个独特的用户名和头像，建议统一使用企业品牌官方注册Logo，既可以保证账号合法合规、保障企业账号权益，也可以让关注者更容易识别。同时，确保每个账号的内容都与企业的目标一致。

针对每个账号，制定相应的内容策略。可以选择不同的主题和风格，以吸引不同类型的用户。同时，保持内容的多样性，以便让关注者从各个方面了解企业。

任务实施：

小昊根据实习企业的营销策略，明确跨境电商短视频账号的定位。同学们也可以选择自己热衷的领域，尝试制订账号的定位方案，见表2-2-2。

表 2-2-2　跨境电商短视频账号定位方案

跨境短视频账号定位方案			
账号信息	账号名称（中英文）		Logo 设计（设计意图）	
	账号类型选择理由			
	账号简介			
	账号目标			
用户分析	性别分布		年龄占比	
	购买习惯		价值观	
	文化兴趣		语言偏好	
	其他方面			

应用实操：

账号的标签对账号运营是非常关键的，小昊结合目前短视频账号定位梳理相应的标签，同学们也可以结合自己感兴趣的账号定位和类型来进行梳理标签的应用，见表2-2-3。

表 2-2-3　账号标签规划表

账号标签规划	定向标签
	必加标签
	大类标签
	细分标签

续表

账号内容发布规划	主题选定
	内容类型
	频率和时间
	视频长度和格式
	用户互动
	视频创意和视觉呈现
	其他方面

任务评价：

项目	任务理解能力强	整理账号管理技巧	提出账号运营方案	整体完成度高
学生自评	□优秀	□优秀	□优秀	□优秀
	□良好	□良好	□良好	□良好
	□合格	□合格	□合格	□合格
小组评价	□优秀	□优秀	□优秀	□优秀
	□良好	□良好	□良好	□良好
	□合格	□合格	□合格	□合格
教师评价	□优秀	□优秀	□优秀	□优秀
	□良好	□良好	□良好	□良好
	□合格	□合格	□合格	□合格
企业评价	□优秀	□优秀	□优秀	□优秀
	□良好	□良好	□良好	□良好
	□合格	□合格	□合格	□合格

【案例拓展】

TikTok宠物类账号如何运营

分析案例中的宠物号，案例账号视频的主角叫Larry的宠物，如图2-3-1所示。

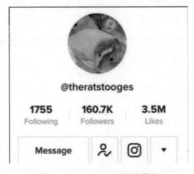

图2-3-1　TikTok账号范例

TikTok账号都可以通过主页挂亚马逊链接来实现流量转化变现，也有主页直接挂独立站卖宠物及周边用品，或者真人/无人直播挂小黄车卖宠物及周边用品。

案例中账号挂的链接有给宠物买的商品和亚马逊清单两个选项，降低了带给人的营销感。看主页了解账号的头像，是一个动态的Larry头像，受众用户通过点击动态头像可以观看创意内容，提升用户观看的趣味体验感，同时明确了视频账号的主题内容运营方向。

再来分析这个宠物账号里的播放量最高400万的视频作品"小宠物抱着小玩偶"，视频封面展示了宠物温馨可爱的形象，也很好地吸引了爱宠类受众人群的情感共鸣，引诱其点击视频，提升其视频完播率，如图2-3-2所示。

图2-3-2　账号热门视频

在不同的跨文化平台里，宠物行业均自带流量和热度，若此时视频账号的作品内容有很强的观赏性和创意性，出爆款可能性就比较大。作品评论也是吸引流量热度的营销工具，案例中视频账号作者的评论也达到了1万点赞。如果能在视频中加文字或音频，引导用户关注及评论留言，或在评论区评论引导受众人群进主页链接下单，视频转化的变现应该会有进一步提升。

（案例来源于知乎-TikTok一佬，《TikTok宠物类账号如何运营，TikTok账号如何运营比较好？》）

● 【小组讨论】

认真阅读以上材料，结合感兴趣的领域或热门的品类讨论。

1.如何注册TikTok账号，制订账号的定位方案？

2.梳理账号的搭建与策划技巧。

● 【项目小结】

跨境电商短视频账号策划是一个系统的工程，需要细致的前期准备和日常运营维护。在策划过程中，要遵循基本原则，明确目标受众，选择合适的平台，并依据品牌定位和受众偏好进行账号的注册和定位。同时，掌握视频账号的运营策划技巧，包括前期运营策划和日常基础运营维护技巧，对于提升账号效果和实现商业价值至关重要。

●【课后任务】

一、单选题

1.TikTok的创作者基金开始于哪一年？（　　　）

　A.2000年　　　　B.2012年　　　　　　C.2020年　　　　D.2019年

2.用户通过点击视频左下角的（　　　）进入商品详情页，可在TikTok内完成订单支付。

　A.视频　　　　　B.标签　　　　　　　C.标题　　　　　D.小黄车

3.当一个正常用户在TikTok发布一个视频的时候，系统推荐的初级流量池是（　　　）的播放量。

　A.100~300　　　　B.300~500　　　　　C.200~500　　　　D.100~500

4.用户名具有唯一性，（　　　）可以修改一次。

　A.30天　　　　　B.60天　　　　　　　C.14天　　　　　D.随时可以改

5.TikTok账号风控一般是（　　　）。

　A.30天　　　　　B.6天　　　　　　　C.7天　　　　　　D.10天

二、多选题

1.TikTok账号变现方式有（　　　）。

　A.TikTok主页+外站店铺链接　　　　　B.开设TikTok小店

　C.直播带货　　　　　　　　　　　　 D.创作者基金

2.TikTok注册一般分为（　　　）。

　A.邮箱注册　　　　　　　　　　　　 B.手机号注册

　C.第三方账号登录　　　　　　　　　 D.直接注册

3.TikTok的标签有（　　　）。

　A.必加标签　　　　　　　　　　　　 B.热门标签

　C.大类标签　　　　　　　　　　　　 D.细分标签

三、简答题

1.简要说明跨境电商短视频账号类型。

2.简述跨境电商短视频账号定位方式。

项目三
跨境电商短视频运营工具

【职场场景训练】

根据党的二十大精神，创新是发展的第一动力，这强调了守正创新的重要性，并要求小昊紧跟时代步伐，顺应实践发展，不断拓展认识的广度和深度。跨境电商短视频运营同样需要遵循这一精神，企业需要密切关注市场动态，积极创新，提升运营效能。为此，部门领导安排小昊向技术人员学习并掌握各种运营相关工具，包括账号分析平台、素材收集渠道和拍摄剪辑软件等。通过了解和应用这些工具，小昊能够更有效地进行跨境电商短视频的运营工作，为企业的发展作出一定的贡献。

【项目学习目标】

1.知识目标

（1）了解账号分析工具使用功能。

（2）熟悉各类型素材库及其来源。

（3）知悉其他运营的辅助软件。

2.技能目标

（1）能够使用账号分析工具进行数据分析和账号优化。

（2）掌握拍摄设备，能够拍摄高质量的短视频素材。

（3）熟悉常用的剪辑软件，能够进行视频剪辑和转码。

3.素质目标

（1）培养创新思维，能够根据市场变化和用户需求进行短视频内容的创新。

（2）增强团队协作能力，能够与运营同事共同完成跨境电商短视频的策划和推广。

（3）提升数据驱动的业务发展意识，能够通过数据分析优化运营效果。

【技能提升图谱】

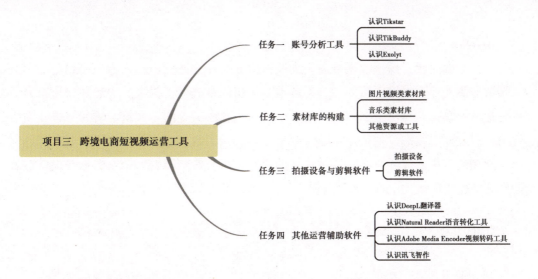

【案例成果展示】

非遗植物染服饰的对标账号　　　下载同类视频模仿学习　　　下载同类视频模仿学习
分析和搭建素材库

任务一 账号分析工具

情境导入：

在大数据时代，挖掘数据背后的商业价值并推动业务创新已成为主流趋势。小昊深知数据驱动业务发展的重要性，因此他与运营同事进行了深入的沟通和交流。为了更好地理解数据在跨境电商短视频运营中的作用，小昊查阅了大量的研究报告和网络资料。经过深思熟虑，他决定从账号分析工具开始了解，逐步深入探索数据在跨境电商短视频运营中的实际应用。通过这样的方式，小昊希望能够为企业的发展提供有力的数据支持，推动业务的创新和发展。

知识解析：

一、认识Tikstar

（一）工具介绍

Tikstar依托专业的数据挖掘和分析能力，针对海外短视频构建多维数据、算法模型，为短视频运营者、网红达人、MCN机构提供短视频一站式数据解决方案，如图3-1-1所示的Tikstar界面和图3-1-2所示的Tikstar工作台。

（二）功能特点

提供TikTok账号数据，解析爆款数据，统计发布时间段，寻找热门标签功能，打造爆款。分析不同领域、不同国家涨粉榜情况，帮助用户优化运营方法。可以收藏对标账号、常用标签、关注的音乐、视频等素材，为用户建立素材库。通过数据变化来监控账号各方面数据，快速实现账号数据监控，提高运营效率。同时也支持对对标账号的监控。

图3-1-1 Tikstar首页界面

图3-1-2　Tikstar工作台

二、认识TikBuddy

（一）工具简介

TikBuddy为用户的数据驱动型营销和管理需求提供全方位解决方案，实现实时跟踪热门视频数据，及时捕捉热门趋势，同时提供免费的TikTok相关浏览器插件工具，使得用户便捷轻松地运营和管理账号，目前这个工具开始收费，一开始运营不建议用此平台，如图3-1-3和图3-1-4所示的TikBuddy界面和服务内容。

（二）功能特点

短视频运营者可应用TikBuddy提供更多的热门视频及音乐素材搜索，激发创意，及时跟踪热点并率先一步上热门。也可实现多账号日常管理、数据监测，监控账户数据变化，进行报表分析，及时调整内容、运营策略。查看各类目下的达人榜单，了解自身账号位置、哪些类目流量最大，哪些达人最具潜力。作为品牌方，可通过TikBuddy提供的多种方式渠道筛选，快速精准找出最符合条件的达人合作，并查看所属机构、联系方式，高效对接。跟踪合作视频的数据情况实时监测新发布视频的数据变化，并及时获取反馈，辅助流量投放决策。

图3-1-3　TikBuddy首页界面

图3-1-4　TikBuddy服务内容

三、认识Exolyt

（一）工具介绍

Exolyt是一款TikTok分析工具，主要服务于网红、意见领袖、营销人员和内容创作者，为他们提供具有洞察力的报告，并支持访问最新趋势以及自动监控营销活动。使用Exolyt，用户可以访问大量的数据，包括账户资料、视频、主题标签和影响者活动等。此外，Exolyt支持全语言翻译，提供搜索式动态加载数据，并允许即时查看最新视频，如图3-1-5所示的Exolyt界面。

图3-1-5　Exolyt界面

（二）功能特点

Exolyt提供了深入的TikTok平台数据洞察，帮助用户了解账号的受众、内容表现和趋势。通过Exolyt，用户可以对比分析竞争对手的账号数据，包括粉丝数、视频观看量等，以了解竞品的运营策略和表现，能够实时监控TikTok上的营销活动，帮助用户及时了解活动的执行情况和效果，提供了粉丝互动数据的分析，帮助用户了解粉丝的行为和喜好，优化内容策略，可以帮助用户找到合适的网红进行合作，通过与网红的合作提升账号的曝光度和影响力。Exolyt支持多个社交媒体平台，包括TikTok、Instagram等，方便用户进行多平台的数据分析和监控。

任务实施：

为了尽快熟悉和掌握使用Tikstar和Exolyt等工具，小昊开展相关实训练习。

1.了解工具功能

阅读官方网站或文档，了解每个工具的功能和特点。掌握它们提供的数据分析、竞争对手分析和账号洞察等功能。

2.注册和设置账号

根据每个工具的要求，注册并设置自己的账号。确保填写正确的个人信息和账户设置，以便获得最准确的数据和分析结果。

3.探索用户界面

登录后仔细浏览每个工具的用户界面。熟悉工具的布局、导航和主要功能，帮助用户快速找到所需的工具和功能。

4.学习使用指南和教程

寻找每个工具提供的指南、教程或视频教程，并仔细学习。这些资源通常会介绍工具的各种功能和用法，帮助用户更好地理解和使用工具。

5.实践操作

开始使用工具进行实际操作。尝试分析一些账号、进行竞争对手分析或使用工具提供的其他功能。在实践中，将更好地理解工具的工作原理，并逐渐熟悉它们的使用。

6.解读分析结果

分析工具通常会提供大量的数据和分析结果。学会解读这些结果，理解它们背后的含义和洞察力。这可以帮助更好地了解账号的表现、竞争对手的策略以及潜在的机会。

7.相关分享交流

加入相关的社交媒体群组、论坛或社区，与其他使用工具的用户交流经验和知识。与其他用户分享技巧、策略和最佳实践，可以进一步提高技能和了解。

通过这些实训步骤，应该能够逐步熟悉和掌握Tikstar和Exolyt等工具的使用，并能够更好地利用它们来进行账号分析和数据洞察，见表3-1-1。

表 3-1-1　信息表

任务实施	Tikstar	Exolyt
工具功能		
注册和设置账号		
用户界面		
学习使用指南和教程		
实践操作		
分享交流		

应用实操：

小昊结合实习公司"染雅服饰"运营定位，同学们也可以选择自己感兴趣的领域，尝试制订账号对标分析表，见表3-1-2。

表 3-1-2　对标账号分析表

分析对标账号表	
账户名称	
头像	
bio 简介	
账号定位	商品：
	卖点：
	打造 IP 人设：
	人物特色风格：
账号数据	粉丝（　　　）　点赞（　　　）
所属类目	
表现形式（视频风格）	
账号类型	类型（　　　）（网址：　　　）
目标人群	性别：
	年龄阶段：
	目标市场：
	职业：
	收入：
	爱好：
账号视频近 30 天数据	
视频时长	
发布频率	
视频数据概览	

任务评价：

项目	熟悉常见账号分析工具	结合数据分析工具开展运营	整体完成度高
学生自评	□优秀 □良好 □合格	□优秀 □良好 □合格	□优秀 □良好 □合格
小组评价	□优秀 □良好 □合格	□优秀 □良好 □合格	□优秀 □良好 □合格
教师评价	□优秀 □良好 □合格	□优秀 □良好 □合格	□优秀 □良好 □合格
企业评价	□优秀 □良好 □合格	□优秀 □良好 □合格	□优秀 □良好 □合格

任务二　素材库的构建

情境导入：

为了提高短视频运营的效率和效果，运营部决定构建一个高质量、可商用的素材库。考虑资源成本和运营效率，部门安排了实习生小昊负责搜集与公司主营类目和热门短视频特点相关的图片、视频和音乐等素材。通过构建这样一个素材库，可以方便团队快速获取所需的素材，降低成本，提高内容制作效率。同时，确保所使用的素材符合商业需求，有助于提升短视频的质量和吸引力。

知识解析：

一、图片视频类素材库

（一）Pexels

1.工具介绍

Pexels 是一个提供免费的图片和视频下载的大型素材网站，由来自世界各地充满才华的摄影师拍摄并且上传，无论是图片还是视频素材，质量都非常高，可以帮助设计师、自媒体工作者、视频博主和所有正在寻找图像的人找到可以在任何地方免费使用的精美照片、视频素材，如图3-2-1所示的Pexels首页界面。

图3-2-1　Pexels首页界面

2.功能特色

Pexels上的所有照片和视频均可免费下载和使用。每周都会定量更新，由于Pexles的照片是人手工采集筛选，每周照片更新速度不快，但是质量有保证。Pexels上的所有图片、视频都会显示详细的信息，如拍摄的相机型号、光圈、焦距、ISO、图片大分辨率等，非常适合对素材使用有高要求的人。而且，网站具有各种创意十足、质量上乘的视频素材，甚至很多都是4 k分辨率的视频，对自媒体短视频运营者尤其实用，如图3-2-2所示的Pexels素材界面。

图3-2-2　Pexels素材界面

（二）Mixkit

1.工具介绍

Mixkit是素材大户Envato公司旗下的一个提供高质量视频片段、音频、PR模板和插画素材下载的网站。网站中全部的素材均免费、可商用，且允许复制和修改，可以将网站中的素材应用于音乐视觉效果、网站背景、营销视频、广告、PowerPoint、Vlog

等各种场景中，如图3-2-3所示的Mixkit界面。

图3-2-3 Mixkit界面

2.功能特点

可免费下载多个库存素材，提供视频模板、音乐和音效等资源，无须署名或注册，非常适合任何级别的视频创作者。网站中所有的视频都是高清的，且可以1080P、MP4文件的格式进行下载，视频素材数量、画质和拍摄效果都相当不错。在音乐素材部分，可以根据类型、心情、标签和关键词等方式进行查找，允许使用在YouTube、音乐视频、网站、社交媒体平台、播客和在线广告中，但不允许在CD、DVD、视频游戏或电视中使用。Premiere Pro模板部分，有多种不同且酷炫有趣的效果模板提供下载，但必须使用Adobe Premiere Pro才能使用视频模板。开发者还提供了使用教程，小昊可以对模板进行自定义修改，如图3-2-4所示的Mixkit素材界面。

图3-2-4 Mixkit素材界面

（三）Pixabay

1.工具介绍

Pixabay是一个照片、插图、矢量图形、电影片段和音乐分享网站。拥有上百万张免费正版高清图片素材，涵盖照片、插画、矢量图、视频等分类，可以在任何地方使用Pixabay图库中的素材，无版权风险，如图3-2-5所示的Pixabay首页界面。

图3-2-5　Pixabay首页界面

2.功能特色

拥有百万级的免费可商用图片和视频，可在任何地方使用，而且支持对中文关键词的搜索。图片质量高，种类丰富，风格多样，几乎能满足所有需求。在国内访问毫无压力，而且速度并不慢，可以根据需要下载不同尺寸的图片，无论是从图片数量、质量上还是从搜索上来讲，Pixabay都无疑是众多无版权图片库中最好的那一个，如图3-2-6所示的Pixabay素材界面。

图3-2-6　Pixabay素材界面

（四）Coverr

1.工具介绍

Coverr是提供视频素材的国外网站，站内所有视频素材都是由网站内部视频专家团队精心挑选的，视频主题涵盖常规的大海、海滩、云等自然景观，也包含了延时摄影、慢动作、无人机等特殊人文景象。视频质量极高，几乎全部都是4K或1080P的画质。所有视频都无须注册即可免费下载、免费可商用，如图3-2-7所示的Coverr首页界面。

图3-2-7　Coverr首页界面

2.功能特色

免注册、免登录、免费下载可商用的视频影片；内部视频专家团队精心挑选；视频分类明确，类型涵盖广泛，视频清晰度极高，使用效果极佳，如图3-2-8所示的Coverr素材界面。

图3-2-8　Coverr素材界面

（五）光厂

1.工具介绍

光厂成立于2012年，是一家专业的正版视听素材交易平台，致力于实现创意与需求的高效对接，如图3-2-9所示的光厂界面。

2.功能特色

光厂目前拥有光厂视频、光厂音乐、光厂片场、光厂版权中心四大业务板块，提供视听素材交易、视频制作撮合、版权保护一站式服务，形成了数字创意内容从生产到确权再到交易的完整生态。2021年，光厂与视觉中国达成战略合作，共建视觉中国视频业务中心。2022年，光厂已与超5.4万名个人供稿人、2 600多家企业建立版权作品供应关系，累计在售原创视频素材超443万个，音乐素材超7万条，如图3-2-10所示的光厂素材界面。

图3-2-9　光厂界面

图3-2-10　光厂素材界面

二、音乐类素材库

①Billboard是欧美及全球流行音乐排行榜，如图3-2-11所示的Billboard首页界面。

②Premiumbeat的无版权免费音乐库，如图3-2-12所示的Premiumbeat首页界面。

③Freesound是一个分享音频的网站，其中包含根据Creative Commons许可发行的音频片段、样本、录音、哔哔声等，允许其重复使用。Freesound提供了访问这些样本的新颖有趣的方式，使用户能够使用关键字以新方式浏览声音，"类似于声音"的浏览方式等在相同的创用CC许可下，将声音上传到数据库以及从数据库下载声音与其他声音艺术家互动，如图3-2-13所示的Freesound首页界面。

图3-2-11　Billboard首页界面

图3-2-12　Premiumbeat首页界面

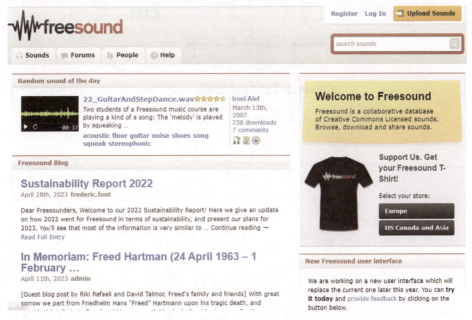

图3-2-13　Freesound首页界面

④Mixkit也提供了很多免费音乐素材、音效素材等，如图3-2-14所示的Mixkit音乐首页界面。

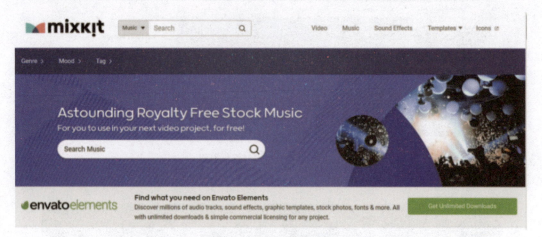

图3-2-14　Mixkit首页界面

三、其他资源或工具

（一）各国节假日（图3-2-15所示）

图3-2-15　timeanddate首页

（二）素材下载器

①YouTube上的视频下载平台，如图3-2-16所示的平台下载界面。

图3-2-16　YouTube上的视频下载首页界面

②Instagram上的图片和视频下载，如图3-2-17所示的下载首页界面。

图3-2-17　Instagram上的图片和视频下载首页界面

③下载TikTok视频。

软件形式：苹果商店下载TikTok Downloader，Save TikTok 等软件，有些需要收费，电脑网页下载如下。

第一种方式如图3-2-18所示的首页界面。

图3-2-18　首页界面

第二种方式如图3-2-19所示的首页界面。

图3-2-19　首页界面

任务实施：

通过上述学习内容，小昊围绕实习公司的产品，同学们也可以选择自己感兴趣的领域，借助各类平台构建视频内容的素材库，并整理素材资源目录表，见表3-2-1。

表 3-2-1　素材库资源目录表

适合产品或主题	素材来源	素材资源

应用实操：

为了提升跨境电商短视频运营的效果，小昊可以采用"先模仿后创作"的策略。操作步骤如下。

1.确定目标受众和内容方向

在开始模仿学习之前，小昊需要明确自己的目标受众和内容方向。这有助于他更有针对性地选择模仿对象和素材。

2.选择优秀的模仿对象

小昊可以在YouTube、Instagram、TikTok等平台上寻找与自己产品或品牌相关的优秀短视频作品。这些平台提供了大量可供学习的素材和创意。

3.使用工具下载素材

借助上述提及的视频下载工具，下载这些优秀的短视频作品作为自己的学习素材。

4.分析并学习素材

对于下载的每个优秀视频，小昊需要深入分析其内容、创意、拍摄技巧和剪辑手法等。他可以从中学习如何吸引观众、传递信息以及营造特定的氛围或情感。

5.模仿并实践

在学习了优秀素材的基础上，小昊可以开始进行模仿创作。他可以借鉴别人的创意和手法，结合自己的品牌特点和受众需求，创作出相似的视频内容。在这个过程中，他需要注意保持内容的真实性和原创性，避免直接复制或抄袭。

6.反馈与改进

完成视频创作后，小昊可以将作品发布到相应的平台，并收集用户的反馈意见。根据反馈情况，他可以及时调整和改进自己的创作策略，不断提升视频的质量和效果。

7.创新与发展

在模仿学习的过程中，小昊不仅要学习别人的优点，还要不断思考如何融入自己的创意和特色。通过不断地实践和创新，他可以逐渐形成自己的风格和特色，提升品牌辨识度，增加用户黏性。

通过以上步骤，小昊可以逐步提升自己的跨境电商短视频运营能力，这也体现了守正创新的精神，并积极践行了党的二十大精神中关于创新的要求。

任务评价：

项目	熟悉商用素材工具	掌握素材工具构建素材库技能	整体完成度高
学生自评	□优秀	□优秀	□优秀
	□良好	□良好	□良好
	□合格	□合格	□合格
小组评价	□优秀	□优秀	□优秀
	□良好	□良好	□良好
	□合格	□合格	□合格
教师评价	□优秀	□优秀	□优秀
	□良好	□良好	□良好
	□合格	□合格	□合格
企业评价	□优秀	□优秀	□优秀
	□良好	□良好	□良好
	□合格	□合格	□合格

任务三　拍摄设备与剪辑软件

情境导入：

尽管网上有许多高质量的素材可供使用，但在跨境电商领域，独特的内容和专业的拍摄剪辑是不可或缺的。为此，小昊深入调研，掌握了几款主流的拍摄和剪辑工具，以提升内容制作水平。

知识解析：

一、拍摄设备

（一）手机

手机作为现代人必备的通信工具，其摄像头质量日益提升，已成为拍摄短视频的首选设备。智能手机凭借先进的摄像头技术和内置的稳定器，让高清视频拍摄变得简单快捷。而且，通过各种专业的视频编辑软件，用户可以直接在手机上完成视频的剪辑和后期处理。这不仅简化了视频制作的流程，还让每个人都能轻松成为视频创作者。

（二）相机

相机是专业拍摄短视频的首选设备。单反相机和无反相机通常具有更高的图像品质和更强的拍摄控制能力。它们支持更多的镜头选择，并且可以通过手动设置来调整曝光、对焦和其他参数。下面推荐几款相机参考。

Sony A6400：Sony A6400是一款无反相机，具备出色的视频拍摄功能。它采用了24.2 MP的APS-C传感器和快速的自动对焦系统，能够实现高质量的图像和平滑的自动对焦。此外，它还支持4K视频录制和缓冲录像功能，使得拍摄过程更加流畅，如图3-3-1所示。

图3-3-1　Sony A6400

Canon EOS M50 Mark Ⅱ：Canon EOS M50 Mark Ⅱ是一款入门级的无反相机，非常适合拍摄短视频。它采用了24.1 MP的APS-C传感器，拥有可翻转的触摸屏幕和内置稳定器，方便自拍和稳定拍摄。此外，它支持4K视频录制和高速自动对焦，适合拍摄运动和动态场景，如图3-3-2所示。

图3-3-2　Canon EOS M50 Mark Ⅱ

Panasonic Lumix GH5：Panasonic Lumix GH5是一款专业级的微单相机，非常适合专业的短视频拍摄。它采用了20.3 MP的四三传感器，支持4K视频录制和高帧率录制，可实现卓越的图像质量和流畅的视频。此外，它还具有稳定的机身防抖和丰富的视频拍摄选项，如图3-3-3所示。

图3-3-3　Panasonic Lumix GH5

Nikon Z6：Nikon Z6是一款全画幅无反相机，适合追求高画质的短视频拍摄。它采用了24.5 MP的全画幅传感器和快速的自动对焦系统，可以拍摄出清晰、细腻的图像。此外，它支持4K视频录制和缓冲录像功能，使得拍摄过程更加顺畅，如图3-3-4所示。

图3-3-4　Nikon Z6

（三）摄像机

在某些专业场景或对于追求更高质量的短视频创作者来说，使用摄影机仍然是一个合理的选择。摄影机通常具有更大的传感器、更强大的图像处理能力、更丰富的镜头选择以及更专业的音频接口等优势。这些特点使得摄影机在需要较高画质、更复杂拍摄设置和更专业后期处理的情况下更具优势。

（四）三脚架

无论你使用手机还是相机，三脚架都是拍摄稳定视频的必备工具。它可以帮助你固定设备，减少抖动和晃动，拍摄出更平滑的画面，如图3-3-5所示。

图3-3-5　三脚架

（五）麦克风

如果需要录制清晰的声音或进行采访，外接麦克风是必不可少的。有多种类型的麦克风可供选择，如话筒式、麦克风阵列等，可以根据实际需要选择合适的麦克风。还有其他类型收音设备，如机顶麦克风、领夹麦克风、外录收音设备，在拍摄短视频时，使用合适的收音设备可以提升音频质量，使得视频更加专业和吸引人。

（六）照明设备

良好的照明是拍摄高质量视频的关键之一。可以使用专业照明设备，如灯光柔化器、LED灯等，来改善拍摄环境的光线条件。

（七）手持稳定器

手持稳定器可以帮助你稳定相机或手机，从而拍摄出更平滑的视频。有多种类型的手持稳定器可供选择，如云台稳定器、手机稳定器等，如图3-3-6所示。

图3-3-6　手持稳定器

以上是一些常见的跨境电商短视频拍摄设备，根据需求和预算，选择合适的设备进行拍摄，可以创作出更具吸引力的短视频内容。

二、剪辑软件

（一）认识VivaVideo

1.工具介绍

VivaVideo，中文名小影，如图3-3-7所示，是一个面向大众的短视频创作工具，集视频拍摄、剪辑、教程玩法于一体，提供1 000+的丰富特色素材，包含字体、贴纸、音乐、滤镜、特效，转场，便捷用户轻松上手，尽情创作，具备逐帧剪辑、特效引擎、语音提取、4K高清和智能语音等功能。

2.功能特色

所见即所剪，直观易用的拖放式剪辑，支持在多个时间轴中实时操作视频分割、修剪、变速、倒放、比例等，还可通过亮度、色温、对比度、饱和度等参数调节或滤镜调色，来修复视频存在的色调问题。色彩明快的设计界面与精美的剪辑模板，帮助得心应手地美化影像、创作视频。借助语音识别引擎，可精准完成语音到文字的转换，还可以自定义字体、颜色和风格，为影片增加精美的动态字幕和片头片尾。提供海量热门素材，千余款经典视频滤镜、创意转场、逼真动画、趣味贴纸，拖放之间便可拼接出精彩的视觉效果，还可以利用控制功能对作品进行精细调整。上千款免版税的BGM音乐及音效、简洁的配音配乐制作、强大的音频曲库让视频更加丰满。此外，画外音录制功能支持多款变声，可以轻松制作一部音质与画质俱佳的影片。

图3-3-7　VivaVideo Logo

（二）认识Capcut

1.工具介绍

Capcut是国内"剪映"软件的海外国际版，是一款功能强大、简单易上手、免费的视频编辑器，具备全面的剪辑功能，支持变速、滤镜和美颜效果，拥有丰富的曲库资源，可实现添加字幕、多语言自动生成支持、同步编辑、大量视觉可定制性等功能，如图3-3-8所示Capcut界面。

2.功能特色

功能全面、操作简单，满足多种创作场景，无需任何经验即可快速上手，适合基础用户。具备海量优质版权素材，商用无忧，无惧侵权。可逐帧审阅视频，通过圈点、箭头批注，精确传达修改意见。支持剪辑后的视频轻松共享并导出到第三方平台。云空间安全存储，能保障个人数字资产。

图3-3-8　Capcut界面

（三）认识Adobe Premiere Pro

1.工具介绍

Adobe Premiere Pro，简称Pr，是视频编辑爱好者和专业人士必不可少的视频编辑工具。Pr功能全面、可操控性和稳定性强，可以处理素材量大，比较复杂的项目，如图3-3-9所示Adobe Premiere Pro界面。

图3-3-9　Adobe Premiere Pro界面

2.功能特点

Pr功能强大、应用面广、专业稳定，提供了采集、剪辑、调色、美化音频、字幕添加、输出、DVD刻录的一整套流程，并和其他Adobe软件高效集成，足以完成在编辑、制作、工作流上遇到的所有挑战，满足创建高质量作品的要求。但是Pr上手比较慢，需要专业的技能和经验。

任务实施：

为了更系统地学习和掌握剪辑软件的运用，小昊设计并整理了一份剪辑软件信息表。该表格详细列出了各种软件的特点、功能和适用场景等信息，便于更好地了解和选择合适的剪辑工具（表3-3-1）。

表 3-3-1　剪辑软件信息表

工具名称	特点	功能	实用场景

应用实操：

实践才能真正了解和掌握拍摄技巧，小昊以实习公司的产品为例，同学们也可以结合自己感兴趣的产品，按以下的操作步骤进行实践，并将完成的成果进行展示和分享。

1.确定视频主题和定位

根据公司的产品定位或个人感兴趣的领域，选择适合的短视频主题。明确视频的目标受众和所要传达的信息。

2.准备拍摄设备

根据主题和定位，选择合适的拍摄设备，如手机、相机等。确保设备具有高质量的摄像功能，并准备好所需的拍摄配件，如三脚架、麦克风等。

3.制订拍摄计划

在开始拍摄前，制订详细的拍摄计划。规划好每个场景的拍摄内容、角度和时间等，确保拍摄进度顺利。

4.实地拍摄

按照拍摄计划进行实地拍摄，注意捕捉高质量的素材。充分利用设备的拍摄功能，并注意画面的稳定性和清晰度。

5.视频剪辑与处理

使用前面学习掌握的剪辑软件，对拍摄的素材进行剪辑和处理。调整视频的节奏、添加过渡效果、音效和背景音乐等，使视频更具吸引力。

6.分享与展示成果

将完成的短视频分享到适当的平台，如公司的官方网站、社交媒体等。通过展示自己的作品，收集反馈和建议，以便不断改进和优化视频制作技能。

7.总结与反思

在完成视频分享后，对整个实训过程进行总结和反思。分析在实践中遇到的问题和困难，总结经验教训，为后续的学习和实践提供借鉴。

通过以上实训步骤，不仅提高了同学们视频制作技能，也让小昊更好地理解了如何将理论知识运用到实践中。

任务评价：

项目	熟悉视频剪辑工具	了解视频拍摄工具	掌握按实际需求拍摄视频技能	整体完成度高
学生自评	□优秀	□优秀	□优秀	□优秀
	□良好	□良好	□良好	□良好
	□合格	□合格	□合格	□合格

续表

项目	熟悉视频剪辑工具	了解视频拍摄工具	掌握按实际需求拍摄视频技能	整体完成度高
小组评价	☐优秀	☐优秀	☐优秀	☐优秀
	☐良好	☐良好	☐良好	☐良好
	☐合格	☐合格	☐合格	☐合格
教师评价	☐优秀	☐优秀	☐优秀	☐优秀
	☐良好	☐良好	☐良好	☐良好
	☐合格	☐合格	☐合格	☐合格
企业评价	☐优秀	☐优秀	☐优秀	☐优秀
	☐良好	☐良好	☐良好	☐良好
	☐合格	☐合格	☐合格	☐合格

任务四　其他运营辅助软件

情境导入：

在跨境电商短视频创作过程中，小昊意识到需要适应不同国家、平台的文字、语言和视频格式等要求。为了提高创作效率，小昊搜集并整理了一系列运营辅助处理软件。这些工具能够帮助小昊快速处理不同平台的格式要求和语言转换等问题，为跨境电商短视频的高效创作提供强有力的支持。通过这些软件的运用，小昊可以更加专注于内容创作和创意实现，提高视频的质量和受众接受度。

知识解析：

一、认识DeepL翻译器

（一）工具介绍

DeepL是一家总部位于德国的人工智能公司，专注于自然语言处理和机器翻译技术。该公司最为知名的产品是DeepL Translator，这是一款强大的机器翻译工具，利用深度学习技术实现高质量的翻译。DeepL Translator能够处理多种语言，并在翻译中保持上下文的一致性，如图3-4-1所示的界面。

图3-4-1 DeepL界面

（二）功能特点

DeepL的翻译技术被广泛认为是高度准确和流畅的，与其他机器翻译引擎相比有显著的进步。除了在线工具，DeepL还提供了API，允许开发者将其翻译技术集成到自己的应用程序中。DeepL在机器翻译领域取得了显著的成就，为用户提供了一种更加自然和精确的翻译体验。DeepL支持多种语言，满足跨境电商短视频运营者编辑不同语种的短视频；准确流畅，能更好地理解和翻译文本，翻译结果自然，可读性高，适合跨境电商短视频的传播需求。

二、认识Natural Reader语音转化工具

（一）工具介绍

Natural Reader是一款借助AI人工智能的免费文本识别转语音工具，能将Word文档、网页内容、PDF文件以及电子邮件等转换为自然流畅的语音输出，帮助用户简单地将会议记录、讲座内容、语音备忘录、影视原声等各种音频通过AI识别并转写成文字，如图3-4-2所示为其界面。

图3-4-2 Natural Reader界面

（二）功能特色

一键即可将网页中任意的文本转换为语音，支持 PDF、txt、doc(x)和ppt(x)等格式文件。Natural Reader内置OCR识别功能，可以聆听用户的印刷书籍、扫描的文档以及来自 PNG 或 JPEG 图像的文本。用户可从 16 种不同语言中获得许多自然的声音，此外，还可从超过100种特殊音效中选择喜欢的朗读音效，支持自定义编辑音效，还可纠正或改进任何语言中任何单词发音。

三、认识Adobe Media Encoder视频转码工具

（一）工具介绍

Adobe Media Encoder（简称AME）是Adobe公司推出的一款专业的媒体编码软件。它是Adobe Creative Cloud套件的一部分，主要用于将各种媒体文件（如视频、音频和图形）导出为不同格式的文件，以满足不同设备和平台的需求。Adobe Media Encoder支持广泛的输出格式和编解码器，使用户能够轻松地创建高质量的媒体内容，如图3-4-3所示。

图3-4-3　Adobe Media Encoder界面

（二）功能特色

Adobe Media Encoder可以用于多种不同设备的格式导出视频或音频，范围从 DVD 播放器、网站、手机到便携式媒体播放器和标清及高清电视等。它结合了市场主流的音频和视频格式，提供了众多设置，导出与特定交互媒体兼容的文件，属于专业的音视频多媒体编码器。

用户可以通过Adobe Media Encoder轻松地设置输出参数，包括分辨率、比特率、帧速率等，以满足其项目的特定要求。此外，它还支持批量处理，可以同时处理多个媒体文件，提高工作效率。

Adobe Media Encoder与其他Adobe Creative Cloud应用程序（如Adobe Premiere Pro和After Effects）紧密集成，用户可以直接从这些应用程序导出项目到Media Encoder进行编码和导出。这种集成性能使工作流更加无缝，方便用户在不同应用程序之间快速切换和处理媒体内容。

总体来说，Adobe Media Encoder是一个强大而灵活的工具，适用于专业制作人员和创作者，帮助他们有效地处理和导出各种媒体内容。

四、认识讯飞智作

讯飞智作是科大讯飞打造的AIGC内容创作基地，通过简单地输入文稿或录音、选定虚拟主播，依托科大讯飞先进的语音合成等AI技术以及丰富的音视频资产，一键完成音视频的输出，为用户提供"AI配音""虚拟人音视频播报"等服务，广泛应用于媒体、教育、短视频等领域，大大提高了各种场景下音视频内容生产效率。目前，讯飞智作已运用于媒体、金融、智慧文旅、企业数字化、智慧政务、IP运营等多个领域，如图3-4-4所示为其界面。

图3-4-4　讯飞配音界面

任务实施：

为了更好地掌握各种辅助运营工具，小昊设计了运营辅助工具信息表，并对表格内的内容进行信息整理。

表 3-4-1　其他运营辅助工具信息表

工具名称	工具功能	用户界面	学习使用指南和教程
DeepL 翻译器			
Natural Reader 语音转化工具			
Adobe Media Encoder 视频转码工具			
讯飞智作			

应用实操：

结合上述的辅助运营工具开展实践操作，并将实践记录下来，见表3-4-2。

表3-4-2　其他运营辅助实践记录表

工具名称	注册账号	时间操作	分享交流
DeepL 翻译器			
Natural Reader 语音转化工具			
Adobe Media Encoder 视频转码工具			
讯飞智作			

任务评价：

项目	熟悉运营处理工具	掌握选择工具开展短视频创作技能	整体完成度高
学生自评	□优秀 □良好 □合格	□优秀 □良好 □合格	□优秀 □良好 □合格
小组评价	□优秀 □良好 □合格	□优秀 □良好 □合格	□优秀 □良好 □合格
教师评价	□优秀 □良好 □合格	□优秀 □良好 □合格	□优秀 □良好 □合格
企业评价	□优秀 □良好 □合格	□优秀 □良好 □合格	□优秀 □良好 □合格

【案例拓展】

曝光67亿次，毛绒玩具Squishmallows"贩卖稀有"，销量翻3倍

近年，玩具行业发展越来越好，Statista数据显示，截至2022年12月，全球玩具与游戏市场价值达277.82亿美元，预计2023年将达297.69亿美元，而未来几年，将继续保持6.52%速度逐年增长。其中，预计2023年毛绒玩具、玩偶类玩具将达57.66亿美元，毛绒玩具市场价值呈可持续增长。根据对消费者人群观察，发现越来越多年轻人喜爱毛绒玩具，潮玩IP，如今，毛绒玩具已经不是小孩子的专属玩具了，年轻人加入毛绒玩具粉丝队伍。海外已有不少较出众的毛绒玩具品牌，如LivHeart、NICI、JellyCat、迪士尼、HelloKitty、Sigikid等，面对激烈的市场环境，新兴品牌应该如何脱颖而出呢？

Squishmallows品牌靠着巧妙的运营，在英国销售额增长300%，成为受年轻人欢迎的毛绒玩具品牌之一，如图3-5-1所示为玩具样式。

1.洞察市场，精研产品

Squishmallows于2017年推出，凭借出众的产品与巧妙的营销，逐步抓住海外消费者的心，成为当下较火的毛绒玩具品牌之一。Squishmallows品牌致力于对市场需求的洞察，深耕产品研究，越来越多年轻人喜欢收集毛绒玩具、潮玩、手办等，而且舒适的毛绒玩具能带来放松、舒适的感觉，特别适合缓解疲劳与焦虑，Squishmallows成功地证实了这一点。Squishmallows品牌的产品都拥有着精致可爱的外观与独特的设计，在颜色、大小、造型上都经过团队深入的考究，呆萌的形象、毛绒柔软的质感，让人喜欢得不得了。在制作产品时精细研究与设计，别看只是小小的毛绒玩具，Squishmallows团队在打造每一款玩具时都需要花费几个月的时间，其中用心程度可想而知。产品采用柔软的氨纶制成，并填充有聚酯纤维，由于主要面向的人群为18~34岁的年轻人，该款材质的毛绒抱枕仅需要去污笔或湿毛巾局部清洁即可，十分方便年轻用户打理。Squishmallows产品确定设计之前会会经过大量的市场调研，会结合受众人群的喜爱偏向、当下流行趋势等，做出让消费者满意的毛绒抱枕。

图3-5-1　玩具样式

2.Squishmallows独立站

Squishmallows品牌独立站设计独具一格。与其他毛绒玩具品牌满屏粉嫩可爱的设计不同，Squishmallows网站相对比较简洁明了。网站顶端呈现的是关于运费的说明"满54美元免运费"。往下翻阅，即可看见Squishmallows新产品展示板块、关于Squishmallows新闻报道，网站底端即可看见Squishmallows社交媒体账号的图标，点击即可进入Squishmallows各平台社媒账号主页，阅览品牌动态。截至2022年12月，Squishmallows独立站访问量达110万，平均访问时长约2分53秒，人均访问页数达3.87，可见Squishmallows的受欢迎程度非常高，如图3-5-2所示为独立站界面。

图3-5-2　独立站界面

3.全方位营销打法

好的产品也要靠好的营销，才能真正出众，Squishmallows正是如此。

（1）饥饿营销：打造限量版玩具IP

Squishmallows在独立站专门设"收藏家指南"，打造产品收藏指数，来吸引粉丝或其他年轻人抢购，利用稀缺感与饥饿营销，来售卖毛绒玩具。不仅如此，Squishmallows还为每款毛绒玩具都设置了独特名称与背景故事，丰富毛绒玩具的角色，如艾尔迪亚，渐变色的抱枕玩偶，它是一名灵气疗愈师，该款毛绒玩具显示已售空，在海外十分受欢迎。Squishmallows的每款毛绒玩具都变得拥有生命和形象，故事性的情节经历，往往更加引人注意与受人追捧。据相关报道称，2021年曾有人倒卖Squishmallows毛绒玩具，售出10万元美金，该行为当时受到Squishmallows收藏者们的大力抨击，可见Squishmallows毛绒玩具在海外的地位非常高。

（2）社媒营销：TikTok曝光量达67亿

文章前面提到，Squishmallows品牌网站可直接进入社交媒体主页，Squishmallows在TikTok、Facebook、Instagram、YouTube等平台均有品牌账号。Squishmallows毛绒玩具重点在TikTok上推广并在该平台上刮起了一股毛绒玩具抢购风潮。"@infamousbutterfly"为一位玩具收藏博主，在TikTok上发布了一条关于整理收纳Squishmallows毛绒玩具的视频，引起许多人关注。这条31秒的视频，截至目前浏览量达1 780万，点赞180万，留言已超过2.5万条，在评论区中，用户纷纷表示"实现了我的梦想""太酷了"等。

"@infamousbutterfly"发布该条视频时，添加"#Squishmallows"话题，并@Squishmallows官方账号，为品牌也增加了一定的知名度与影响力。Squishmallows在TikTok的账号拥有18.62万粉丝，发布内容大概为新品毛绒玩具展示、毛绒玩具使用场景等，十分有趣。TikTok上关于"#Squishmallows"话题观看量达47亿次，"#Squishmallow"话题曝光量达20亿次，Squishmallows品牌相关话题热度在TikTok拥有67亿次的播放量，十分火爆。另外，Squishmallows与许多玩具收藏博主合作，通过网红种草的方式进行宣传，增加Squishmallows品牌影响力与其毛绒玩具的销量。

　　Squishmallows作为近年兴起的玩具品牌无疑是成功的，而Squishmallows产品其实是中国制造，中国拥有强大的玩具制造链，拥有丰富的毛绒玩具制造经验，而当下玩具行业在海外拥有巨大的市场，中国卖家可以抓住时机，乘风出海。

（案例来源：Shoptop品牌出海智库，2023年2月）

●【小组讨论】

　　认真阅读上述成功案例，理解一个新兴毛绒玩具品牌实现销售额300%增长的运营策略，结合本项目学习的工具对该品牌进行分析。请以小组的形式进行讨论，结束讨论后，请每个小组派代表发言分享小组讨论的想法。

●【项目小结】

　　本项目专注于跨境短视频运营工具的学习，包括账号分析工具、素材库、拍摄设备与剪辑软件，以及一系列其他运营辅助软件。通过认识Tikstar、TikBuddy、Exolyt等账号分析工具，我们掌握了如何深入分析账号数据，洞察市场趋势。同时，图片、视频类型素材库和音乐类素材库的介绍，为我们提供了丰富的创作资源。在拍摄设备和剪辑软件部分，我们了解了不同设备的优缺点和各种专业剪辑软件的使用技巧。此外，我们还学习了其他运营辅助软件，如DeepL翻译器、Natural Reader语音转化工具、Adobe Media Encoder视频转码工具等，以提升运营效率和内容质量。通过这一系列的学习，我们掌握了跨境短视频运营的核心工具和技术，为未来的实践工作打下了坚实基础。

●【课后任务】

　　一、单选题

　　1.下列不属于数据分析工具的是（　　　　）。

　　　A.Tikstrar　　　　B.Coverr　　　　C.Tikbuddy　　　　D.Analisa.io

　　2.下列不属于素材工具的是（　　　　）。

　　　A.Video Eraser　　B.Pexels　　　　C.Mixkit　　　　D.Pixabay

　　3.下列属于专业级别的剪辑软件是（　　　　）。

　　　A.VivaVideo　　　B.Capcut　　　　C.Adobe Premiere Pro　　D.Adobe Photoshop

　　4.下列用网络环境检测的工具是（　　　　）。

　　　A.IP　　　　　　　B.Whoer　　　　C.DNS　　　　　　D.DeepL

5.Video Eraser主要是一款（   ）。

    A.数据分析工具　　　　　B.剪辑工具　　　C.去水印工具　　　　　D.编码工具

二、多选题

1.Tikstar可以对哪些平台开展社交数据分析？（   ）

    A.TikTok　　　　　　　　B.Instagram　　　C.Twitter　　　　　　　D.YouTube Shorts

2.Pexels网站主要提供什么素材？（   ）

    A.字体　　　　　　　　　B.音乐　　　　　C.图片　　　　　　　　D.视频

3.Capcut有哪些功能特点？（   ）

    A.具备全面的剪辑功能　　　　　　　　B.丰富的曲库资源

    C.支持多语言自动生成　　　　　　　　D.可以处理素材量大、复杂的项目

4.常见的网络环境工具有？（   ）

    A.Whoer　　　　　　　　B.Ipip　　　　　C.EasyScript　　　　　D.Browserleaks

三、简答题

1.简要地说明开展跨境电商短视频运营所需的工具。

2.说出不少于3款用于TikTok平台数据分析的工具及其功能特点。

3.列举素材收集平台，可以有哪些种类的素材。

4.对比分析VivaVideo、Capcut和Pr 3款工具，简要说明它们的异同点。

项目四
跨境电商短视频内容创作

【职场场景训练】

党的二十大报告提出，稳步扩大制度型开放，推进跨境电商迭代升级。随着社交短视频在全球范围内的迅猛发展，我们已清晰地迈入了一个以内容为王的跨境电商短视频时代。跨境电商短视频作为一种新型的商业策略，运用独特的思维方式，结合产品优势和时代特色，通过优质的短视频内容吸引全球用户。这不仅突破了空间和时间的限制，还为用户提供了丰富的选择。

在跨境电商部门实习期间，小昊已熟练掌握部门工作流程和产品特性。为了进一步提升营销效果，他决定深入研究各类短视频内容创作技巧。结合目标受众需求，他计划创作出既符合公司定位又能吸引目标观众的短视频。此外，他还计划利用当地热门话题和网红效应，以增强企业推广效果，使企业在内容为王的跨境电商短视频领域更具竞争力。

【项目学习目标】

1. 知识目标

（1）了解跨境短视频的常见内容类型。

（2）掌握选题策划的基本流程和方法。

（3）理解短视频脚本的编写技巧。

2. 技能目标

（1）能够根据不同的内容类型和目标受众，进行短视频的选题策划和内容创作。

（2）能够熟练运用脚本定义和编写技巧，创作出具有吸引力和可执行性的短视频脚本。

（3）掌握短视频拍摄的技巧，包括拍摄方向与角度、景别与运镜等，以及注意事项。

3. 素养目标

（1）培养对市场趋势和受众需求的敏感度，能够快速响应并进行内容调整。

（2）增强团队合作和沟通能力，能够与团队成员协同工作，共同完成短视频创作任务。

（3）提升创新思维和创造力，能够创作出具有独特风格和观点的短视频内容。

【技能提升图谱】

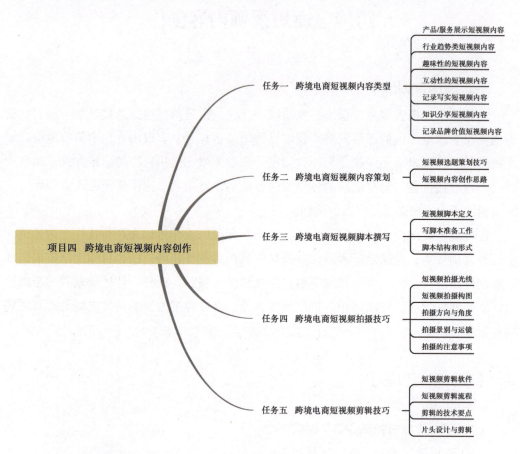

【案例成果展示】

非遗植物染服饰跨境
短视频内容创作

植物染连衣裙拍摄样片

四分屏片头设计效果

四分屏片头设计操作

四分屏片头模板

短视频作品成片

任务一　跨境电商短视频内容类型

情境导入：

小昊计划首先深入研究跨境电商短视频的内容类型和用户喜好。他发现不同国家和地区在这方面既存在共性又有独特之处。因此，他打算从跨境电商短视频的内容类型和特点入手，逐步了解各个国家和地区的差异，为之后深入学习具体的内容创作技巧奠定基础。

知识解析：

在这个以内容为王、百花齐放的短视频时代，企业宣传的短视频若想取得理想的营销效果，必须进行精细化的运营。借助大数据，平台反馈了7种备受欢迎的短视频类型，接下来的内容将逐一介绍这些类型，如图4-1-1所示。

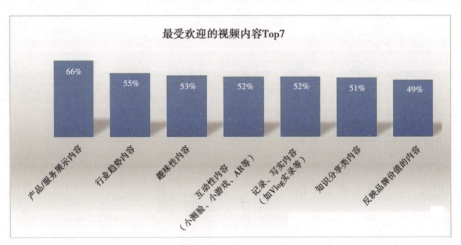

图4-1-1　跨境最受欢迎短视频内容数据

（数据来源于知乎）

一、产品/服务展示短视频内容

（一）内容类型

1.产品使用说明

企业可以利用视频展示产品的使用操作说明，让消费者更直观地了解产品。通过这种方式，企业不仅能够让用户感受到卖家服务的细致和周到，还能有效节省与客户沟通的时间。此外，直接引导客户观看产品短视频，能够快速解答他们关于产品使用方法的疑问，提升客户满意度。因此，使用短视频进行产品介绍具有诸多好处，能够为跨境电商企业带来更多的商业机会和竞争优势。

在TikTok平台的个人信息页面，卖家可通过短视频展示产品，从而提升商品的吸引力。若用户点击TikTok主页链接进入商品购买页面，将会看到商品材质和详细使用说明的图片展示。根据市场调查，用户在观看视频后购买的可能性高达174%，这直观地提升了用户体验，减少了用户跳出率，进而提高了转化率，如图4-1-2所示。

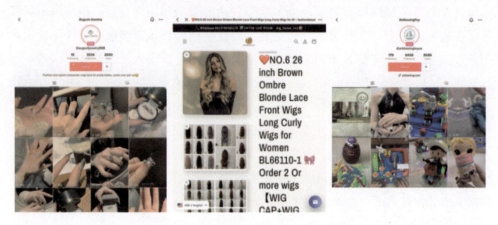

图4-1-2 TikTok平台卖家产品展示视频截图

2.产品生产流程

通过短视频向消费者展示产品的开发、设计和制造过程，以及在视频中制作一些特写镜头，不仅可以建立消费者对产品质量的信任，还有助于更准确地把握产品的价值和重要特征。

3.对比产品的优劣

展示产品区别的视频特别适用于新旧产品的对比。当商家推出新产品时，消费者可能因为对产品性能和质量了解不足而更倾向于选择使用熟悉的旧产品。通过制作小视频展示新旧产品的对比过程，消费者能够更直观地了解产品间的差异，从而增强对新产品的信任度。

一些商家倾向于使用视频突显自家产品与市面上其他产品在质量、性能等方面的差异，以突出性价比，从而提高转化率。然而，需要注意的是，在展示竞品的视频中，尽可能避免显示其品牌标志，以防混淆或引起潜在顾客对竞品的误导。

（二）运营注意事项

1.注意平台规则

在各大跨境电商平台上，展示产品或服务的短视频被广泛使用。然而，每个平台对视频格式、大小、时长以及内容的具体要求都各有差异。因此，商家在上传视频之前，必须认真阅读并遵守相应平台的规则，以避免增加不必要的时间成本。

2.遵循产品展示短视频拍摄原则

在制作产品展示短视频时，内容应条理清晰，所有信息需经仔细梳理，精选出最具代表性的元素进行呈现。同时，内容要新颖吸睛，通过融合创意与产品特色，营造出独特的视觉体验，加深观众对产品的印象。视频画面应简洁流畅，既要营造恰当的氛围，也要注重镜头的简洁性，确保在剪辑过程中能够最大程度地突出产品，展现连贯的内容。声画配合要和谐贴切，这是视频制作的基本要求。此外，产品视频的核心是突出产品的卖点，拍摄手法和场景设计需符合目标国外用户的审美习惯，以确保视频的有效传播和产品的成功推广。

二、行业趋势类短视频内容

人们对前沿资讯总是抱有浓厚兴趣，特别是那些与自身所处行业或深爱领域息息相关的主题。这类内容，如行业趋势、最新发展等，不仅为人们提供了判断未来走向的重要参考，更对信息接收者产生了非同寻常的强烈吸引力。

（一）基本概念

行业趋势，简而言之，就是一个行业的未来前景及其发展动力，它体现了该行业内企业在未来特定时间段内的预估价值走向。而行业趋势内容短视频，正是以视频形式直观展现某一行业前景及发展状况的一种内容媒介。

以汽车行业为例，传统燃油车的市场份额正在逐渐缩减，而电动汽车，在国家政策的扶持和市场的双重选择下，其市场份额却在稳步增长。未来，电动汽车有望成为汽车行业的主流。同时，随着人工智能技术的不断进步，自动驾驶技术也在逐步普及。这些变化共同构成了汽车行业的未来趋势。而短视频作为一种高效的信息传递方式，能够在有限的时间内，通过生动的画面展现这一行业的未来走向。

（二）分析行业的国外趋势

1.国家宏观环境分析

分析国家宏观环境是深入理解目标行业的关键步骤，它主要关注国家政策对行业的支持程度以及国家经济对行业产生的具体影响。对于企业而言，特别是当它们计划进入先前未涉足的新兴市场国家时，这种分析显得尤为重要，因为它能够帮助企业形成对行业的全面认知，并为后续的决策提供有力支持。

这些信息通常可以在我国驻目标国家的大使馆官方网站或经济商务处获取。以中国驻马来西亚大使馆为例，其网站上会全面介绍中马两国的交往历史、合作领域及最新进展。通过浏览使馆公告栏，还能够及时了解马来西亚的社会经济动态和最新变化。图4-1-3展示了中国驻马来西亚大使馆的图片，为相关信息的获取提供了直观的参考。

图4-1-3　中国驻马来西亚大使馆官网

　　中国驻马来西亚大使馆经济商务处网站中，信息显示两国间的经济合作领域。通过该网站，可以深入了解马来西亚部分产业的发展状况、合作机遇以及相关政策等详细信息，为企业和投资者提供有价值的参考，如图4-1-4所示。

图4-1-4　中国驻马来西亚大使馆经济商务处网站

　　如果具备外语能力，建议直接访问目标外贸市场国家的财政部或商务部官方网站，以获取更全面、更详细的相关信息。这些官方网站通常是获取该国经济政策、贸易数据、行业报告等权威信息的重要渠道。通过深入了解目标国家的经济环境和贸易政策，可以更好地把握市场机遇，降低贸易风险。

2.某一产业分析

以专注于0~12岁儿童玩具的企业为例,若该公司计划针对马来西亚用户开展短视频站外推广引流活动,并打算制作关于行业趋势的内容视频,那么在研究产业方面,至少需要掌握以下关键信息。

首先,必须深入了解马来西亚与玩具相关的地域文化,包括当地的传统习俗、节日庆典中玩具的角色以及消费者的偏好等,以确保产品能够符合目标市场的文化需求。其次,需要关注马来西亚国家政策对玩具品类的态度,包括进口政策、安全标准、税收政策等,以评估市场准入条件和潜在风险。此外,近五年来儿童玩具在马来西亚的发展趋势也至关重要,通过了解市场需求的变化,可以判断产业是处于上升期还是下降期,从而制订相应的市场策略。同时,产业规模的大小也是决定市场潜力的重要因素,通过了解马来西亚儿童玩具产业的总体规模,可以评估市场的容量和增长潜力。最后,还需要关注马来西亚本地厂商在儿童玩具行业中的地位和竞争力,以便了解潜在的竞争对手和市场格局。

要获取关于儿童玩具行业的专业信息,可以求助于行业协会和行业报告这两大权威来源。行业协会通常持开放态度,欢迎与外界的交流合作。外贸卖家可以通过电子邮件、LinkedIn等社交平台主动与这些协会建立联系,进行深入的沟通和交流。这不仅能帮助卖家获取行业前沿信息,还可能促成与本地企业的合作,为拓展业务提供有力支持。特别是对于专注于B2B外贸市场的卖家而言,这一途径尤为重要。

而行业报告虽然通常需要付费购买,但它们提供的数据和分析往往更加全面、深入。不过,许多报告也会提供亮点信息的概览或免费的预览版,以供卖家初步了解行业情况并作为信息引用的参考。通过这些报告的辅助,卖家可以对马来西亚的儿童玩具市场有更全面、更准确的把握。

3.市场分析

市场分析的核心在于深入剖析同行竞争对手,全面了解跨境市场的竞争格局和市场业态。以马来西亚的儿童玩具产业为例,关键的市场信息包括马来西亚市场上儿童玩具跨境品牌和厂商的数量、近三年内新进入市场的厂商数量、头部品牌的市场地位、市场集中度、各品牌采用的营销策略、产品定价区间以及最畅销的玩具类型等。

为了有效收集这些信息,可以通过多个途径获取。首先是行业报告,这些报告通常包含大量的市场数据和趋势分析;其次是跨境电商平台,如Shopee、速卖通、亚马逊等,通过观察这些平台上的商品销售情况,可以了解消费者的偏好和市场动态;最后,跨境社交平台也是获取信息的重要渠道,如Facebook的同业交流小组等,可以与同行进行交流和讨论。

在完成三个维度的综合线上分析后,我们可以初步得出行业的发展趋势。接下来,根据这些信息制作短视频剧本,运用吸引用户的技巧拍摄出符合推广需求的短视频。这样，我们就能够更有针对性地开展市场营销活动，提升品牌知名度和销售业绩。

（三）运营注意事项

1.分析过程不能简单呈现

在深入分析行业的三个角度后，我们构建了一个全面的行业分析框架。然而，作为运营者，更重要的是如何巧妙地利用这些收集到的信息。我们需要对这些信息进行有针对性地重组和排列，以形成一个引人入胜的视频剧本。记住，分析过程本身并不是目的，我们也不能直接将结论制作成视频。关键是要深入研究消费者的兴趣点，找到能够激发他们好奇心的内容，并以此作为视频的主题。通过这样精心策划的视频内容，我们能够更有效地吸引并留住消费者的注意力。

2.反复斟酌数据的真实性

运营者在制作短视频并需要使用数据时，必须对数据来源保持高度警惕。不同渠道获取的数据，其真实性存在差异。对于企业每年投入数万乃至数十万元订阅的数据库，其提供的数据基本上都是真实可靠的。同样，花费数千元定制的数据报告也具备较高的真实性。然而，从搜索引擎等免费或易获取渠道得到的数据，运营者在使用之前必须经过严格的验证，以确保短视频内容的准确性和严谨性。这种对数据真实性的把控，是运营者专业素养的体现，也是对观众负责的态度。

三、趣味性的短视频内容

Meta和Branex的统计数据显示，趣味性内容短视频有着很高的投入产出比，是营销人员为企业制作产品营销短视频时首选的视频类型之一。

（一）基本概念

趣味性，是指某件事情或者某样物体的内容能让人感到愉快，能激发人探索的兴趣。趣味性内容短视频就是能让目标用户感到愉快，能激发目标用户探索的短视频。

（二）内容要素

1.网络语言艺术

短视频的精髓在于文字表达，这不仅体现在视频的标题上，更融入在视频中人物的对话之中。即便是最优秀的英语学习者或使用者，其文案也很难完全超越以英语为母语的专业运营者。因此，我们需要不断地搜寻素材、积累经验，并根据平台的观看数据来优化视频文案，使其更加专业、风趣且幽默。同时，短视频中可以灵活运用英语国家的流行网络用语，如描述1980—2000年出生的年轻人的"Millennial"、指代个人创业的"Solopreneur"，以及源自Facebook广告的"Click bait"等词汇，这些都能增强用户的共鸣感，让他们更深入地沉浸在视频内容中。

2.有趣的视频画面表达

在有模特脸部出镜的视频中，模特的语气、神态和动作等元素，通过不同的表达形式，可以使视频更加有趣。例如，PewDiePie是YouTube上拥有较多粉丝的博主，主要进行游戏测评。博主本名为Felix Kjellberg，来自瑞典。在其粉丝数量最高峰时，接近1.11亿。他评测过的游戏通常都会获得相当可观的市场反馈，使销量和下载量直线上升。除了游戏评论，Felix Kjellberg还会在视频中尝试各种古怪的挑战，如测试脸上最多能放多少勺子等，这些内容都让他的视频变得非常有趣，如图4-1-5所示。

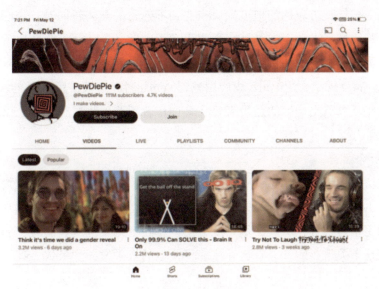

图4-1-5 YouTube平台上拥有粉丝较多的账号

在没有真人模特出镜，而是使用动物、动漫角色或图片等素材时，运营者可以通过音乐的巧妙烘托和制作幽默风趣的表情包来增添视频的趣味性。同时，运用强烈的色彩对比搭配也是一种有效的策略。以Instagram上的知名博主Veeceecheng为例，他居住在香港，因此视频取景多以当地特色景观为主。香港是一个土地稀缺而建筑密集的城市，为了缓解这种压抑感，许多建筑的外墙采用了彩色瓷砖或涂刷了鲜艳油漆。Veeceecheng非常擅长捕捉并记录这些有序排列的彩色元素，为观众带来别具一格的视觉体验，同时增加了视频的趣味性和吸引力，如图4-1-6所示。

图4-1-6 Instagram上的博主
Veeceecheng

（三）运营注意事项

1.选择图片素材方面

在制作短视频时，图片素材的选择至关重要。这些图片应当与整个视频的基调相

111

协调，起到承上启下的作用，确保内容的连贯性和整体感。避免使用低俗或恶趣味的图片，因为这可能会对观众产生不良影响，甚至与宣传产品的初衷背道而驰。为确保最佳视觉效果，应尽量选用高清图片，并确保其尺寸适用于视频或位于视频的合适位置。最后，要避免单纯追求搞笑效果而忽略产品的宣传，确保内容始终紧扣主题。

2.使用文字语言方面

为了提升短视频的文案质量，我们应积极学习国外受欢迎的本土博主，尤其是竞品博主的文案表达。深入研究Native Speaker（以英语为母语的运营者）的语言习惯，能够更准确地把握英语表达的地道性。当遇到不熟悉的英文新词时，我们可以通过谷歌搜索或在跨境社交平台上了解其字面意思和引申含义，从而更精准地运用在短视频创作中。例如，"Beam me up"（波速前进）这一表达源自电影《星际迷航》，在Instagram上的跨境博主介绍iPad建模应用教程Nomad时经常被使用，为文案增添了地道的色彩。这些新兴英文词组的运用需要文案创作者不断地收集和积累，以提升文案的趣味性和吸引力。

3.素材整合方面

一个成功的趣味性内容短视频在平台上运营时，必须精心整合视频素材、文案、平台热门话题标签（Hashtags）以及表情包等多个要素。为了确保数据表现优异，这些要素需要被完整地融合在一起，重点要突出，视频主题要统一。同时，创意的新颖性和有趣性也是至关重要的，只有这样才能将视频的效果发挥到极致，吸引并留住目标观众。

4.不同的社交平台对短视频的文案字数要求不一致

图4-1-7　TikTok平台文案示范

由于TikTok主要是一个短视频平台，对文案的字数限制相对较大。在TikTok上，文案通常以短句和词组的形式呈现，并配以一些引流用的热门话题标签。这种简洁明了的文案风格能够迅速传达信息，同时吸引观众的注意力。在创作TikTok短视频时，我们需要充分利用这些限制，以最精练的语言表达出核心内容，同时配合适当的表情包和视觉效果，以达到最佳的传播效果，如图4-1-7所示。

Instagram和Facebook对文案的字数限制较为宽松，主要根据帖子主题自由发挥。在发布视频时，可以采用折叠文案的方式，设置"More"选项，以吸引用户点击并延长他们在帖子上的停留时间。但要注意的是，前文的文案必须具有吸引力，才能激发用户的好奇心并促使他们点开获取更多信息。如果帖子文案较为简短，可以通过空出几段并附上核心热门话题标签的方式来实现类似效果，从而增加帖子的趣味性和互动性，如图4-1-8所示。

图4-1-8　Facebook平台文案示范

四、互动性的短视频内容

（一）基本概念

Netflix推出的《黑镜，潘达斯奈基》为用户提供了一种全新的观影体验。观众需在线观看整集，无法下载，且没有进度条。在观看过程中，屏幕会不时弹出两个选项，让观众决定主角的剧情走向。通过这些互动选择，观众可以获得自己满意的结局。这种虚拟与现实的互动方式，不仅带给观众独特的观影体验，更成为数字世界的一次重大革命，推动了互动式短视频的兴起，并成为未来短视频发展的趋势之一，如图4-1-9所示。

图4-1-9　Netflix推出的《黑镜，潘达斯奈基》剧照

（二）表现形式

1.平台与用户的UGC互动

在数字平台上，一种新兴的模式正逐渐普及，用户在购物平台完成购买后，会发布以图片、文字、视频等形式的产品或服务评价。这些评价本质上是用户原创的内容（UGC），它们形成了电子口碑，有效地帮助商家实现营销目标。这种互动在电商平台上尤为显著，体现了UGC在提升平台活跃度、扩大用户群方面的巨大潜力。

所谓UGC，即用户生成内容，是指平台的普通用户通过自己的创作和分享，为平台带来丰富多彩的内容。平台通过赋予用户话语权和提供便利的功能，鼓励用户积极创造和发布UGC内容。这种模式不仅增强了平台的互动性，还使得平台内容更加个性化和情感化，从而深刻反映了创作者的个性和心情。

随着UGC的日益盛行，平台得以不断壮大，吸引更多用户的加入和参与。这种趋势预示着在未来，用户生成内容将继续在数字平台中发挥重要作用，推动平台的持续发展和创新。

TikTok中的挑战赛广告是一种独特的广告形式，其核心在于与潜在消费者共同创造品牌内容。通过与品牌合作的挑战赛，平台鼓励用户围绕特定主题创作短视频，并在挑战赛页面上展示这些作品。这不仅激发了用户的创造力，还促使他们成为品牌营销的创作者和传播者。用户通过拍摄记录特定动作或接受挑战的短视频，激励其他观众参与并完成相同的挑战或创作独特版本，从而产生大量原创内容。这种挑战赛模式具有强大的品牌病毒营销潜力，能够迅速传播至数以万计的用户，如图4-1-10所示，品牌LAURA MERCIER在TikTok上发起的#ReadySETgo美妆挑战就是一个典型的例子。

图4-1-10　品牌LAURA MERCIER在TikTok的#ReadySETgo美妆挑战

2.PGC互动性短视频

PGC视频创作比UGC更加专业，需要具备专业知识、相关领域资质和一定权威的专业人员或团队。与UGC相比，PGC需要更长时间的沉淀和积累才能得以发展。在跨境领域，PGC视频多出现在YouTube平台上。为了支持专业内容创作，YouTube在2022年加大了对PGC内容的投入，推出了"频道商店"功能，允许用户通过YouTube应用付费收看专业视频创作机构制作的短视频。这一举措为专业内容创作者提供了更多的机会和平台，同时也满足了观众对高质量内容的需求。

PGC互动性短视频模式的内容通常更为丰富和专业，用户在观看视频时可以通过屏幕点击进行选择，使整个视频更具个性化，进而提高用户黏性。为了满足"屏幕时代"儿童的互动需求，YouTube平台在儿童节目《穿靴子的猫》中加入了互动环节，当小猫打开故事书时，它会隔着屏幕询问儿童想要翻到哪一页，儿童可以根据自己的喜好定制与卡通人物的故事，如图4-1-11所示。

图4-1-11　《穿靴子的猫》

3.传统的互动性短视频形式

评论区是创作者与用户互动的重要场所，通过回应用户的评论，可以让用户感受到被重视。在评论数量不超过100时，创作者应尽量全部回复，以增强用户的参与感和忠诚度。此外，短视频创作中可以加入一些互动元素，如号召、抽奖、接龙等游戏，以增加用户的参与度和黏性。矩阵IP互动也是引流的重要手段，包括用户观看完整视频、点赞、分享、留言等行为，这些传统的互动性形式是目前很多博主正在使用的方法，也是相对成熟的一套常规引流操作。通过这些互动形式，博主可以更好地吸引和留住用户，提高自己的影响力和粉丝数量。

（三）运营注意事项

1.互动性短视频的不同形式可结合使用

短视频体量小、时间短，添加互动元素的试错成本更低，在互动环节的融合程度更高，也更符合用户碎片化的内容消费习惯。所以企业在运用这类型视频的时候，应灵活创新，不断制造新鲜感，使用不同形式的互动性短视频，打组合拳能有效粘住用户的碎片时间。

2.关注制作成本

丰富的短视频内容，能给用户带来新颖观看体验。相较于别的短视频类型，互动性内容短视频更依赖于先进的IT技术支持，也提高了拍摄和技术成本。企业要结合自身宣传成本，制作投入产出比更高的短视频。

3.互动环节和叙事线索的巧妙设计对创作者高要求

互动环节和叙事线索的巧妙设计对产品技术与专业人才提出了更高要求。由于内容允许观众根据个人喜好选择不同的剧情走向，在这一过程中，叙事角度的策划、选项的合理设置等都需要专业人士参与。参与制作者往往需要对视频策划内容，需要的IT技术都具备一定的经验和知识储备。

五、记录写实短视频内容

（一）基本概念

在短视频中，我们使用手机、摄像机和照相机等设备来捕捉和记录生活、学习和研究各个方面的内容，这就是所谓的"记录"。而"写实"则是将这些记录的内容以视频的形式真实地呈现出来。最近几年，这种写实内容的短视频被我们称为Vlog。对于企业营销产品来说，Vlog的包装在YouTube上具有很高的参考价值。Alyssa Lau是一位加拿大籍华裔的Vlog博主，同时她也有自己的时尚网店。她的视频内容非常注重视觉设计和音效的结合，与她的个人生活风格相得益彰，如图4-1-12所示。

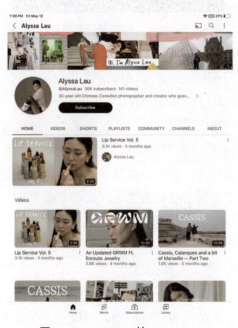

图4-1-12　YouTube的Alyssa Lau

（二）主题类型

现在流行的Vlog看似没有一个固定的剧本，但其实有一套剧本的思维主题，就像一根线贯穿在整个视频表达中。Vlog最基本的就是剧本主题，这是打造用户黏性的根本，剧本的主题分成以下几种。

1.生活记录类

生活记录类的内容涵盖了日常、旅行、婚礼跟拍、看演唱会等多种类型，并且在Vlog中占据了相当大的比例。观众喜欢这些内容的主要原因在于拍摄者真实的生活态度。在YouTube上，备受喜爱的韩国博主Sueddu以其极简的剪辑风格赋予视频电影般的质感，每一帧都恰到好处，没有多余的镜头。Sueddu的Vlog主要围绕她的小公寓和她的泰迪犬展开，大部分内容都是在室内拍摄的日常生活，偶尔会有一些外出活动的记录。她独自一人，却能把生活过得如此惬意和悠然，这份淡然和幸福的心境具有强大的治愈力量，深受观众的喜爱，如图4-1-13所示。

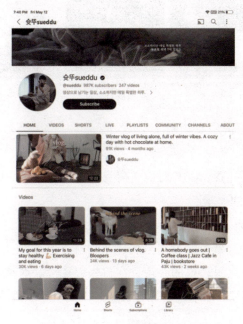

图4-1-13　YouTube的博主Sueddu

2.展示分享类

展示分享类Vlog通常围绕一件具体事物展开，如开箱测评、烹饪过程、学习技巧分享等。这类Vlog通常可以提前准备简单的拍摄脚本。在YouTube上，John Fish是一位备受欢迎的Vlog博主，他是一名哈佛大学计算机专业的学生。他的短视频主要介绍自己的高效学习方法，如"9天读书挑战""每周阅读一本书改变生活""7大优秀学习习惯"等，深受观众的喜爱，如图4-1-14所示。

3.主题内容类

这个大类包括脱口秀、消费行为研究、聊天访谈等，这些Vlog需要脚本的支持，有时还需要进行前期调研和策划。在YouTube上备受喜爱的大神Casey Neistat，他的《FILMMAKING IS A SPORT》讲述了自己走上Vlog道路的动机，全程采用高语速的独白，通过无缝剪切衔接，穿插着自己仰慕过的导演和影视作品的快速闪回画面，让人容易与他一起热血沸腾，如图4-1-15所示。

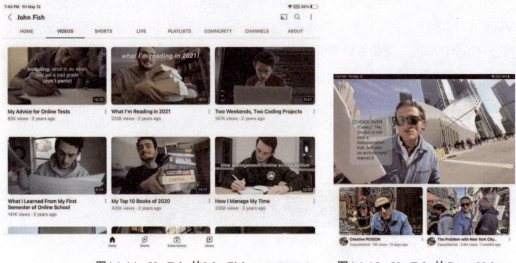

图4-1-14　YouTube的John Fish　　　　图4-1-15　YouTube的Casey Neistat

（三）运营注意事项

1.对设备的要求高

由于很多Vlog需要外景，视频对设备麦克风的降噪功能，摄影器材的防抖功能、聚焦功能等都有着很高的要求。

2.优秀的镜头表现力

许多博主都是依靠着个人魅力和流利口才收获了追随者。视频创作者若想提高镜头表现力只需要多练，克服恐惧的心理，在口头表达上、肢体语言上、表情管理上都需要不断地对着镜子练习，以求达到足够自然，抓住粉丝的眼球。

3.具有一定音乐储备

一些不同的主题，比如搞笑脱口秀类，作者可制作混剪卡点音乐，节奏感强，渲染观众。生活类的Vlog则需要作者给视频配上舒服的纯音乐，达到治愈的效果。这要求制作者平时就要收集音乐素材，在视频剪辑中多尝试效果。

六、知识分享短视频内容

（一）基本概念

知识分享短视频是一种以传播知识为核心要旨的短视频形式，通过精练的讲解帮助观众迅速吸收新知识。这类视频在YouTube上备受欢迎，因为它们为用户提供了一个低成本、高效率的学习途径，使观众能够在短时间内轻松掌握专业知识。以YouTube上的Crash Course系列为例，该课程以每集10分钟的时长，通过30~50集的系列课程，深入浅出地介绍了经济学、统计学、历史、社会学等多个学科。其风趣幽默、贴近生活的讲解风格，使得观众在轻松愉快的氛围中获得了全面的学科认识。因此，该系列课程吸引了大量订阅用户，并保持了极高的用户黏性，如图4-1-16所示。

图4-1-16　YouTube的Crash Course

（二）传播类型

1.健康类知识

健康类知识短视频主要聚焦于健康、卫生和医疗保健等领域，旨在解答观众疑问、进行科学辟谣。YouTube上的Healthcare Triage频道就是一个典范，它专门揭示健康领域的谣言，揭露商家的各种误导性宣传，因此深受用户喜爱。值得一提的是，该频道是YouTube上少数能够提供参考文献的频道之一，其提供的结论和数据极具权威性和价值，成为观众获取健康类知识的可靠来源，如图4-1-17所示。

图4-1-17　YouTube的Healthcare Triage 频道

2.自然知识类

自然知识类短视频涵盖了天文、地理、物理、化学等专业领域的科普内容，旨在满足用户对自然知识的探索和学习需求。天文、地理类短视频通常采用实物动画模拟加讲解的模式，生动形象地展示天体运行、地理现象等知识；而物理、化学类短视频则更倾向于通过现场试验的形式，直观地呈现物理和化学原理。在YouTube上，Minute Physics是一个专注于物理学科普的频道，主创Henry Reich拥有数学和物理双学位以及理论物理硕士学位。该频道的视频以简洁明了的方式，在几分钟内介绍某个物理学概念或现象，为观众提供了深入浅出的学习体验，如图4-1-18所示。

图4-1-18　YouTube的Minute Physics

3.生活知识类

生活知识科普类短视频是知识类短视频中较为常见的一种，这类视频所传授的知识具有很强的实用性，因此受众群体极为广泛。在YouTube上，Asap SCIENCE频道深受用户喜爱，其通过科学的方式解答了人们在日常生活中可能遇到的诸多疑惑。该频道的特色在于主要采用动画形式（包括手绘和剪纸）进行内容呈现，其可爱的画风也吸引了大量观众。因此，Asap SCIENCE的用户黏性极高，成为一个备受推崇的生活知识科普频道，如图4-1-19所示。

图4-1-19　YouTube的Asap SCIENCE

（三）运营注意事项

知识分享内容短视频中对于专业领域的结论、得出结论的数据都有很高的要求，对于视频制作者的专业性要求很高，企业若要选择做这个类型的视频，可以积极与权威的科学机构、专业领域权威人士取得联系，以便产出优质的专业性内容。

七、记录品牌价值短视频内容

（一）基本概述

塑造品牌的核心仍在于制作能够彰显品牌价值与理念的宣传视频。这种视频能够迅速有效地将品牌理念和价值观传达给大众，并在跨境受众中建立信任感，塑造独特的品牌记忆。通过视频，合作伙伴和跨境受众能在短时间内全面了解企业的概况、核心竞争力及产品布局，成为提升品牌宣传效果的重要工具，进而增强品牌的市场竞争力。

据统计，90%的跨境用户表示，他们更倾向于观看展现品牌价值的短视频。此外，96%的在线购物者认为，能够体现品牌价值的短视频有助于他们更好地了解品牌，并减少购物时的信任问题。

根据2021—2022年的YouTube观看、分享和点赞数分析，平台列举了三个优质的中国品牌价值内容短视频。这些视频在全球范围内的累计播放量已超过2亿，取得了卓越的品牌跨境宣传效果，如图4-1-20、图4-1-21、图4-1-22所示。三个例子有高度相似的成功经验，用创意的叙述手法、与观众兴趣高度相关的内容、与鲜明品牌形象巧妙融合，令消费者用户印象深刻，并让品牌价值更有意义。

图4-1-20　中国国际航空公司品牌价值内容视频

图4-1-21　Club Factory品牌价值内容视频

图4-1-22 支付宝品牌价值内容视频

（二）运营注意事项

1.结合目标用户的消费理念

品牌价值内容短视频向消费者体现的是品牌的内涵，企业需要确定好目标用户，根据目标用户的消费理念，结合品牌内涵，达到宣传最大价值，提高用户黏性，扩大市场占有率，提高转化率，为企业带来最大利益。

2.体现本土化

品牌价值内容短视频想要得到跨境用户的认可，同时让跨境用户关注到品牌产品，离不开品牌的本土化营销。比如中国家电品牌海信，在欧洲收购了高品质家电制造商Gorenje，在供应链、生产技术、营销推广上实现了本土化，完成品牌出海的核心布局。截至2023年上半年的数据，海信在德国、英国、意大利、西班牙等9个国家的销售份额位居前三。

任务实施：

通过整理上述资料，小昊对跨境电商短视频在跨境平台上的七种受欢迎类型有了深入了解。为了更好地理解这些类型，他计划整理一份关于这七种跨境电商短视频类型的基础信息一览表，见表4-1-1。

表4-1-1 跨境电商短视频类型基础信息一览表

短视频类型	特征	运营需要注意的事项

应用实操：

结合公司业务，小昊深入挖掘同类型企业的跨境电商短视频内容，分析竞品短视频的特点与优势。同学们也可以选择一个感兴趣的领域，研究并收集在该领域表现突出的竞争对手的短视频案例，见表4-1-2。

表 4-1-2 竞争对手分析表

竞争对象	主营业务	销往国家（地区）	适用人群	跨境电商短视频类型

任务评价：

项目	熟悉跨境电商短视频类型	了解短视频特点	掌握短视频运营注意事项	提出有价值的运营想法
学生自评	□优秀 □良好 □合格	□优秀 □良好 □合格	□优秀 □良好 □合格	□优秀 □良好 □合格
小组评价	□优秀 □良好 □合格	□优秀 □良好 □合格	□优秀 □良好 □合格	□优秀 □良好 □合格
教师评价	□优秀 □良好 □合格	□优秀 □良好 □合格	□优秀 □良好 □合格	□优秀 □良好 □合格
企业评价	□优秀 □良好 □合格	□优秀 □良好 □合格	□优秀 □良好 □合格	□优秀 □良好 □合格

任务二 跨境电商短视频内容策划

情境导入：

通过查阅互联网资料，小昊深入了解了不同类型的内容和受众需求，为创作提供灵感和指导。小昊在团队的支持下，开始学习短视频内容策划技巧与创作思路。

知识解析：

对于短视频运营者来说，内容创作是最大的挑战。要确保选题定位准确、能够吸引流量并提高转化率，从而实现视频营销的最大价值，需要仔细斟酌和精准策划。

一、短视频选题策划技巧

跨境电商短视频制作应遵循一个简洁明了、易于理解的框架，确保观众能够快速获取所需信息。在互联网视频平台上，信息传播具有双向选择性，用户可以根据自己的兴趣有选择性地观看视频。为了在众多类型的视频中脱颖而出，选题策划至关重要。一个好的选题能够吸引目标受众的关注，提高视频的曝光率和转化率。因此，选题策划是短视频内容创作的核心环节，直接关系到视频的传播效果和商业价值。

（一）选题原则

对短视频创作者来说，刚制作短视频时遇到的最大难题就是选题。选题就是创作内容的方向，选好了方向，内容围绕方向叙述，才能做到内容精准输出，平台才会精准推送，数据才会起来，才能达到宣传推广的效果。一个优质的选题是视频创作的根本，做跨境电商短视频选题的时候，需要把握以下原则。

1.以用户需求为前提

要有好的播放量、点击量和转化量，选题要坚持用户为导向，考虑到目标国家消费人群的喜好和痛点需求，越贴近用户粉丝的内容越能得到他们的认可，触发视频的完播率。

2.内容有输出有价值

输出的内容对用户粉丝有价值，满足用户粉丝的需求，解决用户粉丝的痛点，才能使用户粉丝有传播的欲望，触发点赞、评论、转发等用户行为，从而达到内容的裂变传播。

3.要与企业定位匹配

选题内容要和企业或者产品的定位匹配，有垂直度，才能提升企业在专业领域的影响力，塑造IP，这样才能吸引到精准的用户，提高用户的持续关注，使用户更具有黏性。

（二）选题方向

跨境电商短视频创作选题方向大概分14个类型，这14个类型还有一个共性，就是都可以将内容知识化，用知识价值来进行内容的输出和传播，内容即是价值，内容即是产品，具体的14个类型见表4-2-1。

表 4-2-1　选题类型与维度

选题类型	选题维度
剧情类	段子、街坊故事、恶作剧、文化碰撞等
娱乐类	舞蹈、唱歌、娱乐八卦、明星动态、星座分析等
影视类	电视剧、电影、综艺的解说和混剪等

续表

选题类型	选题维度
生活类	情感、美食、穿搭、美妆、母婴、健康等
新奇类	手艺、探索、技术等
文化类	历史、哲学、国学等
商业类	人物、房地产、金融证券等
资讯类	新闻、地域、时事评论等
农业类	农村、农民、农业等
科技类	人工智能、科技实验、数码产品测评等
军事类	军事新闻、军事解说、武器、军事历史等
游戏类	竞技游戏、网络游戏、创意游戏、游戏解说等
宠物类	宠物表演、宠物日常等
体育类	体育赛事、赛事解说、体育新闻等

在跨境电商短视频的选题类别中，剧情、娱乐、影视、生活以及商业类内容占据了主导地位，这些类别不仅易于产生具有影响力的头部大号，还能有效解决大部分人群在工作与生活中的问题并满足其需求。同时，互联网短视频领域中还有两个较为特殊的类别，财经和健康。对于这两个领域的创作者，平台会要求他们具备相关领域的专业资质才能进行内容创作。

选题的过程实际上就是选择"赛道"的过程。不同的"赛道"具有不同的上限（如粉丝量、变现能力）和运营机制。因此，对于短视频创作者来说，选择适合自己的"赛道"至关重要，这不仅关系到内容创作的方向和策略，还直接影响到最终的粉丝积累和商业转化效果。

（三）制作选题库

1.爆款选题库

关注跨境电商短视频平台的各大热门话题榜单，比如TikTok、YouTube、Instagram的各类热度榜单，掌握热点话题，熟悉热门内容，选择合适的角度进行选题创作和内容生产，热度越高的内容选题越是容易引起用户的兴趣。

2.常规选题库

注重积累很重要，不管是对身边的人、事、物，还是每天接收到的外部信息，都可以通过价值筛选整理到自己的常规选题库中，还可以通过专业性和资源性筛选整理到选题库中。

3.活动选题库

节日类活动选题，可以提前布局，比如中秋、国庆、春节、情人节等大众关心的节日话题；另一个活动选题来源各短视频平台，平台官方会不定期推出一系列话题活

125

动，用户根据自身的情况参与平台话题活动，可以得到流量扶持和现金奖励。

（四）注意的问题

1.选择熟悉的领域

在制作短视频时，我们不需要成为某个领域的专家，但需要深入了解该领域用户的需求和兴趣。基于这些需求，我们选择有针对性的视频内容，使其更符合企业的定位和形象。同时，我们要思考企业在这个领域中的优势和经验，如何为用户提供价值。通过这样的思考，我们可以快速确定与企业相匹配的选题，从而更好地塑造企业的品牌形象。

2.选题应有趣、有话题性

为了吸引用户的关注并增加粉丝数量，我们应选择新奇、幽默、有趣、有价值和有意义的内容。这些元素能够激发用户的兴趣，使他们成为粉丝，并为我们带来更多的流量。

在选择跨境电商短视频的主题时，我们应考虑该主题是否具有讨论价值，能否引发用户和粉丝的讨论。为了增加话题的传播，我们应该选择具有话题性和争议性的主题。这样，用户就能有话可说、有话可写，并积极参与讨论，进一步增加话题的曝光度。

3.选择用户关心的内容

选择与用户息息相关的内容，这些内容往往自带热度，能够引发用户的共鸣。借助热点话题，我们可以迅速吸引用户的关注，从而获得更多的流量。从用户的角度出发，热点话题能够迅速抓住他们的眼球，增加视频的曝光度和关注度。而从平台的角度来看，热点话题具有高关注度，能够提高视频的完播率、点赞量、评论量和转发量，从而增加视频在平台上的推荐机会。

4.远离敏感词汇

跨境电商短视频平台对敏感词汇有限制，如果在标题、字幕、评论或直播间文字中出现这些词汇，可能会导致短视频被限制流量。因此，我们需要密切关注各平台的动态，了解平台官方的通知，以确保我们的内容不违反平台的规则，避免被封号或封禁。通过遵守平台的规范，我们可以增加视频曝光度，吸引更多的目标受众。

二、短视频内容创作思路

内容创造力是打造爆款短视频的最基本、最核心的决定性因素。短视频内容创作者要踏实做好剧本创作这个核心的工作。扎实做内容，是短视频运营前期不可缺少的一个准备。以带货视频为例介绍创作视频内容思路。

（一）选定主题

确定想要呈现的主题，可以是旅行、文化差异、美食、风景等跨境相关的内容。

确保选择一个有吸引力且与目标受众相关的主题。研究目标市场，了解目标市场的文化、价值观和兴趣。这将帮助创作出更具吸引力和相关性的内容。

（二）视频构思

根据选定的主题和目标市场的研究结果，构思的视频内容。考虑如何以有趣、独特和引人瞩目的方式呈现跨境元素。

（三）脚本和故事板

撰写脚本和制作故事板，以确保视频有清晰的结构和流畅的叙述。规划好每个场景的内容、镜头和对白，以及视频的整体节奏和时长。

（四）拍摄和后期制作

使用高质量的摄影设备进行拍摄，并确保图像和声音的清晰度。在后期制作过程中，对视频进行剪辑、修复色彩和音频，添加字幕和特效等。

（五）利用跨境元素

利用跨境元素来增强的视频，可以包括展示不同国家的景点、传统服饰、当地美食等，通过对比，突出不同文化之间的差异和魅力。

（六）语言和字幕

如果视频包含不同语言的对白或解说词，考虑添加字幕或提供多语言版本，以便创作出更多观众能够理解和欣赏的内容。

（七）创新和创意

尝试运用不同的创意和技巧来制作独特的视频，以吸引观众的注意力。可以使用剪辑、动画、时间流逝等视觉效果，以及音乐和声音的搭配，来打造与众不同的内容。

（八）推广和分享

在适当的社交媒体平台上分享的视频，并利用相关的标签和关键词来提高曝光度。与其他创作者和观众互动，积极回应评论和建议，以建立忠实的观众群体。

跨境电商短视频的内容创作需要有创意和独特性，同时要考虑目标受众的兴趣和文化背景。通过精心策划、拍摄和后期制作，利用跨境元素和创新技巧来制作吸引人的视频，同时积极推广和分享，扩大观众群体。

任务实施：

小昊根据公司产品，提炼产品卖点，精心设计选题策划表，明确短视频创作的方向，确保能精准有效地传达公司产品的独特价值和优势。同学们也可以选择感兴趣的领域。

第一步，提炼公司产品卖点，见表4-2-2。

表 4-2-2　产品卖点提炼

给予消费者明确利益承诺	
利益是否是唯一的、独特的	
用户是否真正在意，并能成交	

第二步，选题策划，见表4-2-3。

表 4-2-3　选题策划表

短视频内容选择方向	
收集素材	
是否结合目标用户需求	

应用实操：

小昊认真学习上述与热点相关知识要点，打算在各大平台中寻找与公司产品相关的热点话题。他仔细分析每个热点的热度、影响力和潜在的用户参与度，以确定最能引起目标受众关注的话题。通过选择与产品紧密相关的热点话题，小昊希望能将公司的品牌形象与热门话题相结合，提高品牌知名度和用户互动，并将收集的热点整理见表4-2-4。

表 4-2-4　各大平台跟产品相关的热点收集表

Google Trends	
Youtube	
BuzzFeed Trending	
Twitter	
TikTok Trending	

任务评价：

项目		能为产品提炼卖点	善于做选题策划	善于寻找平台热点	能按照要点、热点提炼剧本并拍摄
学生自评		□优秀	□优秀	□优秀	□优秀
		□良好	□良好	□良好	□良好
		□合格	□合格	□合格	□合格
小组评价		□优秀	□优秀	□优秀	□优秀
		□良好	□良好	□良好	□良好
		□合格	□合格	□合格	□合格

项目	能为产品提炼卖点	善于做选题策划	善于寻找平台热点	能按照要点、热点提炼剧本并拍摄
教师评价	□优秀	□优秀	□优秀	□优秀
	□良好	□良好	□良好	□良好
	□合格	□合格	□合格	□合格
企业评价	□优秀	□优秀	□优秀	□优秀
	□良好	□良好	□良好	□良好
	□合格	□合格	□合格	□合格

任务三 跨境电商短视频脚本撰写

情境导入：

在开始跨境电商短视频的拍摄与剪辑之前，撰写短视频脚本的关键性不容忽视。作为策划、拍摄与剪辑之间的桥梁，脚本的质量直接关系到短视频内容的最终呈现效果。因此，小昊决定深入学习跨境电商短视频脚本的撰写技巧，以确保短视频的内容能够准确地传达策划的意图，并达到预期的呈现效果。

知识解析：

在"万物皆媒"的时代，短视频已经成为人们表达和交流的重要工具。随着经济的发展，跨境电商短视频也迎来了红利期。然而，想要在这个时代脱颖而出，输出优质的内容仍然是关键。虽然短视频的时间很短，但优秀的短视频每一个细节都经过精心策划和打磨。对于新手来说，掌握拍摄技巧和设备固然重要，但最重要的是视频的内容。而一个完整的脚本是创作优秀短视频内容的基础。因此，为了制作出引人入胜的短视频，我们需要优化表述，精心打磨每一个镜头和画面。只有这样，才能在短视频时代中脱颖而出，抓住观众的注意力，实现商业价值。

一、短视频脚本定义

短视频脚本是指在制作短视频时所编写的文本稿件，用于指导拍摄和剪辑过程。它包含短视频的场景描述、对话内容、动作指示等元素，帮助视频创作者明确每个镜头的内容和表现方式。

此外，短视频脚本也可以被视为一种文学脚本，它描述了视频中需要呈现的内容、情节和对话等要素。通过文字描述,制作人员可以更好地组织视频内容,提高视频的质量和效果。

二、写脚本准备工作

(一)准备工作要点

1.确定视频定位

通常,短视频账号都会有明确的账号定位,如美食类、服饰穿搭类、职场类、生活小技巧分享类、街头访问类等。所以,在撰写短视频内容之前,都要基于账号定位,不管是平台还是用户,都喜欢垂直内容,这是毋庸置疑的。

2.确定视频主题

主题赋予内容定义。基于上面的账号定位,确定具体的短视频拍摄,定下主题。比如彩妆分享类账号,拍摄一个干皮底妆种草分享,这就是具体的视频主题。

3.安排好视频拍摄时间

如果短视频需要多人或者与别人合作拍摄,需要提前安排好视频拍摄时间,做好可落地的拍摄方案。

4.找好视频拍摄地点

拍摄地点是在室内场景还是在室外场景,在街道还是在广场等都要提前确定,因为部分拍摄地点需要提前预约或沟通,这样才能不影响拍摄进度。

5.参考/借鉴优秀视频

刚开始接触短视频制作时,预想的视频拍摄效果和最终出来的效果总是会存在差异。这时,建议提前学习一些视频拍摄手法和技巧,具体内容在本项目的下一个任务详情介绍。

6.背景音乐

背景音乐是一个短视频拍摄必要的构成部分,配合场景选择合适的音乐非常关键。

(二)撰写脚本的流程

确定目标受众,明确目标受众,了解他们的兴趣、需求和文化背景。了解受众有利于选择适当的故事情节、语言风格和表达方式。

确定主题和目标,明确视频传达的主题和目标。这有助于在脚本中聚焦核心内容,并确保所有元素都为实现这个目标提供支持。

研究和收集素材,进行研究,收集与主题和目标相关的素材,可以包括文字、图片、视频片段、音频等。通过收集素材,可以获得灵感和参考,并更好地了解需要表达的内容。

构思和头脑风暴,在撰写脚本之前,进行构思和头脑风暴。思考不同的故事情节、角色和场景，并尝试找到最能引起观众兴趣的创意和独特性。

设定故事结构，确定视频的故事结构，包括引入、发展和结尾。确保有一个清晰的起承转合，使观众能够跟随故事情节的发展。

制订大纲和脚本结构，制订一个大纲，列出视频的整体结构和关键要点。根据大纲撰写脚本，包括对话、场景描述和动作指示等。

确定时间长度，根据平台和目标受众的要求，确定视频的时间长度。有助于在脚本中管理和分配内容，在规定的时间范围内传达信息。

通过进行上述准备工作，能够有条理地撰写跨境电商短视频脚本，并确保能够有效地传达准确信息和故事情节。同时，注意灵活调整和优化脚本，以适应不同平台和观众的需求。

三、脚本结构和形式

（一）脚本的基本要素

镜头景别，远景、全景、中景、近景、特写等，镜头景别可以一种也可多种组合。

内容，把想要表达的想法通过各种场景方式进行呈现。具体来讲就是拆分剧本，把内容拆分在每一个镜头里面。

台词，台词是为镜头表达准备的，起到画龙点睛的作用，建议60秒的短视频，文字不超过180个字。

时长，这个时长指的是单个镜头的时长，提前标注清楚，方便在剪辑的时候，找到重点，提高剪辑工作效率。

运镜，运镜指的就是镜头的运动方式，有从近到远、从上到下、低角度、环绕、平移推进、跟拍、仰拍、航拍等。

机位，一般有固定机位、正前、平拍、后方、侧面等。

道具，可以选择的道具有非常多种，玩法也非常多，但是需要注意的是，道具起到的是画龙点睛的作用，不是画蛇添足。别让它抢了主体的风采。

常见的短视频脚本常借助Excel表格，包括镜头序号、拍摄手法、景别、时长、画面内容、机位、背景音乐、音效、备注等，但仅仅知道景别，运镜、机位的类型名称远远不够，还需要掌握具体拍摄技术和方法，这是进一步要重点学习的内容，下一个任务详细介绍。

总体来说，写短视频脚本，要遵循的规则就是形式上化繁为简，内容上尽量丰富、完整。根据短视频的特性，创造出适合账号的短视频脚本。

（二）三种常见的短视频脚本形式

1.提纲脚本

提纲脚本无法提供精确的拍摄方案，仅适合街头采访、景点探访或讲解等采用纪实手法拍摄的短视频。表4-3-1是典型的提纲脚本范本。

表 4-3-1　典型提纲脚本范本

时间线	拍摄场景	大致内容
到达	拍摄漫广场	介绍 M+Park 漫广场的总体情况，介绍漫广场的设计灵感
探寻音乐文化广场	拍摄音乐文化广场	介绍音乐文化广场的设计理念、相关人文风情等内容
寻访美食	拍摄米其林星级餐厅	介绍米其林星级餐厅的大致情况和经典美食
"网红"点打卡	拍摄集装箱商业街	介绍集装箱商业街的建筑原理和拍摄点
精品购物	拍摄精致商业门店	介绍 M+Park 漫广场的总体布局、品牌商家、商品类型
结束	航拍 M+Park 漫广场	总结 M+Park 漫广场的游玩体验

2.文学脚本

文学脚本是在各种小说、故事等文学作品的基础上修改而来的脚本，它不像分镜头脚本那么细致，适用于无剧情的短视频，如教学视频、测评视频等。

文学脚本只需要规定出镜人物的动作、台词以及拍摄的景别和镜头时长即可，可以把它看成简化版的分镜头脚本。

3.分镜头脚本

分镜头脚本主要包括对镜头、景别、运镜方式、拍摄内容、台词剧本、镜头时长、背景音乐等的要求，不仅包括完整的故事，还需要把故事内容转变成可以指导拍摄的每一个镜头，让拍摄团队可以根据脚本准确完成整个视频内容的拍摄工作。表4-3-2为非遗植物染连衣裙短视频的分镜头脚本。

表 4-3-2　非遗植物染连衣裙短视频的分镜头脚本

镜号	镜头	景别	拍摄内容	台词剧本	时长	背景音乐
1	推镜头（由远至近）	全景	非遗植物染连衣裙的展示	"今天，我们将为您介绍一款充满文化韵味的非遗植物染连衣裙。"	3秒	轻松的背景音乐
2	旋转镜头	中景	非遗植物染连衣裙的细节展示（如花纹、图案等）	"这款连衣裙采用了传统的植物染技术，每一处细节都凝聚着匠人的心血和智慧。"	7秒	无声或轻微音乐
3	移镜头	特写	非遗植物染连衣裙的制作过程（如染色、晾晒等）	"让我们一起走进非遗植物染连衣裙的制作过程，感受传统工艺的魅力。"	10秒	无声或轻微音乐
4	拉镜头（由近至远）	中景	穿着非遗植物染连衣裙的模特走动展示	"这款非遗植物染连衣裙不仅是一件美丽的服饰，更是一种文化的传承。"	5秒	无声或轻微音乐
5	推镜头（由远至近）	全景	非遗植物染连衣裙的市场前景和文化价值（如受消费者欢迎、成为时尚焦点等）	"这款非遗植物染连衣裙不仅受到消费者的热烈欢迎，更是成为时尚界的焦点。"	5秒	无声或轻微音乐

镜号	镜头	景别	拍摄内容	台词剧本	时长	背景音乐
6	移镜头	特写	非遗植物染连衣裙的保养和护理技巧（如清洗、保养等）	"让我们一起了解如何保养和护理这款充满文化韵味的非遗植物染连衣裙。"	5秒	无声或轻微音乐
7	拉镜头（由近至远）	全景	结尾镜头，展示品牌商标和联系方式等信息。旁白："感谢收看，如果您还有其他问题，欢迎随时联系我们。"随后展示品牌商标和联系方式等信息	"如果您对这款非遗植物染连衣裙感兴趣，或者想了解更多关于我们的信息，请关注我们的社交媒体平台或联系我们。再见啦！"	5秒	背景音乐在结束时渐弱至无声

请注意，以上表格只是一个示例，对于每个镜头的拍摄内容、台词/剧本、镜头时长和背景音乐等都需要进行详细的规划和准备，以确保整个视频内容的准确性和一致性，通常也会根据实际需求和资源进行调整。在实际制作过程中，还需要根据具体的拍摄环境和条件进行灵活的调整和变化。通过分镜头脚本的撰写和执行，可以有效地指导拍摄团队完成整个视频内容的拍摄工作，提高视频的质量和效果。

任务实施：

在掌握了跨境电商短视频脚本撰写的基本内容后，小昊开始结合公司的产品，同学们也可以结合自己感兴趣的领域，进行短视频脚本的创作。实训步骤如下。

1.确定主题

根据公司的产品特点或感兴趣的领域，选择一个具有吸引力和潜在价值的主题。

2.撰写提纲

列出短视频的主要内容，包括要传达的信息、要展示的元素和要表达的情感。

3.创作文学脚本

根据提纲，编写具体的对话、动作和场景描述，确保内容连贯、有趣并具有吸引力。

4.修订和完善

在完成初稿后，进行修订和调整，确保脚本内容与主题紧密相关，同时提高其专业性和吸引力，为了更好地掌握脚本撰写技巧，还可以组织小组交流讨论环节，如小组讨论、头脑风暴、角色扮演等，以激发创意和改进脚本内容。

通过以上实训步骤，小昊能够更好地掌握跨境电商短视频脚本撰写的技巧，并创作出高质量的短视频内容，为公司的产品推广和营销活动提供有力支持。

应用实操：

在创作短视频脚本的过程中，小昊深知"知己知彼，百战百胜"的道理。为了更好地了解市场和竞争对手，他不仅完成了针对公司产品的脚本创作，还主动学习了同类账号的优秀视频。

他选择某一个具有代表性的视频进行分析，逐一拆解这些作品的构成元素。通过对内容、结构和表现形式的深入研究，小昊深入理解了优秀视频背后的创作思路和技巧，也意识到要创作出吸引人的短视频，必须关注受众需求、情感诉求以及内容要点。

表 4-3-3　同类优秀短视频脚本

镜号	景别	运镜	画面内容	解说	时长	背景音乐	备注

任务评价：

项目	了解企业短视频创作思路	能按创作思路制订脚本	整体完成度高
学生自评	□优秀	□优秀	□优秀
	□良好	□良好	□良好
	□合格	□合格	□合格
小组评价	□优秀	□优秀	□优秀
	□良好	□良好	□良好
	□合格	□合格	□合格
教师评价	□优秀	□优秀	□优秀
	□良好	□良好	□良好
	□合格	□合格	□合格
企业评价	□优秀	□优秀	□优秀
	□良好	□良好	□良好
	□合格	□合格	□合格

任务四　跨境电商短视频拍摄技巧

情境导入：

小昊明白，满足市场受众需求只是短视频创作的起点，如何通过拍摄手段将内容呈现出来才是关键。作为实习生，他积极整理短视频拍摄的知识，并付诸实践。他相信通过不断的实践和学习，能够掌握拍摄技巧，为后续的短视频创作提供有力支持。

知识解析：

在跨境电商短视频的拍摄过程中，掌握光线、构图、方位与角度、景别与运镜等技巧至关重要。光线是拍摄中照明和造型的关键因素，它能够影响被摄物体的形态、空间位置、画面影调、质感以及气氛的营造，从而传达作品的主题思想和情感。

构图则是对画面中各元素的组织和配置，以更好地表达作品的主题和美感。拍摄的角度和方位选择直接影响到构图的效果，进而影响视频画面的呈现。选择合适的景别并掌握娴熟的运镜技巧也是提升视频质量的关键因素。

通过熟练运用这些技巧，拍摄者能够制作出精美的跨境电商短视频，吸引目标受众的关注，提高视频的曝光率和转化率。

一、短视频拍摄光线

光线是完成摄影技术，继而实现画面艺术造型的一种重要的手段。从光线的类型来说可以分为顺光、逆光、侧光、侧逆光、前侧光、顶光和底光。

（一）顺光

顺光是指光线顺着镜头方向投射而去的光。被摄对象受光面比较大，能较好地表现被拍摄对象。但画面明暗反差弱，立体感弱。

（二）逆光

逆光是指从被摄物后面出现，光线照射到镜头上的光。逆光可勾画物体侧影和轮廓，还可突出物体的质感和形状，清楚地展示对象的线条。逆光照片的光线较弱，立体感较差，影调比较阴沉。

（三）侧光

侧光是指光线从相机左侧或右侧照射来的光。侧光的特点是一半受光，一半阴影，产生明显的对比，适合拍摄突出立体感的主体。

（四）侧逆光

侧逆光是指光线从相机左前方或右前方照射而来的光。光线会使侧面产生亮度，另一边比较暗，整体照片影调阴沉，会形成较为特别的影调效果。

（五）前侧光

前侧光是光线从相机左后方或右后方投向被摄对象的光。被摄对象受光面积大，照射范围广，照片较为明亮，既能保留明快影调，又能展现立体形态。

（六）顶光和底光

顶光是光线从被摄物上方照射而来的光。顶光拍摄易形成较强的阴影。

底光是光线从被摄下方照射而来的光。底光用在拍摄特殊题材表达上，底光拍摄比较少。

二、短视频拍摄构图

（一）构图的基本原则

构图是指短视频拍摄中，根据拍摄题材和主题思想的要求，把眼前现有的景物，适当地进行规划、组织和排列，并利用相机的成像技术特点进行渲染，使之形成一个协调、完整，具有一定艺术形式的画面。常见的构图基本原则有以下三点。

1.主题鲜明，突出主体

构图时将主体放在视觉中心，强调主体对象。

2.化繁为简，适当留白

在构图时尽量将画面中对主体有干扰的杂乱元素去掉，只保留主体和对主体有衬托作用的元素。

3.均衡和谐，稳定自然

构图时要跟观者的视觉习惯相匹配，使主体跟画面中其他元素能产生呼应，整体画面在视觉上形成稳定自然之美。

（二）构图的形式

基于构图的基本原则，常见的构图形式有九宫格构图、斜线构图、曲线式构图和对称式构图等。

1.九宫格构图

九宫格构图指的是将拍摄画面按横竖三等分的比例分割后，把被摄对象置于画面的任意一条三分线位置。这种构图形式能够在视觉上带给人愉悦和生动的感受，避免主体居中而产生的呆板感。

2.斜线构图

斜线构图是指把拍摄对象放在画面对角线上，有效利用画面对角线的长度。该构图方式的特点是避开了左右构图的呆板感觉，形成视觉上的均衡和空间上的纵深感，如图4-4-1所示。

3.曲线式构图

曲线式构图是指拍摄画面呈曲线的构图形式，如S形曲线，使整个画面看上去有韵律感与活力感，产生优美、雅致、协调的感觉，使画面显得更生动，如图4-4-2所示。

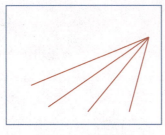

图4-4-1　斜线构图

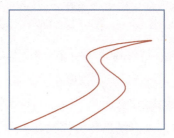

图4-4-2　曲线式构图

4.对称式构图

对称式构图是指拍摄对象在画面的正中垂线两侧或正中水平线上下，对等或大致对等，如图4-4-3所示。对称式构图可以给画面带来一种庄重、肃穆的气氛，具有平衡、稳定、相对的特点。它的不足之处在于，画面显得有些呆板，缺少变化，缺少画面冲击力。

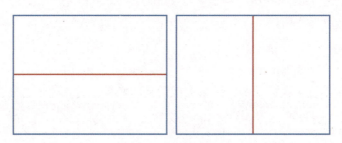

图4-4-3　对称式构图

三、拍摄方向与角度

（一）拍摄方向

拍摄方向是指以被摄对象为中心，在同一水平面上围绕被摄对象四周选择摄影点。在拍摄距离和拍摄高度不变的条件下，不同的拍摄方向可展现被摄对象不同的侧面形象，以及主体与陪体、主体与环境的不同组合关系变化。常见的拍摄方向有正面拍摄、侧面拍摄和背面拍摄。

1.正面拍摄

正面拍摄是指与被摄对象正面成垂直角度的拍摄位置，主要表现某对象正面具有典型性的形象。

2.侧面拍摄

侧面拍摄包括正侧面和斜侧面，一般是指与被摄对象侧面成垂直角度的拍摄位置，主要表现某些对象的侧面具有典型的形象。侧面角度相较正面角度有较大的灵活性，在侧面垂直角度左右可有一些变化，以获得最能表现对象侧面形象的拍摄位置，也能给画面一种延伸感、立体感。

3.背面拍摄

背面拍摄是指与被摄对象背面成垂直角度的拍摄位置，主要用于表现某对象的全貌。

（二）拍摄高度

在拍摄前观察被摄物体，选择最能表现其特征的高度。常见拍摄高度平拍、仰拍和俯拍。

1.平拍

平拍是指摄像机与被摄对象处于同一水平线的一种拍摄角度，画面效果接近人们观察事物的视觉习惯。

2.仰拍

仰拍是指摄像机从低处向上拍摄。仰摄适于拍摄高处的景物，能够突出主体，使拍摄对象显得更加高大雄伟。

3.俯拍

与仰摄相反，摄像机由高处向下拍摄，给人以低头俯视的感觉，常用于拍摄位置较低的物体。俯摄镜头视野开阔，用来表现浩大的场景，有其独到之处。

四、拍摄景别与运镜

（一）拍摄景别

景别是指在焦距一定时，由于摄影机与被摄体的距离不同，而造成被摄体在摄影机录像器中所呈现出的范围大小的区别。在短视频拍摄中，摄影师利用复杂多变的场面调度和镜头调度，交替地使用各种不同的景别，增强视频的表现力和感染力。景别的划分是相对而言的，常见的拍摄景别有远景、全景、中景、近景和特写。

1.远景

远景是摄影机远距离拍摄事物的镜头。一般用来表现远离摄影机的环境全貌，展示人物及其周围广阔的空间环境，自然景色和群众活动大场面的镜头画面。画面给人以整体感，细部却不甚清晰。

2.全景

全景用来表现场景、物体的全貌或人物的全身动作。全景画面中包含的物体或人物全貌，既不像远景那样由于细节过小而不能很好地进行观察，又不会像中近景画面那样不能展示人物全身的形态动作。在叙事、抒情和阐述人物与环境的关系的功能上，起到了独特的作用。

3.中景

中景画面是指画框下边卡在膝盖左右部位或场景局部的画面。和全景相比，中景包容景物的范围有所缩小，环境处于次要地位，重点在于表现人物的上身动作。中景在视频拍摄中占的比重较大，它将拍摄对象的大概外形展示出来，在一定程度上显示了细节，是突出主体的常见镜头。

4.近景

近景指拍到人物胸部以上或物体的局部。近景能很好地表现对象特征、细节等，也不会让画面看起来那么满，有更大的信息承载力。

5.特写

特写是取景只有某个局部，虽然画面不完整，但是它可以放大信息量，让人快速地把注意力集中到这个信息点上，不会被别的东西干扰。

（二）运镜方式

运镜也叫运动镜头，主要是指镜头自身的运动，在短视频作品中，处于静止状态的画面镜头是不多见的，大部分是运动镜头。常见的运动镜头有推拉镜头、移动运镜、跟随运镜、穿运镜和环绕运镜等。

1.推拉运镜

推拉运镜是拍摄中运用最多的手法，推镜头是从较大的场景逐渐转换为局部特写的场景，被摄主体从小变大，如图4-4-4所示。拉镜头的运动方向与推镜头相反，被摄主体从特写逐渐拉开成远景，一般用来交代被摄主体所处的环境，也常用于视频结尾。

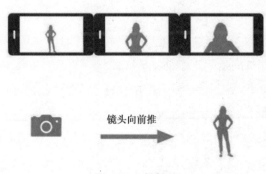

图4-4-4　推镜头

2.移动运镜

"移"可以理解为平行移动，移动的方向可以是横向，也可以是纵向，或者倾斜一定的角度。但是移动的轨迹要以直线为主，不要无规则地移动，如图4-4-5所示。

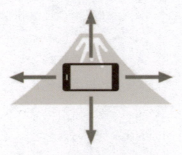

图4-4-5　横向和纵向移动镜头

横移运镜跟推拉运镜相似，只是运动轨迹不同，推拉运镜是前后运动，横移运镜则是左右运动，主要是为了表现场景中人物之间的空间关系，常用于视频的中间。

纵移镜头是一种特殊的拍摄方式，需要结合稳定器或延长杆来进行拍摄。随着镜头的高度变化，所呈现的画面也是极具视觉冲击力，给人一种新奇而深刻的感受。

3.跟随运镜

跟随运镜就是镜头跟随被摄主体移动，可以从人物正反方向进行跟随拍摄，但是要确保与拍摄主体保持相同的移动速度，如图4-4-6所示。

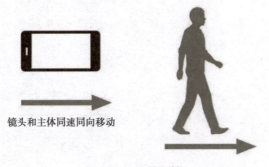

镜头和主体同速同向移动

图4-4-6　跟随运镜

4.穿运镜

"穿"可以理解为穿越、穿过的意思，当拍摄的时候，需要在手机和拍摄主体之间寻找一个前景，要穿越的就是这个前景。

"穿"的运镜技巧可以让视频画面增加层次感和空间感，因为有了前景的衬托，有了远近的对比，才能让画面有身临其境的代入感。但是前景不能喧宾夺主，它只是起到衬托的作用，比如栏杆的缝隙、门窗、树叶的缝隙等都可以作为前景来使用。拍摄的时候结合"推"和"拉"的运镜技巧，穿过前景，然后聚焦在拍摄主体上，如图4-4-7所示。

5.环绕运镜

环绕运镜就是在一定角度的情况下，镜头围绕拍摄主体旋转一圈拍摄，环绕半径要保持一致，旋转速度要相同，如图4-4-8所示。

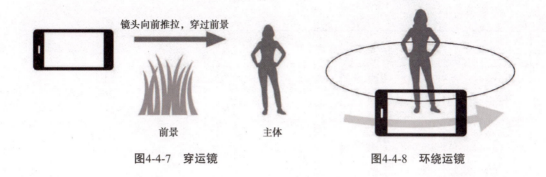

图4-4-7 穿运镜　　　　　　　　图4-4-8 环绕运镜

五、拍摄的注意事项

对于不涉及动画和特定效果等复杂技术的中小企业卖家，使用手机拍摄视频并利用简单的后期制作软件如剪映、VUE、快剪辑等是一个经济高效的选择。但务必确保遵循跨境视频平台的规则，调整分辨率和规范视频格式以满足平台要求。在拍摄过程中，光线是影响视频清晰度和美感的关键因素。合理利用光线能够提升视频的整体质量，从而在第一时间吸引观众的注意力。构图在拍摄中同样重要。通过精心设计镜头内的景物布局和光线的运用，可以突出主题、引导视线，并美化整体画面。良好的构图能够使画面更具吸引力和美感。运用运镜技巧可以为视频增添动感和专业性。通过推、拉、摇、移等镜头运动方式，可以有效提升视频的质量和观感。别忘了利用特效来增强视频的表现力。特效和滤镜已经成为后期制作中不可或缺的元素，它们能够为视频增添额外的视觉效果和氛围，进一步提升视频的吸引力。

任务实施：

在掌握短视频拍摄技巧后，小昊结合"染雅服饰"公司的定位或同学们也可以选择感兴趣的领域，设计一份完整的分镜头脚本，见表4-4-1。在完成脚本后，选择合适的拍摄设备进行实践，并分享交流拍摄完成的作品。

表 4-4-1　分镜头拍摄脚本

镜号	景别	运镜方式	机位	画面内容	解说	时长	背景音乐	备注

应用实操：

结合公司产品定位，根据之前确定好视频内容选题，开展系列脚本创作并完成拍摄，拍摄结束后，进行交流分享展示，作品不少于3个。

任务评价：

项目	了解不同产品类型的特点	能依据特点完成短视频的拍摄与创作	整体完成度高
学生自评	□优秀	□优秀	□优秀
	□良好	□良好	□良好
	□合格	□合格	□合格
小组评价	□优秀	□优秀	□优秀
	□良好	□良好	□良好
	□合格	□合格	□合格
教师评价	□优秀	□优秀	□优秀
	□良好	□良好	□良好
	□合格	□合格	□合格
企业评价	□优秀	□优秀	□优秀
	□良好	□良好	□良好
	□合格	□合格	□合格

任务五　跨境电商短视频剪辑技巧

情境导入：

为了更好地呈现视频内容并满足市场受众的需求和短视频平台的规范，小昊对拍摄后的素材进行了仔细的整理和筛选。为了实现这一目标，短视频运营者必须具备一定的视频剪辑技能。为此，小昊选择了易于使用的剪映软件来进行视频剪辑工作。掌握一款高效的视频剪辑工具是短视频运营的基本技能，能够帮助运营者更好地编辑和优化视频内容，提升视频的质量和吸引力。剪映软件是一款功能强大且易于上手的工具，适合初学者和专业人士使用，能够帮助小昊快速完成视频剪辑任务，呈现最佳的视频效果。

知识解析：

短视频作品的成功离不开剪辑这一关键环节。创作者需要借助剪辑软件对视频素材进行一系列操作，包括设计转场、添加声音和字幕等，以提升视频的观感和吸引力。剪辑的基本流程和技术要点包括选择合适的剪辑软件、导入素材、调整剪辑顺序、剪裁和拼接镜头、添加特效和音效等。此外，掌握重要的剪辑要点对创作出优秀的作品至关重要。一个吸引人的片头设计能够为视频带来更好的推广效果，因此创作者需注重片头的创意和设计。通过精心剪辑，创作者能够将视频素材转化为引人入胜的作品，吸引观众的关注并提高视频的传播效果。

一、短视频剪辑软件

以剪映为例，剪映是一款功能强大、简单易上手、免费的视频编辑器，具备全面的剪辑功能，支持变速，滤镜和美颜效果，丰富的曲库资源，可实现添加字幕、多语言自动生成支持等功能。

（一）剪映的控制面板

剪映采用直观、全能易用的创作面板，主要分为素材、播放、功能和时间线4个面板区域，如图4-5-1所示。

图4-5-1　剪映的控制面板

（二）素材面板

素材面板，可导入自行拍摄的图片和视频等素材，同时为视频创作者提供丰富的图片、视频、音效、音乐、文字等素材，且支持多种转场、滤镜和模板功能，如图4-5-2所示。

图4-5-2　素材面板

（三）播放面板

导入视频素材后，可在播放面板实时查看视频内容及效果，如图4-5-3所示。

图4-5-3　播放面板

（四）功能面板

功能面板提供了画面、音频、变速、动画、跟踪和调节六大功能，如图4-5-4所示。支持视频创作者对视频画面进行抠像、美颜、变速、添加动画效果，音频降噪变声等操作。

图4-5-4　功能面板

（五）时间线面板

时间线面板主要有分割、裁剪、旋转、镜像、倒放、定格、删除和录音等功能，如图4-5-5所示。

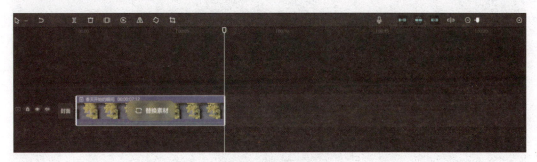

图4-5-5　时间线面板

二、短视频剪辑流程

在剪映中剪辑视频的流程主要分为导入素材、编辑视频和导出作品。下面以某一素材为例，梳理剪辑基本流程。

（一）导入素材

点击素材面板中的"媒体"菜单，导入视频、图片或音频素材，如图4-5-6所示。

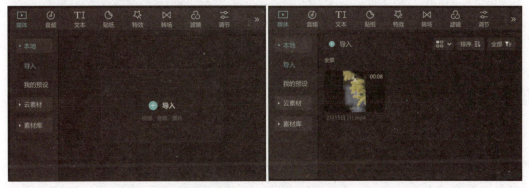

图4-5-6　"媒体"菜单

（二）编辑视频

点击素材按住鼠标左键不放，拖动素材至时间线面板，即可通过时间线面板中和功能面板中对视频进行编辑。

1.裁剪与组合素材

移动时间线面板中白色的线至素材中的删除节点，点击"分割"按钮，再选择要删除的视频片段，点击"删除"按钮，即可将素材中不符要求的片段裁剪掉，如图4-5-7所示。

图4-5-7　裁剪与组合素材1

点击素材面板的素材，按住鼠标左键不放拖动至时间线面板中的需组合视频的节点，即可将不同素材组合在一起，如图4-5-8所示。

图4-5-8　裁剪与组合素材2

2.添加转场与特效

点击时间线面板的视频片段，再点击素材面板中的"转场"或"特效"选项，单击所要添加的"转场"或"特效"效果，即可为视频片段设置指定的转场或特效效果。

3.添加字幕

点击素材面板中"文本"选项，拖动所要的文本效果至时间线面板某一视频节点，再在功能区面板设置文本的内容、字号和颜色等效果，即可为视频片段设置指定的文字效果，如图4-5-9所示。

4.添加配乐

点击素材面板中"音频"选项，拖动所要的音乐或音效素材至时间线面板某一视频节点，可对音乐或音效素材进行裁剪等操作，再在功能区面板设置音乐或音效的音量和降噪等效果，即可为视频片段设置指定的音乐或音频效果，如图4-5-10所示。

图4-5-9 添加字幕

图4-5-10 添加配乐

5.输出影片

在播放区面板确认视频效果后，点击控制面板中的"导出"按钮，可在"导出"对话框中设置所需的视频格式，如分辨率和格式等，设置完成后，点击对话框中的"导出"即可输出视频，如图4-5-11所示。

图4-5-11　输出影片

三、剪辑的技术要点

（一）剪辑节奏和节拍

节奏感，根据视频的主题和情感，选择合适的节奏和速度。快速剪辑可以增加紧张感，慢速剪辑可以增加戏剧感。

节拍匹配，视频剪辑与背景音乐的节拍进行匹配，创造出更具冲击力的观看体验。

视频剪辑有故事叙述以引导观众，确保视频有一个明确的起承转合，引导观众理解所要传达的信息或故事。

视频顺序，调整镜头的顺序，以构建一条连贯和引人入胜的故事线。

（二）剪辑的视觉效果

过渡效果，使用过渡效果（如淡入淡出、切割、擦除等）来平滑切换镜头，避免突兀感。

颜色校正和滤镜，调整视频的色彩和色调，增强视觉效果。可以使用滤镜和调色板来实现特定的视觉风格。

（三）剪辑的音频处理

背景音乐，选择合适的背景音乐，与视频的主题和情感相匹配，以增强观看体验。

音频剪辑，确保音频的清晰度和平衡，调整音频的音量和混响效果。

（四）剪辑的字幕和标注

字幕添加，为视频添加字幕，使观众更好地理解内容，尤其是跨语言传播时。

标注和图形，通过添加标注和图形，强调视频中的关键信息或突出视频的特点。

（五）反馈和改进

接受观众和同行的反馈，不断改进和提升您的剪辑技术。不断练习，通过不断地实践和尝试，提高剪辑技巧和创造力。

四、片头设计与剪辑

（一）短视频片头的重要性

在短视频制作中，片头作为视频的"开场白"，对于吸引观众的注意力起着至关重要的作用。一个引人注目的片头能够立刻抓住观众的眼球，促使他们主动点击观看。不仅如此，一个精心设计的片头还能在众多的视频中脱颖而出，显著增加视频的点击率和观看时间。

除此之外，片头还有助于建立品牌识别度。通过在片头中融入品牌标志、标语或特定的图形元素，观众能够迅速将品牌或内容与之关联起来。这不仅加强了品牌形象的传达，还提高了品牌的记忆度，从而在观众心中留下深刻的印象。

片头也是设定视频风格和氛围的关键环节。通过运用独特的图形、音效和颜色，片头能够为视频营造出特定的氛围和情感共鸣。这种情感共鸣能够让观众更加投入地观看视频，增加他们对视频的参与度和认同感。

此外，片头还承担着提供背景信息的任务。通过简短的标题、标语或故事情节，片头能够为观众提供关于视频内容的背景信息。这些信息有助于引导观众对视频的主题和故事情节产生兴趣，从而增加他们对视频的理解和期待。

最重要的是，一个精心设计的片头能够提升视频的专业度和品质感。一个专业、高品质的片头能够让观众对视频的制作质量产生良好的印象，并认为该视频具有较高的专业水准。这不仅能够提升视频的观感体验，还能够增强观众对视频的信任度和好感度。

（二）短视频片头类型

1.图形动画片头

使用图形元素和动画效果来创建一个引人注目的片头，可以使用各种图形、形状、颜色和运动效果，以创造出独特的视觉效果和动态感。图形动画片头如图4-5-12所示。

2.文字动画片头

通过文字的排列、动画效果和颜色变化等，创造一个独特的文字片头，可以使用不同的字体、排版风格和动画效果，以吸引观众的注意力。文字动画片头如图4-5-13所示。

图4-5-12　图形动画片头学习案例

图4-5-13　文字动画片头学习案例

3.专业品牌片头

为品牌设计一个专属的片头，以展示品牌的标志、口号和风格。片头包括品牌颜色、字体、动画效果等，以建立品牌识别度和增强品牌形象。专业品牌片头如图4-5-14所示。

图4-5-14　专业品牌片头学习案例

4.视觉效果片头

使用特殊的视觉效果，如粒子效果、光线闪烁、烟雾效果等，创造一个令人惊叹的视觉片头。这种类型的片头通常用于突出视频的艺术性和创造性，以吸引观众的目光。视觉效果片头如图4-5-15所示。

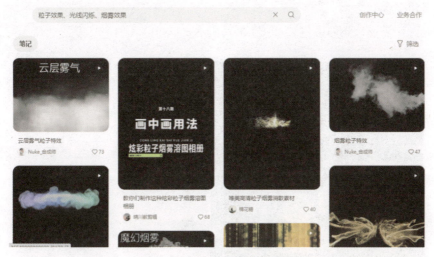

图4-5-15　视觉效果片头学习案例

片头的设计应根据视频的主题、目标受众和所要传达的情感效果进行选择。创作一个与整个视频风格一致且引人瞩目的片头，能够增加观众的参与度和共鸣效果，使短视频更加独特和有吸引力。

（三）片头设计案例——四分屏片头设计

四分屏片头设计是一种将屏幕分成四个区块来展示多个画面的片头设计。这种设计可以给观众带来多样化和丰富的视觉体验。以下是四分屏片头设计的一些要点和特点。

分割屏幕，将屏幕分割为四个等大小的区域，每个区域可以独立展示不同的画面或素材。这种分割可以是水平和垂直的，使得每个区域都能够独立呈现内容。

多画面展示，在每个区域中展示不同的图像、视频或文字。这可以是多个相关的画面，也可以是不同的内容，以创造多样性和视觉对比。

视觉平衡，确保每个区域的画面都有良好的视觉平衡，避免画面过于拥挤或不平衡。每个区域的内容应该在整体设计中产生和谐的视觉效果。

色彩和风格，可以为每个区域选择不同的颜色和风格，以突出每个画面的特点和风格。这可以通过色彩调整、滤镜和图形元素等来实现。

连贯性和过渡，在四分屏切换画面时，确保过渡平滑和连贯。可以使用淡入淡出、切割、快速切换等过渡效果，以避免画面切换过于突兀和不连贯。

呈现多重信息，通过在每个区域展示不同的内容，可以呈现多个信息或画面，并提供更多的故事细节或情感共鸣。

四分屏片头设计可以用于展示多个相关的画面或在不同区域展示不同的内容。它可以在短视频中创造独特的视觉效果和动态感，并提供更多的信息和视觉吸引力。但要注意，设计时要确保每个区域的内容都能够在整体设计中协调一致，并与视频的主题和风格相符合。

四分屏片头设计学习案例，如图4-5-16所示。

图4-5-16　四分屏片头设计学习案例

（以上短视频片头类型案例来源于小红书）

任务实施：

在掌握了短视频剪辑与优化的技巧后，小昊结合任务四中拍摄的短视频素材，进行实操短视频剪辑，并进行作品分享。实训步骤如下。

1.素材导入与整理

将所有需要的素材（视频、音频、图像等）导入到剪辑软件中，并对它们进行分类和整理，以便于后续的剪辑工作。

2.剪辑初稿

根据短视频的主题和目标，快速剪辑出初稿。这一步主要是要挑选出最佳的镜头，保留核心内容，并初步调整场景的顺序。

3.精剪与优化

在初稿的基础上，对每一个镜头进行细致的调整。去掉冗长或无关的部分，确保故事的流畅性和连贯性。同时，也要注意场景之间的过渡是否自然。

4.音频处理

对视频中的音频进行精细调整，确保对话清晰，音乐和音效与视频内容相匹配，并保持整体的音量平衡。

5.特效与效果

根据短视频的风格和需求，选择合适的过渡效果、特效和颜色校正技巧。这些技巧能够增强视频的视觉吸引力，突出重点内容。

6.预览与反馈

完成剪辑后，预览整个作品，检查是否存在问题或需要改进的地方。可以邀请其他人提供反馈，以便进一步完善作品。

7.导出与分享

根据目标平台的要求，选择适当的视频格式和参数进行导出。然后将完成的短视频分享到不同的平台，与他人分享自己的作品。

应用实操：

在掌握了短视频片头设计的重要性后，小昊打算根据上述提到的片头设计案例，结合之前的拍摄素材或收集整理的素材库进行实操练习。他计划完成不少于3个短视频片头设计，相关实训步骤如下。

1.素材准备

首先筛选出适合用于片头设计的拍摄素材或素材库中的相关资源，确保素材质量、清晰度和可用性，以满足后续设计的需求。

2.确定目标受众和品牌定位

明确目标受众的特征、喜好，以及品牌或内容的定位，并根据这些信息，制订片头设计的方向和风格，确保与整体品牌形象一致。

3.制订设计计划

在明确设计方向后，小昊需要制订具体的设计计划，包括选择合适的图形、音效、颜色等元素，以及预期的片头长度、动态效果等细节。

4.设计初稿

根据设计计划，开始进行片头的初步设计。这一阶段主要关注创意和构思，可以尝试不同的设计方向，寻找最佳的表达方式。

5.制作与调整

根据初稿的设计，开始实际制作片头。在制作过程中，根据实际效果进行调整和完善。注意保持设计的连贯性和一致性，确保每个元素都符合预期的风格和主题。

6.后期编辑与优化

完成片头的制作后，进行后期的编辑和优化，包括添加配乐、音效、字幕等元素，增强片头的表现力和感染力。同时，检查画面质量、稳定性以及文件格式等细节问题。

7.分享交流并总结反思

将完成的片头设计分享给其他人或团队成员，征求他们的意见和建议。通过交流，了解大家对片头的看法，发现可能存在的问题并进行改进，分析在片头设计中的优点和不足之处，以及在实践中遇到的问题和解决方法，有助于进一步提升片头设计的能力和技巧。

任务评价：

项目	了解不同视频类型特点	能按不同产品的特点完成短视频创作拍摄及剪辑	整体完成度高
学生自评	□优秀	□优秀	□优秀
	□良好	□良好	□良好
	□合格	□合格	□合格
小组评价	□优秀	□优秀	□优秀
	□良好	□良好	□良好
	□合格	□合格	□合格
教师评价	□优秀	□优秀	□优秀
	□良好	□良好	□良好
	□合格	□合格	□合格
企业评价	□优秀	□优秀	□优秀
	□良好	□良好	□良好
	□合格	□合格	□合格

【案例拓展】

火爆的飞行球，风靡全球

飞行球是一种创新的玩具产品，它结合了飞行器和球体的特点，让用户可以通过投掷或抛接的方式使其在空中飞行。飞行球通常由轻质材料制成，具有弹性和耐用性，可以承受较高的冲击和落地压力。

这种产品的设计使得飞行球在玩耍时具有独特的飞行效果和展示性。当投掷或抛接飞行球时，它可以在空中飞行、滚动和转动，给人以惊喜和欢乐的体验。它的飞行路径和速度可以根据投掷的力量和角度进行调整，用户可以根据个人喜好进行不同飞行动作的尝试。飞行球不仅仅是一款娱乐玩具，它还可以作为一种锻炼反应力、手眼协调能力和团队合作的工具。通过与朋友或团队成员一起玩耍，可以进行传球、接球和协作式的飞行球游戏，增加团队之间的互动和协作能力。

飞行球适合各个年龄段的人群，无论是儿童、青少年还是成年人，都可以享受它带来的乐趣和挑战。它可以在户外活动、户内场所、公园或沙滩等不同场景中使用，为用户带来一种轻松、有趣和激动人心的体验。

飞行球是一款创新有趣的玩具产品，通过其独特的飞行性能和多样化的玩法方式，为用户带来乐趣和刺激，同时促进互动和锻炼能力。

TikTok平台关于飞行球账号信息如图4-6-1所示。

图4-6-1 账号信息

账号下的视频内容如图4-6-2所示。

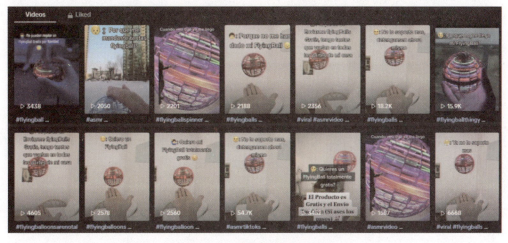

图4-6-2 账号下的视频内容

这款玩具飞球叫Flynova Pro。由于不同的投掷角度和速度，飞行球飞行的空间可以实现不同的飞行路径和技能，以及不同的流畅飞行模式和返回效果。可以随时享受银河指尖陀螺球玩具和家人的乐趣。银河球玩具不受空间限制，在室内或室外都可以轻松玩耍。即使在白天，内置LED也不会隐藏其鲜艳的色彩。产品特性就是可以随时享受银河指尖陀螺球玩具和家人的乐趣，室内室外皆可用。视频内容都是关于飞行球产品，倾向于产品使用场景以及产品功能性展示，视频时长保持在10秒左右，视频文案简单明了。

●【小组讨论】

认真阅读上述案例，分析案例中的账号的短视频内容创作特点。

请以小组的形式进行讨论，结束讨论后，请每个小组派代表发言分享小组讨论的想法。

●【项目小结】

项目四聚焦于跨境短视频的内容创作，涵盖了多种类型，如产品展示、行业趋势等。通过策划、创作、拍摄和剪辑的实践，我们深入了解了短视频制作的各个环节，掌握了相应技巧。同时，重视行业趋势和受众需求，持续优化和创新内容策略，对提高视频质量和吸引力至关重要。

●【课后任务】

一、单选题

1.下面不属于生活类选题的是（　　　）。

 A.情感   B.美食   C.穿搭   D.金融

2.产品/服务类短视频展示的内容不包括（　　　）。

 A.产品劣势   B.产品使用场景   C.产品生产流程   D.产品款式

3.摄像机从低处向上拍摄属于（　　　）。

 A.平拍   B.仰拍   C.俯拍   D.顶拍

4.（　　　）是取景只有某个局部，虽然画面不完整，但是它可以放大信息量，让人快速地把注意力集中到这个信息点上，不会被别的东西干扰。

 A.全景   B.中景   C.近景   D.特写

5.（　　　）是指在一定角度的情况下，镜头围绕拍摄主体旋转一圈拍摄，环绕半径要保持一致，旋转速度要相同。

 A.推拉运镜   B.移动运镜   C.环绕运镜   D.跟随运镜

二、多选题

1.跨境电商短视频内容类型有（　　　）。

 A.趣味性类型   B.产品展示性类型   C.互动性类型   D.知识性类型

2.跨境电商短视频选题原则有（　　　　）。

   A.以用户需求为原则   B.内容输出有价值

   C.与企业定位匹配   D.以上都是

3.侧面拍摄的特点有（　　　　）。

   A.延伸感   B.立体感   C.典型性   D.均衡性

4.构图的基本原则有（　　　　）。

   A.突出主体   B.化繁为简   C.特立独行   D.均衡和谐

5.常见的运镜方式有（　　　　）。

   A.推拉运镜   B.移动运镜   C.环绕运镜   D.跟随运镜

三、简答题

1.简述跨境电商短视频内容类型特点。

2.简述跨境电商短视频内容策划要点。

3.简要地说明短视频剪辑的流程。

4.简述曲线式构图的特点。

5.对比说明推拉运镜和移动运镜的区别。

6.短视频片头设计有哪些类型。

项目五
跨境电商爆款短视频打造

【职场场景训练】

  党的二十大报告强调了发展数字经济的重要性，指出要促进数字经济和实体经济的深度融合，打造具有国际竞争力的数字产业集群。习近平总书记也强调了数字技术和实体经济融合的重要性，提出要利用海量数据和应用场景优势，推动传统产业的转型升级，并催生新产业新业态新模式。这些政策导向为数字经济的发展指明了方向。

  根据移动数据分析提供商data.ai的报告，TikTok等短视频平台已经成为全球用户浏览和消费的重要场所。2023年1月份的数据显示，TikTok的用户生成内容浏览时间达到了31亿小时，同比增长22%；同时，用户在平台上的支出也达到了56亿美元，同比增长55%。早在2022年，TikTok的全球日活跃用户数就已经突破了10亿，这正是许多出海企业选择TikTok作为主要运营平台的原因。

  "染雅服饰"已经在TikTok等跨境短视频平台上发布了一系列短视频作品，并取得了一定成效。然而，这些短视频的播放量主要集中在初始流量池中，需要进一步提升视频质量和吸引力，以突破流量瓶颈。为了解决这个问题，部门人员成立了一个专门的小组，研究电商爆款短视频的打造技巧，了解其必备要素以及打造思路。通过深入研究和不断实践，他们希望能够提升短视频的质量和吸引力，从而实现更高的播放量和更好的营销效果。

【项目学习目标】

 1.知识目标

（1）了解跨境爆款短视频的共同特征和打造思路。

（2）掌握选择合适配乐和标签的方法。

（3）理解平台流量推荐机制对短视频的影响。

 2.技能目标

（1）能够巧妙融入跨文化元素，制作出具有吸引力的内容。

（2）具备批量式生产选题的策略和技巧。

（3）掌握爆款短视频打造思路。

3.素质目标

（1）培养对跨境爆款电商短视频的敏锐洞察力，能够快速捕捉创意和热点。

（2）提升团队合作和沟通能力，实现内容创作的无障碍交流。

（3）增强跨文化交流的能力，以适应跨境短视频市场的需求。

【技能提升图谱】

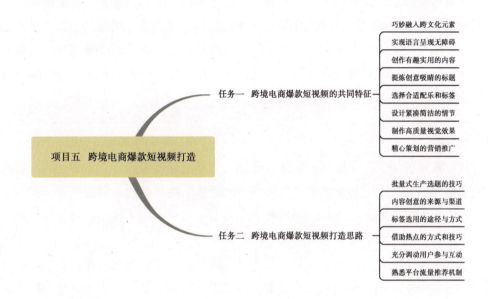

【案例成果展示】

跨境电商爆款
短视频案例分析

爆款短视频示例1

爆款短视频示例2

任务一　跨境电商爆款短视频的共同特征

情境导入:

在内容创作阶段完成后,"染雅服饰"已经在TikTok平台发布了"中国非遗植物染连衣裙"系列短视频,但运营数据并不理想。为了解决这一问题,小昊和运营部门决定深入研究同类爆款短视频,从其共同特征出发,学习打造跨境电商爆款短视频的思路和举措。他们希望通过这些研究,提升自家短视频的影响力和吸引力,实现更好的运营效果。

知识解析:

在短视频市场中,"爆款短视频"被定义为那些热度极高,点击率、转发量和评论收藏量均显著高于同类视频的优质内容。而跨境电商爆款短视频则更进一步,它们不仅在内容上出类拔萃,还在跨国或跨文化背景下取得了巨大成功,对电商领域产生了深远影响。

这些短视频通常巧妙地融合了不同文化元素,通过独特的视角和创意,以及引发观众情感共鸣的方式,成功地打破了语言和文化的障碍,吸引了全球用户的广泛关注和积极参与。这种影响力不仅限于娱乐层面,还对相关品牌、文化和产品产生了巨大的宣传效果,甚至成为社会议题的焦点。

根据大数据统计,我们发现跨境电商短视频涵盖了多种类型,包括娱乐和幽默、教育和知识、美食和烹饪、健身和运动、时尚和美妆、动物和宠物等。这些视频类型各有特色,但都具备一些共同的特征。

一、巧妙融入跨文化元素

跨文化元素是指在跨境电商短视频中融入不同文化、语言或地域的元素,以吸引来自不同国家和地区的用户。这些元素可以使视频内容在不同文化背景下产生共鸣和吸引力,增加用户的兴趣和关注度。巧妙融入跨文化元素是制作爆款短视频的一种有效策略,以下是一些跨文化元素的案例。

（一）传统文化展示

短视频通过展示某个国家或地区的传统文化元素来吸引用户。如中国的舞龙舞狮、印度尼西亚宗教仪式、泰国宫廷舞蹈、马来西亚马来舞蹈、越南传统服饰等,传统元素常常能够引发用户的兴趣和好奇心,如图5-1-1所示。

图5-1-1　中国传统文化短视频作品展示

（二）地方美食体验

短视频通过展示各种国家和地区的特色美食，来吸引用户的注意力。不同国家和地区的美食文化具有独特的魅力，如意大利的比萨、墨西哥的塔可等，能够激发用户的兴趣和探索欲望，如图5-1-2所示。

图5-1-2　意大利美食文化短视频作品展示

（三）跨文化交流与友谊

短视频通过展示跨国交流和友谊的故事，来强调跨文化之间的联系和理解。这种跨文化交流的元素能够引发用户的共鸣和情感连接。

这些只是短视频跨文化元素的部分案例，实际上，跨境电商爆款短视频可以采用各种跨文化元素，以吸引来自不同文化背景的用户。关键在于选择恰当的元素，并以合适的方式呈现，以确保视频能够在跨文化环境中获得共鸣。

二、实现语言呈现无障碍

为了确保跨境电商爆款短视频能够触达全球用户，它们通常采用语言无障碍的方式，如图像、音效、字幕等多种方式传递信息，以便用户能够理解并享受视频内容。

（一）字幕

在短视频中添加字幕，以展示视频内容的文字信息。字幕可以是视频内容的翻译、解释或补充信息，帮助用户理解视频内容，如图5-1-3所示。

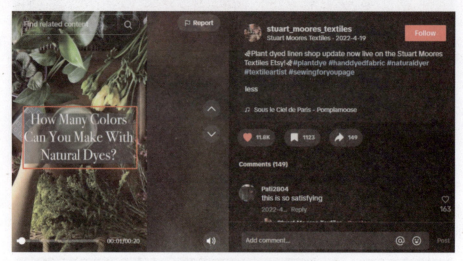

图5-1-3　跨境电商短视频标题字幕运用示例

（二）视觉元素

在短视频中使用视觉元素来传达信息，而不仅仅依赖语言。如使用符号、图像、图表、动画等来解释或展示视频的主要概念或消息。

（三）音效

在短视频中通过创造性地使用音效，如音乐、声音效果或声音提示，来传达情感、动作或关键信息。音效可以帮助用户理解视频的情感表达和剧情走向。

（四）肢体语音

通过使用手势、表情和动作来传达信息，以帮助用户理解视频的意图和情感。这种非语言的交流方式可以跨越语言障碍，使用户更好地理解视频内容。

（五）国际化话题

选择在视频中探讨和展示与国际化主题相关的内容，这些主题具有普遍性和跨文化的共通性，能够引发用户的共鸣和理解。

通过以上方式，如发布者可以在跨境短视频平台上实现语言无障碍，用户无论其母语是什么，都能够理解和欣赏视频的内容。这有助于吸引更广泛的用户群体，提升视频的浏览量和分享量。

三、创作有趣实用的内容

内容创作是至关重要的。为了吸引用户的关注并成为爆款短视频，内容必须具备趣味性、实用性。有趣的内容能够引发用户的情感共鸣，提供娱乐价值，让他们产生观看的兴趣。而实用的内容则能为用户提供有价值的信息、技巧或见解，满足他们的实际需求，如图5-1-4所示。

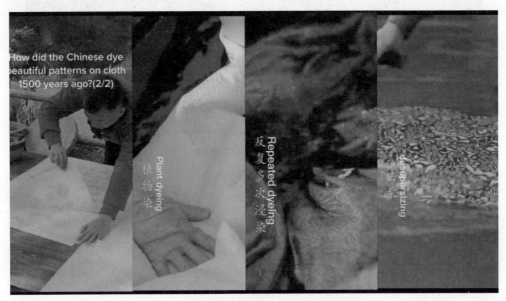

图5-1-4　爆款短视频内容（非遗植物染主题）

有趣的内容可以通过幽默、搞笑、情感等元素来吸引观众。它可以是一个有趣的情节、一个让人捧腹的笑话、一个感人的故事，或者是与产品相关的趣味展示。无论是哪种形式，有趣的内容都能让观众在观看过程中产生愉悦感，从而增加视频的观看时长和分享意愿。

实用的内容则侧重于为用户提供实际帮助和价值。它可以是一个产品使用教程、一个生活小贴士、一个知识普及，或者是与购物决策相关的信息。通过提供实用的内容，短视频能够满足用户的需求和兴趣，帮助他们解决问题或提升生活质量。这种内容的创作能够帮助建立品牌形象，增加用户对产品的信任度和好感度。

从跨境电商的角度来看，有趣实用的内容还有助于提高转化率和销售额。通过将产品与有趣的故事情节或实用的生活场景相结合，短视频能够激发用户的购买欲望，引导他们进行购买决策。这种内容创作方式不仅能够增加用户的黏性，还能够提升品牌知名度和销售额。

四、提炼创意吸睛的标题

提炼创意吸睛的标题在跨境电商短视频中尤为重要，因为一个好的标题能够吸引用户的注意力，提高点击率和观看率，如图5-1-5所示。

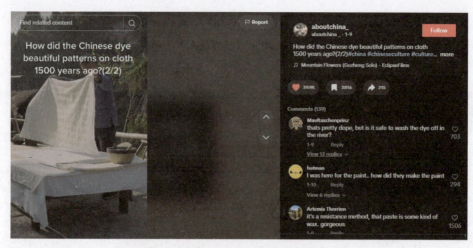

图5-1-5　爆款短视频提问型标题类型范例

直接点题型：这种类型的标题简明扼要地概括了视频的主题，让用户快速了解视频的核心内容。例如，"新品上架！时尚潮流必备！"

痛点解决型：这种标题直接针对用户的痛点或需求，激发用户的好奇心和兴趣，引导他们点击和观看。例如，"告别烦琐！教你如何快速打包发货！"

情感共鸣型：这种标题通过引发用户的情感共鸣来吸引他们，让他们回想起自己的共同经历。例如，"那些年我们追过的潮流，现在依旧时尚！"

快速实现型：这种标题暗示用户视频内容能够简便地实现他们的需求或目标，吸引他们在碎片时间内点击和观看。例如，"5分钟教你学会如何制作海外仓选品清单！"

提问引导型：这种标题提出一个大部分用户都存在的问题，激发用户的好奇心和兴趣，引导他们点击和观看。例如，"如何为你的跨境电商店铺选择最佳物流方案？"

通过巧妙运用这些创意标题提炼方式，跨境电商短视频能够更好地吸引目标用户的关注和兴趣，提高转化率和销售额。同时，合适的标题还能够增加用户对品牌的认知度和好感度，为跨境电商的发展带来更多机会和可能性。

五、选择合适配乐和标签

（一）音乐

在跨境电商爆款短视频中，音乐是一个至关重要的元素。它不仅有助于吸引用户的注意力，还能够增强情感表达、提升浏览体验，塑造品牌形象，并跨越语言障碍。因此，选择适合的音乐对于短视频的成功至关重要。

在选择音乐时，首要考虑的是视频的内容和风格。音乐需要与视频的主题、情感和氛围相匹配，才能更好地传达信息并引发共鸣。例如，如果视频是关于旅行的，可以选择轻快愉悦的音乐来营造出轻松愉快的氛围；如果视频是关于浪漫约会的，可以选择浪漫抒情的音乐来增强情感的表达。

了解目标用户群体也是选择音乐的重要因素。通过分析用户的年龄、文化背景、兴趣爱好等信息，可以选择能够与他们产生共鸣的音乐，从而吸引他们的注意力。

此外，音乐的版权和授权问题也不容忽视。确保所选音乐具有合法的版权和授权是避免侵权纠纷的关键。可以选择无版权问题的音乐库或购买合法的音乐授权，以确保音乐的合法使用。

音乐的跨文化适应性也是一个重要的考虑因素。选择具有普遍性和广泛接受度的音乐能够跨越语言和文化障碍，让用户无论来自何处都能够欣赏和理解。这样可以增加视频的受众范围和影响力。

同时，如果视频代表品牌或个人形象，要选择与品牌形象和定位相符的音乐，以加强品牌形象的塑造。音乐要能够反映品牌的价值观和特点，从而提升品牌知名度和忠诚度。

最后，进行试听和测试是选择音乐的必要步骤。通过试听，可以检测音乐与视频的协调性和匹配度，确保音乐能够有效地增强视频效果并提供更好的浏览体验。同时，测试也是验证所选音乐是否能够达到预期效果的重要手段。通过在实际环境中测试音乐的效果，可以收集用户反馈并评估其表现，以便做出相应的调整和优化。

（二）标签

在跨境电商领域，合适的标签对于短视频的成功至关重要。它们不仅有助于增加视频的曝光度，吸引目标用户，还能提高分享和传播效果。

首先，要确保标签与视频内容紧密相关。使用与视频主题、产品或服务相关的关键词和标签，能够让搜索引擎和社交媒体平台更好地理解视频的内容，从而提高视频在相关搜索结果中的排名。这样能够增加视频的曝光度，吸引更多潜在用户点击和浏览。

标签的选用需要结合产品特点与卖点，以确保标签能够准确反映产品的特点、用途和优势。这样可以提供给潜在客户更具体的产品信息，帮助他们更好地了解产品，并激发他们的购买欲望。对于产品特点的标签，可以明确地描述产品的属性、功能和设计。例如，如果销售的是一款时尚手表，标签可以包括"时尚手表""防水手表""夜光手表"等。这些标签能够帮助用户更好地了解产品的外观和功能特点，满足他们的需求和兴趣，也可以突出产品的优势和独特之处。例如，如果这款手表采用高品质的材料制成，标签可以包括"高品质手表""耐用手表"；如果这款手表价格优惠，标签可以包括"实惠手表""高性价比手表"等。这些标签能够吸引潜在客户的关注，提高他们的购买意愿。

在选用标签时，还需要注意与竞争对手的差异化。通过选择独特的标签，可以突出自身产品的优势和特色，与竞争对手区分开来。例如，如果竞争对手的产品主要强调价格，而自己的产品在品质上有优势，那么标签可以选择突出品质方面的卖点。

其次，要考虑目标用户的需求和兴趣。选择与目标用户群体相关的标签，例如年龄、性别、兴趣爱好等，能够更好地吸引和留住用户。通过分析用户的行为和喜好，选择与之匹配的标签，能够提高用户对视频的感兴趣程度，从而增加点击、观看和购买的转化率。

最后，利用热门关键词和长尾关键词也是选择合适标签的关键。热门关键词具有高搜索量和广泛关注度，能够提高视频在搜索引擎和社交媒体平台上的可见度。而长尾关键词则更具体、针对性更强，能够吸引对特定产品或服务感兴趣的潜在用户。合理使用热门关键词和长尾关键词，能够增加视频被发现和点击的机会。

另外，标签可以对视频进行分类和整理。合理使用标签能够使视频更容易被用户搜索和发现。当用户在搜索或浏览相关标签时，打上合适标签的视频将在相关内容中展示，从而增加曝光度。同时，用户可以根据标签来筛选和浏览感兴趣的内容，提高用户体验和发现其他类似视频的可能性。

六、设计紧凑简洁的情节

跨境电商短视频要成为爆款，情节的简洁紧凑至关重要。一个好的开头能够迅速吸引用户的注意力，让他们产生浓厚的兴趣，愿意继续浏览下去。因此，开头部分要设计得足够吸引人，可以使用引人入胜的场景、问题、悬念等方式来引起用户的兴趣。因此视频开头前5秒，也称为"黄金5秒"，见表5-1-1。

表 5-1-1　不同时间点短视频内容要点（参考模板）

时间	内容要点
第1秒	通常是注意力定格阶段，好听的声音、熟悉的面孔、美丽的容颜都可以作为用户注意力定格在这个视频的吸引点，需要想好这个点是什么
第3秒	主要是点题，短视频应该有一个特有的主题，如搞笑主题、爱情主题、学习主题，需要让用户知道自己在看什么、期待什么
黄金5秒	需要进入剧情，通常是通过声调、问题、镜头切换等做法刺激用户好奇心，引导用户继续浏览
第9秒	要把想表达的观点、品牌卖点都讲清楚，毕竟后面能坚持听下去的用户很少

此外，要确保情节的安排精确，避免冗余和无关的信息。每个镜头、每段对话都要与主题紧密相关，确保整个视频的高质量呈现。叙事要紧凑，情节的展开要有张力，控制节奏和剪辑技巧，保持用户的关注度。

同时，要引发用户的共鸣和情感连接，让他们对视频产生好感并愿意分享。这可以通过呈现与用户相关、有情感共鸣的内容来实现。另外，结尾的设计也很重要，一个好的结尾能够给用户留下深刻的印象，并激发他们采取行动。可以考虑在结尾处留下悬念、提问或引导用户采取下一步行动。

七、制作高质量视觉效果

通过富有创意的视觉元素，如独特的拍摄技巧、醒目的色彩和图形、创新的特效和剪辑方式，为跨境电商短视频营造出引人入胜的视觉体验。

首先，利用鲜艳、饱和的色彩和醒目的图形，迅速抓住用户的注意力。这种强烈的视觉冲击力能够使视频在众多内容中脱颖而出，激发用户的浏览兴趣。

其次，运用独特的拍摄技巧为视频注入活力。尝试特殊的镜头运动、多角度拍摄或是不同焦距的镜头切换，打破传统拍摄的限制，为用户带来新鲜的视觉感受。

最后，运用视觉效果和特效为视频增添魅力。例如，通过颜色分级、文字动画、图形和过渡效果等手段，提升视频的视觉质感，使其更具吸引力。同时，结合节奏感的剪辑方式，将镜头切换与动作内容巧妙地结合，使视频紧凑而富有张力。

总而言之，通过富有创意的视觉元素和拍摄技巧，结合跨境电商短视频的特点，可以创造出独特、引人入胜的视觉体验，有效提升视频的吸引力，激发用户的浏览兴趣。

八、精心策划的营销推广

跨境电商爆款短视频的成功并非偶然，而是经过精心策划和推广的结果。要实现这一目标，需要采取一系列具体举措。

首先，对目标用户进行精确定位至关重要。深入了解目标用户的特征、喜好、习惯、活跃平台和浏览习惯等，有助于确定推广的定位策略和渠道选择。这样可以确保短视频内容与目标用户的需求和兴趣相契合，提高转化率和用户黏性。

其次，创意和内容优化是吸引用户的关键。标题、缩略图和描述等元素都需要经过精心设计，以激发用户的兴趣和好奇心。同时，内容的质量和创新性也是吸引用户的重要因素。通过提供有价值、有趣、有吸引力的内容，可以激发用户的分享欲望，进一步扩大短视频的传播范围。

再次，合理的时间和发布频次安排对保持用户的关注度至关重要。不仅要保持一定的发布频率，还要结合不同平台的流量高峰时间，选择最佳的推广时机。这样可以确保短视频在最佳时段获得更多的曝光度和关注度。

最后，数据分析与优化是提升推广效果的关键环节。通过收集和分析用户反馈、行为数据等信息，可以了解短视频在目标市场的表现和潜在问题。基于这些数据，可以调整推广策略、优化内容、改进创意方向，从而不断提升推广效果，使短视频获得更多的曝光。

案例分析：李子柒（Li Ziqi）

李子柒是一位在TikTok上备受瞩目的中国创作者，她的短视频以展示中国传统手工艺品、农作物种植和传统美食的内容而闻名。通过精美的画面、细致入微的制作过程和悠扬的音乐，她成功地传递了中国传统文化的魅力和价值。这些视频不仅吸引了大量观众，还成为带货热潮的引领者。

李子柒的成功之处在于她对中国传统文化的深入了解和在视频制作上的精心策划。她精准地洞察目标用户的需求，通过独特的内容策划、精美的画面和音乐，成功吸引了大量用户的关注。同时，她不仅展示了产品的特点和价值，还通过传统文化和手工艺的展示，激发了用户对中国文化的兴趣和热爱，推动了文化的传承和发展。

通过李子柒的案例，我们可以综合分析跨境电商爆款短视频的共同特征。案例表明，跨境电商爆款短视频需要具备深入了解目标用户、独特的内容策划、精美的画面和音乐等共同特征。同时，通过展示传统文化和手工艺，可以激发用户对中国文化的兴趣和热爱，推动文化的传承和发展，同时将传统手工艺和美食产品成功地带到了国际市场上。这一案例为跨境电商短视频创作者提供了宝贵的经验和启示，有助于推动更多优质短视频内容的产生，如图5-1-6所示李子柒TikTok账号。

图5-1-6　李子柒TikTok账号介绍及主要短视频作品展示（来自TikTok平台截图）

任务实施：

系统研究学习跨境电商爆款短视频的共同特征后，小昊结合"染雅服饰"定位和产品特色，同学们也可以选择自己感兴趣的领域，通过短视频平台找到对应的爆款短视频进行研究，整理一份爆款短视频的分析报告。实训步骤如下。

1.账号和视频概况分析

采集和整理爆款短视频账号的基本信息，包括账号名称、关注者数量和发布频率等。分析账号的特点、关注度和视频作品的主题及类型。

2.视频数据分析

采集该账号中爆款短视频的数据，如浏览量、点赞数、评论数和分享数等。通过对数据的整理和分析，评估视频的受欢迎程度和用户参与度。

3.用户洞察分析

通过项目三介绍的Analisa.io数据分析工具或平台提供的用户洞察报告，分析账号的用户画像，如年龄、地理位置、性别和兴趣爱好等，了解目标用户的特点和行为习惯，以便更好地定位和推广视频内容。

4.视频内容分析

对爆款短视频的内容进行评估和分析，如故事情节、创意、视觉效果、音乐和剪辑特点等，从而确定视频的独特性、吸引力以及用户共鸣点。此外，分析视频发布时间、频率和持续时间等因素对用户参与度的影响等。

5.推广渠道分析

分析爆款短视频的推广渠道，包括社交媒体和视频分享平台等。评估不同渠道的推广效果，从而确定有助于账号影响力的增长渠道。

6.优化策略和改进

基于对结果的分析和洞察，制订优化策略和改进措施。根据用户的反馈和数据分析，调整视频内容、推广渠道和策略，以进一步提升账号的影响力和用户参与度。

7.形成分析报告

通过上述实训步骤，对爆款短视频账号和作品进行全面深入的分析，形成一份爆款短视频的分析报告，并进行交流分享。制订更为精准有效的推广策略，提升账号和视频作品的曝光度和影响力。

应用实操：

带货达人爆款短视频分析。利用TikStar App进行TikTok平台优秀达人及热门视频的相关数据信息调研。具体实施步骤如下。

步骤1：打开TikStar App，点击"首页"页面的"24小时热门达人"栏目中的"查看更多"。在寻找所需调研分析的达人排行榜里，挑选适合的达人，点击头像进入达人信息界面，如图5-1-7所示。

步骤2：在达人信息界面里，点击达人名称获取达人简介信息，点击达人视频获得该达人热门视频排行，点击视频链接获得视频具体数据，如图5-1-8所示。

图5-1-7　TikStar App热门达人信息数据搜索（软件操作界面截图）

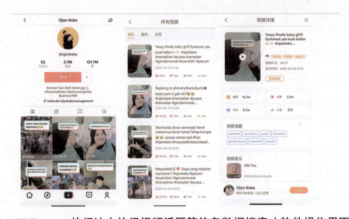

图5-1-8　TikStar App热门达人热门视频话题等信息数据搜索（软件操作界面截图）

表 5-1-2　达人短视频信息搜集与分析

达人	账号基本情况	带货品类	短视频风格	标题设计	小结

任务评价：

项目	理解跨境爆款短视频的共同特征	能将相关素材信息进行整理与汇总	能将优秀案例作品特征运用到创作中
学生自评	□优秀 □良好 □合格	□优秀 □良好 □合格	□优秀 □良好 □合格
小组评价	□优秀 □良好 □合格	□优秀 □良好 □合格	□优秀 □良好 □合格

续表

项目	理解跨境爆款短视频的共同特征	能将相关素材信息进行整理与汇总	能将优秀案例作品特征运用到创作中
教师评价	□优秀	□优秀	□优秀
	□良好	□良好	□良好
	□合格	□合格	□合格
企业评价	□优秀	□优秀	□优秀
	□良好	□良好	□良好
	□合格	□合格	□合格

任务二　跨境电商爆款短视频打造思路

情境导入：

在研究了跨境电商爆款短视频的共同特征后，小昊和运营小组结合"染雅服饰"公司在TikTok上的定位，系统地梳理了打造爆款短视频跨境电商的通用技巧。他们深知，要在这个竞争激烈的市场中脱颖而出，必须充分运用这些技巧，以提升品牌知名度和销售业绩。通过精准的定位、创意的内容、有效的推广策略以及对用户需求的深入洞察，他们相信能够打造出引人注目的跨境电商短视频，引领"染雅服饰"走向更广阔的市场。

知识解析：

一、批量式生产选题的技巧

在明确短视频的主要目标用户群体后，创作者可以采用九宫格场景拓展法来批量生成选题。该方法的核心是以目标用户群体为中心，围绕他们关注的话题，通过构建九宫格来扩展内容创作场景，从而挖掘更多潜在的内容方向。通过这种方式，创作者可以快速锁定目标用户的需求和兴趣点，并从中挑选出具有市场潜力和吸引力的选题进行创作。

下面以充电宝为例，演示如何采用九宫格图进行选题，见表5-2-1。

表 5-2-1 批量短视频内容选题灵感信息汇总表

标题灵感——九宫格头脑风暴法			
九宫格法 = 产品关联 + 目标人群			
快充	容量大	便携	购买产品的人会
外观	充电宝（产品关联）	质量	考虑哪些因素（卖点）
安全	兼容性	数据线	
无线充			
外出	停电	旅游	目标人群有哪些兴趣
出差	充电宝（目标人群）	高铁	爱好（使用场景）
飞机	公车	上下班路上	
一、组合构成的标题			
1. 安全 + 飞机（高铁）：五一快到了，充电宝真的能上飞机（高铁）吗？			
2. 便携 + 外出（旅游）：还在带着"砖头"出街吗？			
3.……			
二、热点事件、话题 + 关联产品 = 选题			
……			

二、内容创意的来源与渠道

（一）短视频内容创意的来源

短视频内容创意可以使短视频内容更具有感染性和共情性，给予用户群体感官上的冲击，可以更好地提升用户对短视频内容的认可，提升评论、点赞以及转发等数据量。内容创意的来源主要有以下几点。

1.内容创意来源于生活

短视频内容只有贴近用户群体的日常生活，用户才能更好地与之产生共情，而生活中许许多多的小细节，也为短视频内容创作提供了许多潜藏的创意内容。只有依据制订的短视频账号人设及内容定位，观察和挖掘日常生活中的一些小细节，将符合的人或事物进行设计及编排，才可以制作出具有生活气息的创意点内容，然后再依据需要进行后续创作。

2.创意来源于突发的思维碰撞

许多优秀的短视频UP主团队都会选用一种类似于"头脑风暴"的模式进行一次团队成员的思维创意大碰撞，通过引导大家发散思维、大胆设想，积极讨论，进行思维点子的碰撞摩擦，便可以产生意想不到的化学反应，将一些碎片化、片段化的创意进行串联衔接，重组成为新的创意。

3.内容创意也依据用户人群的需求或痛点产生

短视频内容创作不能天马行空地远离人群，需要从预设的目标用户人群出发，匹配用户人群的兴趣爱好和审美风格等不同的元素，进行发散的创意设计，只有真正触达目标用户人群的内容创意，才是最优质的，才能达到最好的传播效果。

4.依据行业热点来进行内容创意设计

各行各业都在发生日新月异的变化，出现了很多新的话题、内容细节和故事等。日常中对这些内容进行积极的观察和整理，往往可以从中找到一些具有行业特色的内容创意，结合相关内容进行后续的创作就会更贴切行业需求与用户人群需求。

5.内容创意源自创作者自身的优势与特点

大多数短视频内容的创作者或者团队本身就具有独特个性，而这种个性特征往往也是最受用户人群喜欢的。若能善于将自己最具特色的优势融合进内容创意的设计，就能事半功倍地进行更优质的内容创意设计。

（二）构思内容创意的渠道与方法

1.模仿法

模仿法是指选取各短视频平台热搜榜单上的火爆热门短视频作品，或选择与自己账号定位和发展方向相近但表现优秀的竞争对手，对其内容创意进行模仿和再创作。在模仿过程中，要注意避免与原作品过于相似，而要在保留核心创意的基础上，进行内容上的创新和差异化。通过这种方式，可以快速获得类似创意的短视频作品，并提高内容的质量和吸引力。但需要注意的是，模仿法应避免侵犯原作品的版权和创意权益，尊重他人的知识产权。

2.带入法

在个性化内容创意设计中，我们可以充分利用自身优势特点，选择一个特定的场景作为固定背景，将最具特色的优势进行整合。在此基础上，我们可以通过创新的方式设计出多样化的元素，填充到这个特定场景中，使内容呈现出独特的创意和个性。通过这种方式，我们可以在保持风格统一的同时，为观众带来新鲜感和独特体验，进一步提升短视频的吸引力和影响力。

三、标签选用的途径与方式

选择适当的标签是提高短视频曝光度和搜索排名的关键。以下是一些选取标签的途径和方式。

关键词研究：了解和研究目标用户常用的搜索关键词。通过工具如Google关键词规划师和百度指数等，分析相关关键词的搜索量和竞争度，选择与短视频内容相关的热门关键词作为标签，以提高视频的搜索可见性。

热门话题和趋势：关注当前的热门话题和社交媒体上的趋势，选择与之相关的标签。当用户搜索或点击相关话题时，短视频就会展现在相关内容中，增加曝光机会。详细内容具体看本项目第四点。

目标用户兴趣：了解目标用户的兴趣和喜好，选择与之相关的标签。通过市场调研、数据分析和社交媒体观察，了解用户常用的标签和关注的内容类型。

行业标准标签：选择行业内常用的标签，以增加视频在相关领域的搜索可见性。使用在特定领域内被广泛接受的标签，可以吸引相关用户和专业人士的关注。

长尾关键词标签：除了选择热门关键词，还可以考虑使用一些长尾关键词作为标签。长尾关键词是指搜索量较小但相关性较高的关键词，可以帮助视频在特定领域或特定用户群体中脱颖而出。

用户互动和反馈：了解视频用户的反馈和意见，从而选择适当的标签，以更好地满足用户需求和喜好。

竞争分析：参考竞争对手和行业内成功的视频创作者在视频中使用的标签，以启发选择适当的标签，使视频在搜索排名中得到竞争优势。

四、借助热点的方式和技巧

热点是吸引用户眼球、赚取流量的有效内容。抓住热点是打造爆款短视频的重要手段。热点分为可预见热点和不可预见热点。可预见热点如节假日、赛事等，而不可预见热点则是突发事件。热点具有爆发力强、传播速度快、有效时间短的特点。对于视频制作者而言，借助热点的关键在于在最短时间内找到品牌与热点事件的结合点，从而快速制作出与热点相关的短视频内容。通过借助热点，视频制作者可以迅速吸引大量关注和流量，提高账号的曝光度和影响力。但需要注意的是，借助热点需要谨慎选择切入点，确保内容与品牌定位和价值观相符，避免过度追求流量而忽略品牌形象。同时，持续关注市场变化和用户反馈，及时调整和优化内容策略也是打造爆款短视频的重要因素。

（一）挖掘海外热点——BuzzFeed Trending

美版今日头条是一款浅显易懂、满足"快时代"人类需求的有趣新奇网站。其特色之一的Quizzes深受年轻人喜爱，为企业制作互动性内容短视频提供了灵感和参考。此外，该网站的热搜内容偏向娱乐，对于与娱乐产业相关的产品，可多参考Buzzfeed的热搜榜进行优化，如图5-2-1所示。

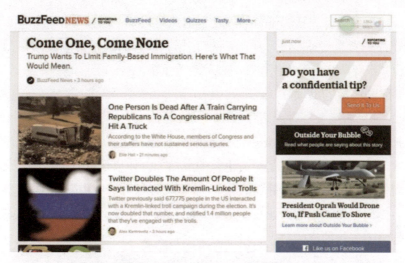

图5-2-1　BuzzFeed Trending界面

（二）借助热点的技巧

借助热点可使企业增加视频账号内容的趣味性，获得更多播放量，帮助突破视频数据的瓶颈。借助热点的技巧主要有以下两点。

1.借助事件热点

在热点出现时，通常伴随着相关的事件和信息。这些热点信息可能只是一句话，我们需要从这句话中提炼出与热点相关的关键词。在创作短视频时，内容应与热点事件紧密相连。可以通过提及热点事件元素，或者在文案和话题中加入热点的标题，使内容与热点保持关联。这样能够更好地吸引观众的注意力，增加视频的曝光度和浏览量。

借助热点需要巧妙运用，充分发挥其价值，并在此基础上进行创新。这对视频制作者的文字功底提出了很高的要求。在制作内容时，我们需要结合自身品牌或产品的特色，创作出具有个性和创意的热门视频。通过融入自己的创意和展现独特的品牌/产品特点，使观众能够记住我们的品牌或产品。这样的策略有助于提升品牌知名度和用户忠诚度。

在2022年谷爱凌冬奥夺冠后，众多品牌纷纷借势营销。然而，大多数品牌只是盲目跟风，而瑞幸咖啡却真正做到了与热点的有效结合。瑞幸在谷爱凌参赛期间发布了多条与之相关的微博，直播比赛情况，并在谷爱凌夺冠后迅速推出庆祝海报，成功登上微博热搜。短短三四个小时后，媒体纷纷报道"瑞幸谷爱凌同款咖啡热卖"，瑞幸线下门店的谷爱凌主题饮品也迅速售罄。这一案例无疑是蹭热点事件中最成功的品牌营销案例之一。

2.音乐热点

音乐热点并不仅仅局限于背景音乐，还包括热门达人原创作品。在选择发布视频的音乐时,可以参考各大社交平台热搜榜上的热门视频,选择与作品相匹配的音乐。如果一个作品的背景音乐在当下非常流行,那么该作品也很可能成为热门视频。因此,了解和紧跟音乐热点对于创作热门视频至关重要。

(三)需要注意的事项

1.借助热点的角度要与自身品牌/产品的定位相符合

在选择借助热点时,一定要确保热点与品牌或产品的定位高度匹配。寻找最能够体现品牌或产品特色的热点是至关重要的。例如,如果最近有关明星文化的话题非常热门,而你的品牌或产品恰好与文化、艺术等领域相关,那么这些热点就非常值得你去借助。然而,如果你的企业主要从事日用百货等领域,与这些热点关联度不高,那么即使你努力去借助这些热点,可能也不会带来太大的效果。因此,选择合适的热点,确保其与品牌或产品的定位相契合,是提升营销效果的关键。

2.注意热点的时效性

借助热点的核心在于速度。当热点爆发时,关于该热点的全网内容是稀缺的。在这个时候,任何与热点相关的内容都有可能在短时间内获得大量曝光。因此,越快发布相关内容越好,即使内容质量稍有不足也没关系,重要的是要先发布再优化。通过快速响应热点,品牌或个人可以抢占先机,提高内容的可见度和吸引力,进而扩大影响力。

3.注意短视频传达的态度

由于许多热点事件具有争议性,因此往往会受到广泛关注,尤其是那些频繁登上热搜的娱乐新闻和社会新闻。这类热点的一个显著特点是事件的不断反转。在利用这些热点话题时,品牌或个人应尽量保持客观,避免盲目选择立场或引导用户。以自己的主观判断来引导用户可能会导致用户对品牌或产品的信任感下降。如果后续事件发生反转,品牌或个人的形象可能会受到严重损害。因此,在利用热点话题时,保持客观和中立的态度至关重要,提高服务质量和产品质量才是企业获得成功的关键。

五、充分调动用户参与互动

充分调动用户参与互动可以提升短视频的用户参与度、分享传播效果,增强用户体验和建立忠诚的社群基础。调动用户参与互动的主要方式如下。

(一)挑战活动

设计一个充满活力且富有创意的挑战活动,以激发用户的参与热情并鼓励他们分享自己的视频回应。例如,我们可以推出一个名为"炫舞狂潮"的舞蹈挑战,邀请用户展示他们的舞蹈才华,录制并分享自己的独特舞蹈视频。这样的活动不仅能够吸引大量用户的积极参与,还能通过用户的分享行为,极大地提升视频的曝光度和传播范围,如图5-2-2所示。

图5-2-2　TikTok平台账号"跳舞"挑战活动

（二）投票和评选

为用户提供参与投票和评选的机会，让他们选择自己喜欢的视频或表达意见，以增加用户的互动参与感，同时提高视频的分享和传播。例如，可以让用户投票选择最有创意的视频，或评选最好的回答。

互动问题和调查：在视频中提出问题或调查用户的意见，鼓励他们在评论中分享自己的看法。通过与用户的互动，建立更紧密的联系，增加用户的参与感和忠诚度。

社交媒体挑战：利用社交媒体平台的特点，创建一个社交挑战。例如，在跨境短视频平台上发起一个主题挑战，要求用户发布与视频相关的照片或视频，并标记特定的标签。这样可以引发用户之间的互动和分享，增加视频的曝光和传播。

制作互动视频：创作一个互动式视频，让用户直接参与其中，能够增加用户的参与度和好奇心，增强浏览体验。例如，制作一个选择式的视频，用户在特定时刻做出的选择，影响视频内容的发展和结局。

社群互动活动：通过创建社群或参与社群活动，与用户建立更紧密的联系。如组织线下或线上的活动，像见面会、直播问答和粉丝见面会等，与用户面对面交流和互动，以加强用户的忠诚度和参与感。

六、熟悉平台流量推荐机制

（一）推荐机制的作用和价值

1.提高曝光和推荐机会

了解平台流量推荐机制，可以帮助优化视频的基础数据、标签、标题和描述等关键信息，从而增加视频在平台上被推荐和曝光的机会。通过合理设置相关的元素，能够更好地被平台算法识别和推荐，使视频获得更多的曝光和浏览机会。

2.掌握用户喜好和行为特征

平台流量推荐机制是基于用户的兴趣和行为特征来进行内容推荐的。通过深入研究平台的用户数据和深入洞察用户行为，我们可以深入了解用户的喜好、阅读习惯和浏览偏好。这些宝贵的信息将帮助我们更准确地把握用户的需求，从而制作出更符合用户兴趣的爆款短视频。通过深入了解用户的需求和兴趣，我们将能够更好地为他们提供定制化的内容推荐，从而增加视频的曝光度和用户黏性。

3.优化内容和形式

了解平台的推荐机制有助于我们优化视频的内容和形式。通过观察平台上那些获得高推荐和高点击率的爆款短视频，我们可以发现这些视频的类型、长度和风格等特点。这些成功的案例为我们提供了宝贵的参考，可以帮助我们更好地把握平台推荐算法的规律和用户兴趣的倾向。通过深入研究这些因素，我们可以制作出更加符合平台推荐算法和用户兴趣的短视频，提高视频点击率。

4.提高用户留存和互动

通过深入了解平台流量推荐机制，我们可以掌握如何设计和制作能够吸引用户留存和互动的视频。平台算法通常会关注用户的浏览时间、互动行为等因素，以判断视频的质量和吸引力。因此，了解这些因素，并在制作视频时注重提高用户的留存时间和参与度，可以帮助我们制作出更具吸引力的内容。通过优化视频的内容和形式，增加互动元素和引导用户参与，我们可以有效提高用户的参与度和浏览时长，进而提升视频的曝光度和用户黏性。

5.获取平台资源和支持

通过深入了解平台流量推荐机制，我们可以更好地利用平台提供的资源和支持。熟悉平台的合作机制和推广策略，可以帮助我们更有针对性地与平台合作、参与活动或申请推广资源，进而提高视频的曝光度和传播力。

总之，了解平台流量推荐机制在创作爆款短视频中起到了至关重要的作用。通过深入研究平台的推荐算法、用户行为和兴趣，我们可以优化视频的内容和形式，提高视频的曝光度和推荐机会。这不仅可以更好地满足用户需求，增加用户留存和互动，还可以提升视频的品质和影响力。熟悉平台机制并加以合理利用，将为我们带来更多的机会和优势，帮助我们在跨境短视频市场中取得更好的成绩。

（二）推荐机制的方式途径

1.研究平台指南和文档

平台通常会提供详细的指南和文档，介绍其推荐机制和规则，如图5-2-3所示TikTok帮助中心。为了更好地优化短视频，我们可仔细阅读这些指南和文档，深入了解平台对内容、标签、标题和描述等元素的要求和推荐策略。通过遵循平台的规范和推荐策略，我们可以制作出更符合平台标准的高质量视频，从而增加被推荐和曝光的概率。同时，持续关注平台的更新和变化，及时调整和优化视频策略，也是提升短视频效果的关键。

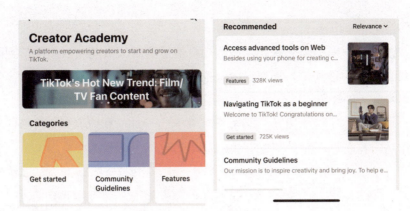

图5-2-3　TikTok创作者中心

2.分析成功案例

分析在平台上获得成功的爆款短视频，了解它们的特点和共同之处。注意视频的内容、形式、长度、标签和标题等元素，以及它们在平台上的推荐位置和曝光机会，以了解平台对这类内容的偏好和推广策略。

3.分析数据和洞察趋向

利用平台提供的分析工具和数据，进行数据分析和洞察趋向。了解用户的行为和兴趣，分析视频的浏览时长、互动率和分享率等指标，可以获得更多关于用户喜好和平台推荐机制的见解。具体工具的使用详情查阅项目三。

4.与平台合作和参与活动

与平台建立合作关系或积极参与平台举办的活动，是深入了解平台推荐机制和资源支持的有效途径。通过参与平台推出的各类活动、竞赛或合作项目，我们可以与平台建立更紧密的联系，获得更多的推广和资源支持，从而提升视频的曝光和传播效果。

5.维持良好的平台关系

与平台保持紧密的合作关系，并不断与其团队进行交流和沟通，对我们及时了解和适应平台的更新与变化至关重要。通过与平台团队的深入交流，我们可以第一时间获取有关推荐机制和规则的最新信息，从而迅速调整内容策略，确保短视频能够持续获得平台的推荐和曝光。

6.不断学习和测试

持续学习和测试是了解平台推荐机制的重要方法。尝试不同的策略和元素，分析它们对视频推荐和曝光的影响。通过不断地试错和优化，逐渐掌握平台的推荐机制并提高视频的表现。

通过以上方式，可以更加熟悉平台的推荐机制，了解用户的兴趣和行为，优化视频元素和形式，提升视频的曝光和推荐机会。这将有助于创作出更具吸引力和爆款潜力的短视频。

任务实施：

小昊在深入了解跨境电商爆款短视频的打造思路后，借助项目三中学到的数据分析平台工具开始着手整理优质短视频内容选题创意的汇总表，下面案例以收集玩具相关的优质短视频为例介绍。

步骤1：登录短视频数据平台"嘀嗒狗"平台，并注册相应账号，进行优秀跨境电商短视频作品内容选题及创意收集，如图5-2-4所示。

图5-2-4　短视频数据平台"嘀嗒狗"操作界面（首页）

步骤2：点击左上角"大数据"菜单打开下拉菜单栏，点击"种草选品"菜单，如图5-2-5所示。

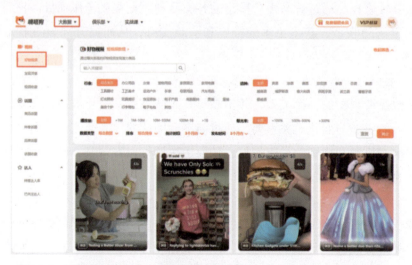

图5-2-5　短视频数据平台"嘀嗒狗"操作界面（"大数据"下拉菜单栏）

步骤3：在左侧"视频"菜单栏里，选择"好物视频"，依据公司主营的玩具类商品，选择"玩具爱好"，进行达人优秀短视频浏览，如图5-2-6所示。

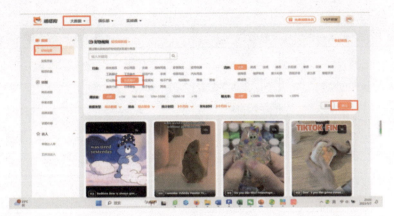

图5-2-6 短视频数据平台"嘀嗒狗"操作界面("玩具爱好"类好物视频)

步骤4：选择优秀短视频作品浏览，如图5-2-7所示。并记录和登记其短视频内容表现方式、标签等信息，并进行模仿制作，完成初步短视频内容选题，完成优质短视频内容选题创意汇总表，见表5-2-2。

图5-2-7 优秀短视频作品创意及标题标签信息

表 5-2-2 优质短视频内容选题创意汇总表

优秀短视频作品内容表现形式分类			短视频内容选题	
产品展现 ＋ 音乐播放	视频／话题 （标题）		产品展现 ＋ 音乐播放	标题／标签	
	达人名称			达人名称	
	产品卖点			产品卖点	
	音乐／音效名称			音乐／音效名称	

续表

优秀短视频作品内容表现形式分类			短视频内容选题		
真人上镜 + 产品介绍 + 干货（产品使用场景、功能）	视频/话题 （标题）		真人上镜 + 产品介绍 + 干货（产品使用场景、功能）	视频/话题	
	达人名称			达人名称	
	模特/动作设计			模特/动作设计	
	产品卖点			产品卖点	
	场景设计			场景设计	
真人上镜 + 剧情形式 + 产品入境	视频/话题 （标题）		真人上镜 + 剧情形式 + 产品入境	标题/标签	
	达人名称			达人名称	
	模特/动作设计			模特/动作设计	
	剧情设计			剧情设计	
	产品卖点			产品卖点	

应用实操：

开展跨境电商爆款短视频分析，下面以"染雅服饰"定位为例，收集相关的跨境电商爆款短视频进行分析。

步骤1：打开跨境短视频平台（以TikTok平台为例），登录平台账号，在平台搜索界面输入与中国传统文化主题相关的关键词，如"China""Chinese culture""tradition"等关键词，进行爆款短视频案例收集与筛选，如图5-2-8所示。

图5-2-8　TikTok平台中国传统文化主题优质爆款短视频作品搜索

搜索时，可以结合相应的热门标签进行爆款短视频作品的搜索与筛选，如图5-2-9所示。

图5-2-9　爆款短视频相关热门标签作品搜索界面

步骤2：在搜索结果界面，选择其中一个爆款短视频账号，点击进入该账号简介界面，查看其短视频作品，如图5-2-10所示。

图5-2-10　短视频账号"aboutchina"账号介绍界面

步骤3：在该短视频账号的作品中，选择和查看爆款短视频作品，并依照任务中所学的爆款短视频打造思路，对此短视频作品进行分析，如图5-2-11所示。

步骤4：依据所浏览分析的爆款短视频作品的具体信息，完成以下案例分析表格，见表5-2-3。

图5-2-11　爆款短视频

表 5-2-3　爆款短视频作品案例分析汇总表

投放平台	
账号名称	
账号简介	
作品标题	
作品标签	
标题 / 标签优势	
视频画质优势	
所选择的配乐及其优势	
本案例中内容选题优势	
本案例中内容创意优势	

任务评价:

项目	掌握跨境爆款短视频的打造思路	能将选题及内容创意进行整理与汇总	能将优秀案例作品特征运用到创作中
学生自评	□优秀 □良好 □合格	□优秀 □良好 □合格	□优秀 □良好 □合格
小组评价	□优秀 □良好 □合格	□优秀 □良好 □合格	□优秀 □良好 □合格
教师评价	□优秀 □良好 □合格	□优秀 □良好 □合格	□优秀 □良好 □合格
企业评价	□优秀 □良好 □合格	□优秀 □良好 □合格	□优秀 □良好 □合格

【案例拓展】

TikTok成功的内容营销案例

在当前的跨境短视频市场中，TikTok无疑是内容电商平台中的佼佼者。无论是从平台的下载量、搜索量还是浏览点击量来看，TikTok都展现出了其强大的用户吸引力和市场影响力。它凭借其独特的算法和推荐机制，成功吸引了大量用户的关注和参与。同时，平台上的创意内容和多元化的内容创作者也吸引了广泛的用户群体，为品牌或个人提供了无限的商业机会和创意空间。据数据分析平台的统计，主动在TikTok上投放广告的品牌涵盖快消、数码、时尚、奢侈品等多个行业，品牌在TikTok平台的广告投放总额也成倍增长。数据还显示，如今品牌在TikTok上的广告投放额不及在Facebook和Google上合计支出的5%，这也意味着TikTok在未来拥有巨大的发展潜力，是许多品牌独立站的流量来源，拥有许多成功的内容营销案例。

案例一：假领子（#fakecollar）

假领子是一个比较简单的产品，产品比较简单，方便大家平时给自己的衣着打扮增加层次感。假领子搭配，一下子变得休闲又正式，大方得体。

这款产品主要是导流到亚马逊，话题#fakecollar就有超过2 400万的播放量。其中一名外国用户的短视频超过170万播放量，点赞量超过36万，评论和转发都超过5 000条，热度不凡，如图5-3-1所示。

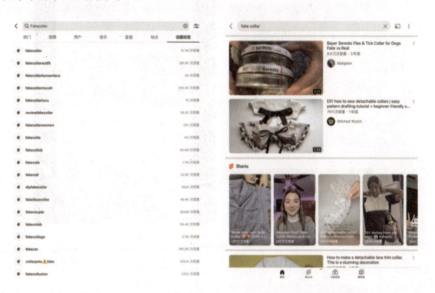

图5-3-1　TikTok平台"Fakecollar"主题内容短视频标签

案例二：卷发器（#heatlesscurls）

丝绸卷发器跟普通卷发器不一样，它可以免加热，操作非常方便。也正是因为这样，这款产品对不少爱美又想节省时间的女性具有很大的吸引力，累计超过5亿的播放量，如图5-3-2所示。

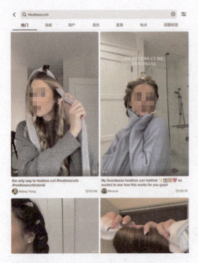

图5-3-2 TikTok平台"#heatlesscurls"主题内容短视频作品（视频截图）

案例三：EA Sports

游戏公司都倾向于和Twitch以及YouTube红人合作，但也有在TikTok上进行营销推广。EA 意识到TikTok上拥有可观的游戏亚文化群体，例如，搜索标签#fortnite，拥有290多亿的浏览次数，如图5-3-3所示。

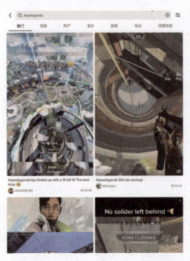

图5-3-3 EA Sports游戏短视频作品（视频截图）

此外，EA Sports和TikTok红人合作推广了很多款游戏，EA雇用红人Brent Rivera制作了一个玩游戏的搞笑视频，带来了90万次点赞。

案例四：lenses 美瞳

品牌以产品名称"lenses"为主体，注册了一个专门分享各类美瞳产品的账号（而非品牌账号），在bio中加入自身的独立站链接，将流量都导流到这个独立站。账号目前已经获得了超过30万粉丝和700万个赞，如图5-3-4所示。

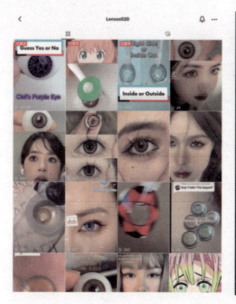

图5-3-4　TikTok平台"lenses"主题内容短视频作品

●【小组讨论】

请认真阅读上述优秀的短视频内容营销案例，了解一个短视频内容的主题及相关的流量标签的选择和策划，如何通过爆款短视频进行内容流量及标签流量的积累与拓展。

1.批量式优质短视频内容选题中，如何结合自己公司的产品及目标人群进行适合的内容主题选取？

2.如何在进行批量式优质短视频内容选题中，进行适合短视频内容主题、短视频账号人设以及目标用户人群的标签组合设计？

请以小组的形式进行讨论，结束讨论后，请每个小组派代表发言分享小组讨论的想法。

●【项目小结】

本章旨在深入探讨爆款短视频的共同特征，并为企业提供打造爆款短视频的思路。我们将从选题、内容创意、标签选用等多个方面展开分析，帮助企业更好地理解和应用短视频平台，为持续进行跨境短视频创作和运营推广奠定坚实基础。通过学习本项目，企业将能够掌握爆款短视频的核心要素，提高内容质量和传播效果，从而在竞争激烈的市场中脱颖而出。

●【课后任务】

一、单选题

1.下列不属于短视频标题类型的是（　　　）。

    A.直击痛点型　　　　　　　　　　B.快速实现型

    C.解决问题型　　　　　　　　　　D.模棱两可型

2.下列不属于海外爆款短视频内容中所融入的跨文化元素的是（　　　）。

    A.传统文化展示　　　　　　　　　B.地方美食体验

    C.明星娱乐事件　　　　　　　　　D.宗教文化展示

3.下列不属于跨境短视频实现无语言障碍的方式是（　　　）。

    A.视觉元素　　　　　　　　　　　B.视频长短

    C.字幕　　　　　　　　　　　　　D.音效

4.下列各项不属于在选择跨境爆款短视频音乐要考虑的因素是（　　　）。

    A.视频内容和风格　　　　　　　　B.目标用户

    C.版权和授权　　　　　　　　　　D.明星的粉丝数

5.下列不属于构思内容创意的方法的是（　　　）。

    A.搬运法　　　　　　　　　　　　B.模仿法

    C.边拍边想法　　　　　　　　　　D.带入法

二、多选题

1.下列属于爆款短视频共同特征的有（　　　）。

    A.巧妙融入跨文化元素　　　　　　B.实现语言呈现无障碍

    C.创作有趣有用的内容　　　　　　D.提炼创意吸睛的标题

    E.设计紧凑简洁的情节

2.跨文化元素包括（　　　）。

    A.传统文化展示　　　　　　　　　B.宗教文化展示

    C.地方美食体验　　　　　　　　　D.跨文化交流与友谊

3.选择适合跨境爆款短视频音乐时，考虑的因素有（　　　）。

    A.视频内容和风格　　　　　　　　B.跨文化适应性

    C.品牌形象和定位　　　　　　　　D.目标用户

    E.版权和授权

4.爆款短视频内容创意来源包括（　　　）。

    A.内容创意来源于生活

    B.创意来源于突发的思想碰撞

    C.内容创意依据用户人群需求或痛点产生

D.内容创意源自创作者自身的优势与特点

5.以下属于挖掘海外热点的途径的是（　　　）。

A.谷歌趋势　　　　　　　　　　B.BuzzFeed Trending

C.YouTube　　　　　　　　　　D.Twitter

三、简答题

1.爆款短视频所具备的共同特征有哪些？

2.简要地介绍一些"跨文化元素"中关于传统文化展示的内容。

3.简要地介绍一些爆款短视频常见创意吸睛的标题类型。

4.爆款短视频进行的营销推广措施有哪些？

项目六
跨境电商短视频运营策略

【职场场景训练】

深入贯彻落实党的二十大精神，2023年3月5日发布的《政府工作报告》中明确提出要"扎实推进媒体深度融合，提升国际传播效能"，加强技术融合、产业融合，推动内容生产与融合创新。

借助国家政策的支持，"染雅服饰"紧抓跨境电商的发展机遇，充分利用短视频平台进行品牌宣传。经过市场调研、用户分析、账号策划和短视频创作等环节，该公司在账号运营方面取得了显著进展。

尽管小昊通过实践掌握了许多运营知识，但对于推广、引流、变现等方面的具体操作还不够熟悉。为了进一步提升自己的运营能力，他向部门资深运营专员请教，希望在发布推广、引流变现、粉丝运营以及数据分析等方面得到更多的指导和帮助。

【项目学习目标】

1. 知识目标

（1）了解跨境短视频运营的基本概念和策略，包括发布流程、引流技巧、变现模式和粉丝运营等。

（2）掌握短视频数据分析的方法和技巧，理解数据分析在短视频运营中的重要性。

（3）熟悉短视频平台的运营规则和推荐算法，以便更好地规划和执行运营策略。

2. 技能目标

（1）熟练掌握短视频制作和编辑工具，能够高效地创作和发布短视频内容。

（2）学会运用各种引流技巧，提高短视频的曝光度和互动性。

（3）能够运用数据分析工具对短视频运营数据进行分析和优化。

3. 素质目标

（1）具备跨境电商短视频行业的职业精神和职业规范。

（2）有较强的市场意识、创新意识、数据思维和系统思维。

（3）正面引导，激发其爱国、爱岗、爱专业以及传播正能量。

【技能提升图谱】

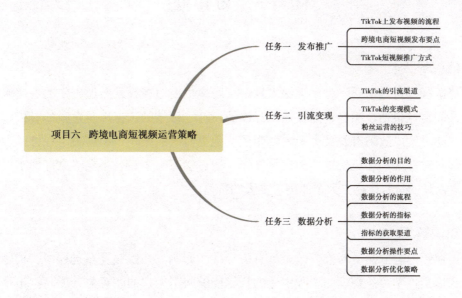

项目六　跨境电商短视频运营策略

任务一　发布推广
- TikTok上发布视频的流程
- 跨境电商短视频发布要点
- TikTok短视频推广方式

任务二　引流变现
- TikTok的引流渠道
- TikTok的变现模式
- 粉丝运营的技巧

任务三　数据分析
- 数据分析的目的
- 数据分析的作用
- 数据分析的流程
- 数据分析的指标
- 指标的获取渠道
- 数据分析操作要点
- 数据分析优化策略

【案例成果展示】

非遗植物染服饰跨境短视频
推广策划方案

任务一　发布推广

情境导入：

在运营专员的指导下，小昊深入理解了跨境电商短视频发布过程中的关键操作要点。这些要点包括视频标题的描述、封面的设计、标签的选择以及发布的时机，每一个环节都对推广效果有着重大影响。为了实现更有效的推广，小昊决定在推广方式上重点学习付费推广和免费推广的优化操作。通过学习与实践，小昊将更好地掌握跨境电商短视频的运营策略，为企业创造更大的价值。

知识解析：

短视频内容的品质对推广效果具有决定性的影响。在视频发布过程中，标题的准确性和恰当性不可忽视。一个吸引人的标题能够吸引用户的注意力，提高点击率。同时，视频封面的选择也需足够引人瞩目，以吸引观众的兴趣。此外，标签的选用对于用户检索视频也起到了关键作用。选择与视频内容匹配的标签，可以增加视频被发现的机会，提高曝光度。发布视频的时间也是影响视频传播推广效果的因素之一。选择用户活跃的时间段发布视频，可以增加视频的观看量和互动度。

一、TikTok上发布视频的流程

（一）手机端发布短视频的操作流程

步骤1：在手机上打开TikTok应用，并登录账号。点击"加号"按钮，位于底部中央的加号按钮是发布视频的入口，如图6-1-1所示。

步骤2：点击该按钮后，将进入视频拍摄和编辑界面或者可以直接选择"upload"，选择处理好的视频，如图6-1-2所示。

步骤3：录制和编辑视频，长按屏幕中央的红色按钮来录制视频，松开按钮停止录制。在录制完成后，可以编辑视频，添加特效、滤镜、音乐等，如图6-1-3所示。

步骤4：编辑视频描述和设置，点击右下角的"Next"按钮，进入编辑页面，在标题和描述字段中填写的标题和相关描述，添加标签、封面、设置隐私和发布选项，如图6-1-4所示。

步骤5：定时发布和分享，点击下方的"Post"按钮，选择立即发布或定时发布，可以通过分享功能将视频链接分享到其他社交媒体平台和网络渠道上，如图6-1-5所示。

图6-1-1 TikTok手机端首页界面

图6-1-2 添加视频作品

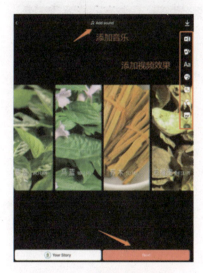

图6-1-3 录制和编辑视频

图6-1-4 编辑视频描述和设置

图6-1-5 发布和分享

（二）电脑端发布短视频的操作流程

步骤1：打开TikTok网页版。在电脑上打开浏览器，输入TikTok官方网站地址，登录账号。点击上传按钮，在页面右上方找到"上传"按钮，点击进入视频上传界面，如图6-1-6所示。

图6-1-6　TikTok网页版"上传"

步骤2：选择视频文件。点击页面中央的"选择文件"按钮，从电脑中选择要上传的视频文件。也可以直接将视频文件拖放到页面上，如图6-1-7所示。

图6-1-7　选择视频文件

步骤3：编辑视频信息。在上传视频后，可以编辑视频的标题、描述、标签等相关信息。设置封面和预览视频，如图6-1-8所示。

步骤4：定时发布和分享，完成视频信息编辑后，可以选择立即发布或定时发布视频，如图6-1-9、图6-1-10所示。

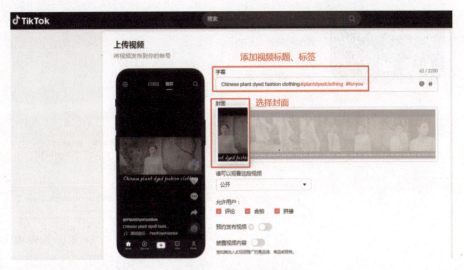

图6-1-8　编辑视频信息

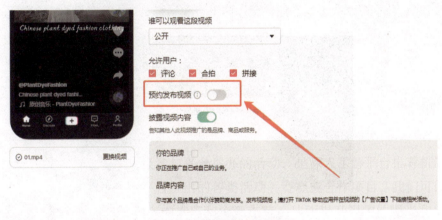

图6-1-9　定时发布和分享

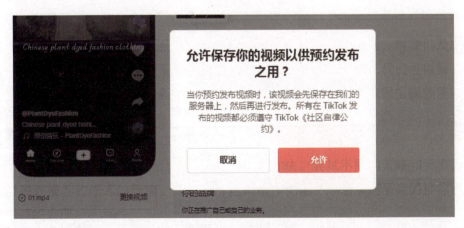

图6-1-10　预约成功

步骤5：可以进行版权检查，如未发现任何问题，点击"发布"，如图6-1-11所示。

图6-1-11　点击发布

步骤6：分享视频链接到其他社交媒体平台和网络渠道上，如图6-1-12所示。

图6-1-12　发布成功

以上是TikTok手机端和电脑端发布短视频的后台操作。具体界面和操作可能会有细微差别，但整体流程类似。建议在操作前先熟悉TikTok平台的功能和规则，以获得最佳的发布体验。

二、跨境电商短视频发布要点

视频标题和描述。撰写一个引人入胜的标题和描述是吸引用户点击和浏览短视频的关键。为了在有限的文字空间中准确传达视频的内容和吸引力，运营者需要具备营销和文案技巧。他们需要深入研究目标受众的兴趣和需求，使用关键词来提高视频在搜索结果中的排名，并激发用户的兴趣和好奇心。

视频标签的选用。标签则是通过关键词的方式对短视频进行分类和搜索，精心设计和选择适合目标市场的视频标签，能够有效提升视频的曝光度和吸引力，增加用户的点击和参与，从而提高跨境电商短视频的营销效果。

视频封面选择。选择一个吸引人且能代表视频内容的封面图像是至关重要的。封面图像是短视频给用户的第一印象，它必须在短时间内引起用户的注意并激发他们的兴趣，促使他们点击并浏览视频，要求运营者具备独特的艺术和设计眼光。

视频发布时间和规律。视频发布时间的合理规划，可以增加视频在目标受众中的曝光度和关注度，提高浏览量和用户参与度。同时，稳定的发布规律和节奏，有助于保持用户的期待和关注度，加强账号的品牌认知和提升用户忠诚度。

社区准则和规定。在发布视频时，需要遵守跨境短视频平台社区准则和规定，确保视频内容符合平台的政策和法律法规，以避免被平台限制或删除视频，如图6-1-13所示。

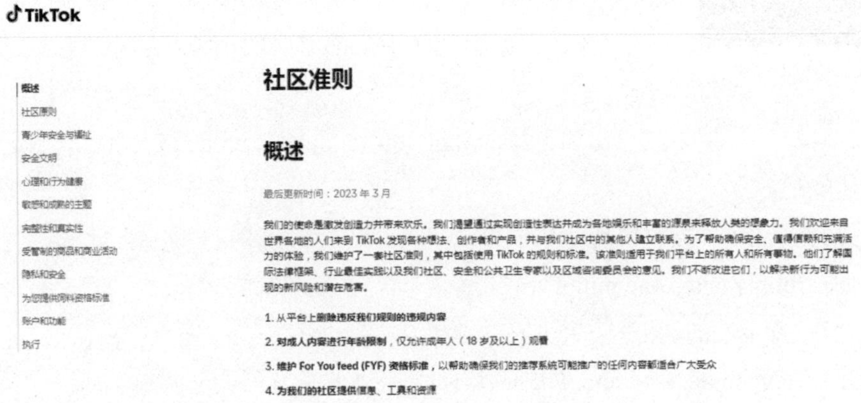

图6-1-13　TikTok社区准则

（一）标题撰写

1.标题特点

TikTok的视频标题，即视频文案，位于视频界面下方，其主要作用是明确视频主题，激发用户点击、共鸣、讨论、点赞和收藏等行为。为了确保标题的有效性，应遵循简明扼要的原则，尽量将标题长度限制在150字符以内，并将最重要的信息放在前面。同时，标题也不应过于简短，仅包含几个单词或仅由标签组成，这可能导致用户无法理解视频内容，对新账号而言也可能影响平台的推荐。在标题中，可以@特定好友或博主，运营人员还可以利用标题编辑框右侧的"#"为视频添加相关标签，即热门话题标签。

2. 标题撰写小技巧

（1）抓住用户好奇心

通过以提问方式抓住用户好奇心，比如：Can you believe it? It's said that only a few people can do this（敢相信吗？据说只有少数人可以这样）。PONGO旗下的账号@bestandfirst_my在TikTok推广国产品牌Morrorart T1黑胶蓝牙歌词音箱，使用标题"这是扬声器、壁画还是电视？"以此为噱头吸引用户浏览视频，并在视频中展示该产品的主要功能，如图6-1-14所示。

图6-1-14　TikTok推广

Morrorart T1

（2）抓住用户需求

在创作短视频标题时，运营者可以突出视频内容对于解决目标用户问题的价值，同时提供实用的生活小贴士，这样能够吸引大量对此类话题感兴趣的用户点击并浏览。通过强调视频的实际应用价值和针对性内容，运营者可以有效地吸引目标受众的注意力，提高视频的曝光度和互动度。

公式1：提出一个日常问题+给出快速解决办法。

比如：Don't panic when you hare a problem，I'll show you how to deal with it.（遇到××问题不要慌，一招教搞定。）

公式2：分享一些用户都需要的小技巧、小方法或者独特的商品。

比如：Just want you to know a unique product.（独家××产品只想让知道。）

公式3：简单的方法+快速达成成果。

比如：It only takes one minute to ××.（仅需一分钟就能××。）

公式4：肯定性的词汇+一个美好的结果。

比如：Have to be ×× and will be ××.（必须要××就会××。）

（3）给用户"选择题"

撰写短视频标题时，运营者可以采用选择题的形式，征求用户建议，以此激发用户的参与意愿，引导他们积极评论，进而提升视频的热度和互动性。比如：Which color of lipstick is better for dating?（约会用哪一个颜色的口红更好？）

（4）给用户"送福利"

用户总是难以抗拒优惠和福利的诱惑。运营者可以利用超值优惠和福利价格等手段，吸引用户的关注，进而增加短视频的浏览量。作为东南亚跨境直播和短视频运营的领先者，PONGO在每次大促前都会为合作商家提供预热短视频、广告投放以及内容营销方案等服务，如图6-1-15所示，这是PONGO在TikTok举办的2022年中大促中的一段视频。这段视频充分展示了PONGO的专业能力和创意，为合作商家带来大量的曝光度和关注度。通过精心策划和执行，PONGO成功地利用优惠和福利吸引用户的眼球，为短视频带来更多的流量和关注度。

（二）标签选用

在TikTok上，添加适当的标签是提高视频曝光度和推荐效果的重要一环。TikTok的推荐算法是其区别于其他社交平

图6-1-15　PONGO在TikTok

举办的2022年中大促

台的核心竞争力，而这种算法在内容推荐方面表现得非常出色。通过在视频标题上添加精准且有意义的标签，可以更好地帮助平台算法将视频准确地推送到对相关话题感兴趣的用户面前，进一步提升视频的曝光度和传播效果。如何添加标签，已在项目二中详细介绍，这里不再赘述。

（三）封面策划

视频封面是吸引用户点击和浏览的关键因素之一，类似于文章的标题。一个高质量的封面能够准确反映视频的主题，突出其亮点和特色，从而吸引用户的注意力。选择合适的视频封面取决于视频的类型和内容。

1.封面类型

（1）视频截图

将视频中最吸引用户的画面，作为视频封面，直击用户内心，从而提高点击率。比如萌宠类视频。宠物可爱的样子和激发用户母性的瞬间，就非常适合做视频封面，如图6-1-16所示。

（2）用醒目的字体标出重点

在制作视频封面时，运营者需要充分考虑用户注意力的有限性。为了有效地传达视频的主题和内容，运营者需要学会提炼出最关键的信息，并将其居中显示。同时，字体大小不应低于24号，以确保用户能够轻松阅读。为了提高封面的视觉效果和吸引力，建议使用封面图模板来制作封面。这些模板通常具有统一的风格和布局，能够使视频封面更加整齐和美观。通过使用模板，运营者可以更好地突出视频的关键信息，并使用户一眼就能理解视频的主题，如图6-1-17所示。

图6-1-16　TikTok宠物类视频

图6-1-17　TikTok视频封面范例

2.封面制作注意事项

（1）封面展示的主体要鲜明

在制作视频封面时，无论是实拍图还是文字图，突出主题是至关重要的。封面的设计应该让用户一眼就能够看出重点，快速理解视频的主题和内容。

（2）封面内字体简洁明了

封面内字数不要超过15个字，尽量精简标题和要点，避免过多的文字信息。同时，为了突出标题以外的亮点，可以选择直接在封面上概括重要的内容。为了使封面上的文字更加突出和易读，核心关键词应该使用亮色或高对比度的颜色进行标记，同时尽量加粗和加大字体。此外，字体和图片的颜色应该具有明显的对比度，以确保文字信息在封面上清晰可见。

（3）与视频风格统一

对于封面的设计，运营者需在字体、颜色、滤镜风格等方面与视频内容呈现统一性，便于用户加深视频形象。比如情感类视频，封面可以使用暖色调，字体设计有爱心形状的。

（4）封面停留时间

为了确保用户有足够的时间来浏览封面并理解其中的信息，封面的停留时间至少需要一秒，给予用户足够的反应时间。如果视频在用户还没看完标题的情况下就跳转到下一帧，会导致用户流失，影响视频播放完整度。

（四）发布时间

为了在TikTok上吸引更多用户，企业需要精心规划发布时间。根据Influencer Marketing Hub的数据，发布短视频的最佳全球时间是东部标准时间（EST）的上午6—10点及晚上7—11点，如图6-1-18所示。这些时间段是用户活跃度较高的时段，能够提高视频的曝光度和观看量。因此，企业需要选择合适的时间发布视频，以最大限度地吸引目标受众的关注。同时，企业还需要密切关注目标市场的当地时间，以确保在当地最佳时间段发布视频，从而提高视频的互动性和参与度。

The Best Times to Post on TikTok Globally
in Eastern Standard Time (EST)

Monday	Tuesday	Wednesday	Thursday	Friday	Saturday	Sunday
	2:00 AM					
6:00 AM	4:00 AM	7:00 AM		5:00 AM		7:00 AM
10:00 AM	9:00 AM	8:00 AM	9:00 AM		11:00 AM	8:00 AM
			12:00 PM	1:00 PM		
				3:00 PM	7:00 PM	4:00 PM
			7:00 PM		8:00 PM	
10:00 PM		11:00 PM				

图6-1-18　TikTok上发布视频的全球最佳时间表

企业可以通过申请一个专业账户（Pro Account），如图6-1-19所示，来深入了解自己账户的TikTok分析，并掌握粉丝的活跃时段。专业账户提供了详细的数据分析和洞察，帮助企业了解粉丝的行为模式和兴趣偏好。通过分析这些数据，企业可以更好地规划视频发布时间，以迎合粉丝的活跃时段，提高视频的曝光度和互动度。此外，专业账户还提供了其他高级功能，如更精细的受众定位和数据跟踪，帮助企业更好地了解目标受众的需求和趋势，从而优化内容策略和营销计划。

图6-1-19 TikTok专业账户

每个TikTok账号每天发布2~4个作品是最佳的频率。一天内，平台最多会给同一账号两次上热门的机会。然而，对于一般的企业账号来说，每天更新不超过2个作品是比较合理的。这是因为制作高质量、有创意的作品需要花费较多的时间和精力进行拍摄和后期制作。在打磨作品的过程中，企业需要注重创意和品质，以吸引用户的关注和喜爱。发布频率和作品质量之间需要做出一个平衡，既要保持一定的更新频率，又要保证作品的质量和吸引力。因此，企业可以根据自身的情况和目标受众的需求，制订适合自己的发布计划，以最大化地提高账号的曝光度和影响力。

三、TikTok短视频推广方式

TikTok平台目前提供两种主要的推广方式：广告投放和自然排名。广告投放是一种有偿的推广方式，企业可以根据自己的需求选择合适的广告形式和投放策略，以扩大品牌曝光和吸引目标受众。而自然排名则是通过发布高质量的内容，按照平台的算法规则进行免费推广。通过优化内容、提高互动性和粉丝活跃度等方式，企业可以提升账号在平台上的自然排名，从而获得更多的曝光度和关注度。这两种推广方式各有特点，企业可以根据自身的需求和预算进行选择，以实现最佳的推广效果。

（一）广告投放

付费引流主要是通过广告投放来实现，而TikTok Ads与传统硬广有所不同。TikTok Ads通常采用更加沉浸式的感官体验，让用户在不知不觉中接受广告信息。这种广告形式通过创意、视觉、音效等多种手段的结合，让用户在享受娱乐的同时，轻松接受广告信息，从而提升广告的转化率和效果。目前TikTok Ads有5种展现形式。

1.超级首位（Top View Ads）

这类广告形式在打开TikTok应用后立即出现，并支持长达60秒的视频播放。Top View Ads非常适合品牌故事传播，但费用相对较高，因此更适合预算充足的跨境卖家，如图6-1-20所示，M&M糖果公司制作了一则Top View广告，用于宣传虚拟万圣节体验。这则广告充分利用了Top View的特点，通过创意和视觉效果吸引用户的注意力，从而达到品牌宣传和推广的效果。对于跨境卖家来说，Top View Ads可以是一种高曝光、高关注的广告形式，但需要在预算和创意上做出适当的权衡和决策。

图6-1-20　糖果公司M&M制作的TopView广告

2.信息流广告（In-Feed Ads）

信息流广告是一种在用户浏览视频时插入的广告形式，它以阅读资讯流的方式呈现给用户，多触点引导用户深度互动，并且可以直接下载。相比其他广告形式，信息流广告的价格更加亲民，因此更适合中小跨境卖家进行投放。通过在广告中设置品牌独立站的链接，信息流广告可以直接将用户引导至TikTok站外，成为店铺引流的一种有效途径。这种广告形式不仅可以增加品牌的曝光度，还可以通过引导用户进入独立站，提高品牌知名度和转化率。

TikTok平台具备CTA（Call to Action）功能，该功能根据企业账户所属的行业、过去的广告效果以及具有类似目标用户和类似设置的广告，智能推荐在广告中使用得最佳CTA文案。利用这一功能生成的广告，能够实现更精准的垂直投放，从而获得更好的广告效果。例如，美国外卖巨头GrubHub公司在TikTok上制作的In-Feed广告就充分利用了这一功能，如图6-1-21所示，该广告通过精准的目标用户定位和垂直投放，成功地吸引了潜在顾客的关注，提升了品牌知名度和销售额。通过智能推荐的CTA文案和精准的垂直投放，企业可以更有效地在TikTok平台上推广产品和服务，实现营销目标。

图6-1-21　美国GrubHub公司在TikTok制作的In-Feed广告

3.标签挑战赛（Hashtag Challenge）

这是目前TikTok上品牌最受欢迎的广告投放方式之一，这种方式由广告主发起活动。这种广告形式鼓励用户参与并创建与品牌主题相关的视频内容。常见的操作方式是使用特定的歌曲或舞蹈动作，平台将这些内容汇总在包含主题标签的页面中，为品牌带来持续的流量。这种广告模式深受用户喜爱，具有病毒式营销的效果。据统计，TikTok平台上16%的短视频与标签挑战有关。此类广告通常有3~6天的曝光周期，为品牌带来广泛的曝光和用户参与。如elf品牌的品牌标签挑战运动，#EyesLipsFace挑战非常受欢迎，如图6-1-22所示。OPPO发起了一项名为#LightUpF11Pro的主题挑战，以提高该设备在马来西亚的知名度。挑战的结果是在为期6天的广告活动期间，用户生成了7 000多个视频，600万个视频浏览次数和326 000个置顶，如图6-1-23所示。

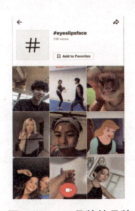

图6-1-22　elf品牌的品牌　　　　　图6-1-23　OPPO发起了一项名为

标签挑战运动　　　　　　　　　#LightUpF11Pro的主题挑战

4.品牌效果广告（Branded Effect Ads）

品牌效果广告是一种创新型的广告方式，允许广告主自行设计独特的AR滤镜、贴纸等特效功能，为用户提供日常使用的体验。这种广告形式巧妙地将品牌元素融入其中，让广告看起来更加自然，实现软植入的营销效果。品牌通过提供有趣的互动游戏、定制贴纸、滤镜和特效滤镜等工具，激发用户的参与热情，从而提高品牌的互动度。

通常情况下，品牌效果广告的投放效果周期为10天，超过这个时间范围后，广告仍可通过搜索使用。这种广告类型的预算花费相对较低，适合新手卖家进行尝试。然而，由于其展现方式相对有限，建议与其他营销手段结合使用，以实现更全面的品牌推广。

这种广告形式能够吸引用户的关注和参与，提升品牌知名度和好感度。通过创意和个性化的元素设计，品牌效果广告可以帮助企业更好地与目标受众建立联系，实现营销目标。如图6-1-24所示，高露洁在TikTok上投放的品牌效果广告"微笑日挑战"取得了巨大的成功，播放量突破了25亿。

图6-1-24 高露洁在TikTok上作的品牌效果广告

5.开屏广告（Brand Takeovers）

开屏广告是TikTok平台上一种独特的广告形式，当用户首次打开应用时，它以全屏的形式展示给用户。这种广告具有高曝光率和强覆盖率的特点，能够迅速吸引用户的注意力。开屏广告的时长短小精悍，包括3秒的静态图片和3~5秒的动图或视频两种形式。用户可以直接点击广告跳转到品牌的登录页面或TikTok中的主题标签挑战页面。

由于每天仅允许一名广告客户进行投放，并对全体TikTok用户进行推送，这种广告形式的预算费用极高，适合体量较大、高预算的广告主进行投放。例如，Guess在TikTok上进行了Brand Takeovers，主要围绕牛仔裤进行宣传。据统计数据，这次广告活动在3天内为Guess的TikTok账户吸引了12 000多名新粉丝，并产生了14.3%的参与率。如图6-1-25所示，Guess的开屏广告成功地吸引了大量用户的关注和互动。

图6-1-25 Guess在TikTok上进行Brand Takeovers

总而言之，开屏广告是一种具有高曝光率和强覆盖率的广告形式，适合体量较大、高预算的广告主进行投放。通过精心设计和创意，开屏广告可以帮助品牌迅速吸引目标受众的注意力，提高品牌知名度和影响力。

（二）自然排名

自然排名是基于TikTok平台的算法，通过不断优化视频的浏览量、点赞数、转发数、留言数以及账户粉丝数据，从而实现营销效果的一种推广方式。为了在免费推广方面达到最大的营销效果，企业需要进行多方面的内容优化。这包括但不限于以下几个方面。

1.设备优化

解决设备问题的核心在于让TikTok官方认定用户的手机位于其他国家，从而被认为是真实的跨境账户。需要确保系统语言与目标国家的语言一致，通常选择通用性高的英语。这些措施能够提高账户的真实性和可信度，从而更好地进行跨境推广。

2.账号优化

在TikTok上进行营销推广之前，进行账号培育操作是必不可少的步骤。账号培育的主要目的是给账号打上标签，使TikTok系统能够识别和认定账号的属性，从而更精准地推送相关视频。最简单直接的账号培育方式是浏览与账号定位相关的内容，并保持100%的完播率，即确保视频从头到尾都被完整播放。除了完播率，还需要进行点赞、评论和转发等互动操作。例如，如果企业打算发布宠物类目的商品，可以关注、浏览、转发、点赞与宠物相关的视频，如图6-1-26所示。通过这种方式，TikTok系统会逐渐了解账号的兴趣和属性，并推送更多相关内容。一旦账号开始发布内容，TikTok平台会根据账号的标签和受众特点，将短视频精准地推送给目标人群。这种精准投放有助于提高内容的曝光率和互动率，进而提升品牌知名度和销售额。

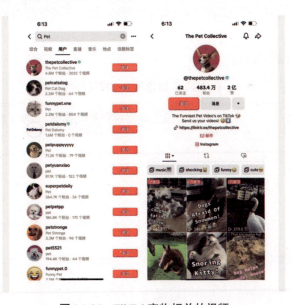

图6-1-26　TikTok宠物相关的视频

在连续操作3~5天后，打开TikTok页面，如果第一个推送视频与你的账号将运营的内容有关，那么说明账号培育成功。这个过程一般需要1~2天。一旦账号培育成功，你的账号就会被系统认定为对该领域有高度兴趣的用户，从而在后续的推荐和投放中更加精准和有效。具体操作在项目二任务二账号搭建与策划中有详细介绍，这里不再赘述。

3.发布时间的优化

在执行全球短视频发布任务时，我们需要注意的是时差的影响。经过分析，部分时段对于中国企业的短视频运营存在挑战，例如周五的下午1点和3点。尽管这个时间段是美国用户在TikTok上最为活跃的时候，但对于中国企业来说，这个时段却是凌晨2点和4点，大多数中国运营者都在休息。

因此，如果选择在这个时段发布视频，我们需要提前准备并设定好内容，通过TikTok网页进行定时发布。TikTok提供了长达10天的预留时间进行定时推送，这为那些可能遇到突发情况或无法准时发布的创作者解决了精准发布的问题。

4.内容优化

关于视频内容的创作，项目四和项目五已经提供了详细的指导，这里不再赘述。重点在于遵循最佳实践，关注受众需求，保持一致的风格和高质量的制作标准。同时，要定期分析数据和用户反馈，持续改进内容策略，以提升视频的影响力和吸引力。通过不断优化内容，企业可以提升其在TikTok平台上的影响力和用户参与度。

任务实施：

小昊打算将跨境电商短视频营销发布和推广的技巧和注意事项整理成一份表格，方便查看和比较，有助于更好地理解和掌握跨境电商短视频发布推广技能，实现更好的营销效果。

第一步，短视频发布技巧和注意事项。

表 6-1-1　TikTok 短视频发布技巧与注意事项

项目	TikTok 短视频发布推广技巧与注意事项
标题撰写	
封面策划	
发布时间	

第二步，短视频推广技巧和注意事项。

表 6-1-2　TikTok 平台推广技巧与注意事项

推广类型		TikTok 平台推广技巧与注意事项
广告投放	Top View Ads	
	In-Feed Ads	
	Hashtag Challenge	
	Branded Effect Ads	
	Brand Takeovers	
自然排名	设备优化	
	账号优化	
	视频内容优化	
	发布时间的优化	

应用实操：

在深入学习跨境电商短视频发布推广技巧后，小昊计划将之前任务中制作的短视频作品进行发布推广实操，并为此制订一份全面的推广方案。该方案将结合自然排名和付费推广两种策略，旨在更有效地提升短视频的曝光率、点击率和转化率。通过不断优化和调整，小昊希望能够在跨境电商领域为这些视频带来更多的流量和商业机会。实训步骤如下。

1.标题设计

设计引人注目的标题，准确描述视频内容，考虑使用有趣的词汇或短语，激发用户的好奇心和兴趣。

2.封面选择

选择吸引人的视频封面，能够传达视频的主题和吸引力。封面图像应清晰、有吸引力，能够激发用户的兴趣，引导他们点击浏览视频。

3.标签选用

选择与视频内容和目标市场相关的标签。使用具有高搜索量和相关性的标签，以提高视频在平台上的曝光度。同时，考虑使用当地化的标签，提高吸引目标市场用户的机会。

4.发布时间选择

根据目标市场的时区、用户活跃时间和平台算法等因素，选择最佳的发布时间。研究平台和目标市场的数据，了解用户活跃时间段，以确保在用户最活跃的时段发布视频。

5.自然排名优化措施

分别从设备优化、账号优化、发布时间的优化、内容优化等方面策划。

6.付费推广计划

分别从推广方式、推广目标预算分配、内容制作、投放广告、数据跟进等方面计划。

7.数据分析与优化

通过平台提供的分析工具和用户反馈，评估视频的推广效果。根据数据和反馈进行优化和改进，调整标题、封面、标签和发布时间等，以提升视频的可见度、参与度和转化率。

通过以上实训步骤，可以系统地规划和执行跨境电商短视频的发布和推广任务，提交一个发布实践和推广策划方案，并进行分享交流。

任务评价：

项目	整理短视频发布和推广技巧	了解短视频发布和推广注意事项	能制订发布和推广计划
学生自评	□优秀	□优秀	□优秀
	□良好	□良好	□良好
	□合格	□合格	□合格
小组评价	□优秀	□优秀	□优秀
	□良好	□良好	□良好
	□合格	□合格	□合格
教师评价	□优秀	□优秀	□优秀
	□良好	□良好	□良好
	□合格	□合格	□合格
企业评价	□优秀	□优秀	□优秀
	□良好	□良好	□良好
	□合格	□合格	□合格

任务二　引流变现

情境导入：

在运营专员的精心指导下，小昊已经全面掌握了跨境电商短视频发布推广的操作要点。为了更进一步地提升推广效果，小昊决定深入研究更多的引流渠道和变现策略，以不断优化推广效果来提升短视频的商业价值。

知识解析:

一、TikTok的引流渠道

（一）广告投放引流

TikTok广告投放是一种有效的付费流量获取方式，它能够帮助跨境卖家实现曝光和转化目标。通过TikTok广告投放，跨境卖家可以直接将流量引导至跨境电商平台店铺页面或独立站等外部链接。

TikTok的推荐算法将视频精准推送给相关用户，提高了广告的曝光率和点击率。同时，通过在视频底部放置呼吁行动按钮，引导用户进行下一步操作，如下单、下载App或跳转到指定页面。这种引流方式能够有效地提高转化率，为跨境卖家带来更多的商业机会。

TikTok广告投放是一种高效、精准的引流方式，能够帮助跨境卖家更好地触达目标用户，提升品牌知名度和销售额。TikTok广告形式在本项目的任务一已介绍，在此不再赘述。

（二）红人营销引流

在广告引流成本普遍较高的情况下，博主引流成为一种更具性价比的选择。统计数据显示，77%的消费者表示在博主推荐产品时会考虑购买，这表明粉丝对博主推荐的产品具有较高的信任度。

相比传统的广告投放，博主引流更加精准地触达目标受众。博主通过自身的社交媒体平台，与粉丝建立紧密的联系，通过分享真实的使用体验和产品推荐，增强粉丝对产品的信任感。这种基于信任的推荐方式在营销中具有更高的转化率，且成本相对较低。

1.寻找合适的TikTok博主

在TikTok平台上，拥有最多关注者的创作者并不一定是最具影响力的。企业需要深入探究创作者的参与度，以及他们是否具备影响用户购买决策的能力。仅仅关注关注者的数量是不够的，更重要的是创作者与粉丝之间的互动程度以及粉丝对创作者内容的反馈和参与度。这些因素更能体现创作者的影响力和商业价值。因此，在选择合作创作者时，企业需要综合考虑多方面的因素，以确保精准引流并实现商业目标。

（1）寻找博主的方式

寻找合适的博主进行合作是实现精准引流的关键。以下是几种有效的寻找博主的方式。

①通过搜索引擎查询"顶级TikTok博主"等关键词，可以发现一些受欢迎的TikTok博主。然后，可以通过修改关键词来寻找与自己企业经营方向相似的特定细分市场的博主。

②利用TikTok平台的发现页面。在TikTok应用的首页，通过搜索栏输入与企业经营方向相关的关键词，可以找到最热门的视频。从这些热门视频中，可以识别并找到相关的博主。

③关注博主的赞助商内容。通过观察TikTok上现有的博主赞助商内容，企业可以快速定位到有合作潜力的博主。这有助于确定博主的商业价值和影响力。

④检查其他社交平台上的热门博主。如果企业已经在其他社交平台上掌握了某些热门博主的资料，可以在TikTok平台上检查他们是否有账号。跨平台的博主通常具有强大的影响力，如果他们在其他平台上表现出色，那么他们在TikTok上的粉丝群也可能不断增长。

寻找合适的博主需要综合考虑多方面的因素，包括博主的粉丝基础、互动程度、商业价值和影响力等。通过以上方式，企业可以更有效地找到与自己品牌和经营方向相匹配的博主，从而实现精准引流和商业目标。

（2）选择博主的注意事项

第一，我们需要深入分析博主的粉丝特点和引流效果。通过分析博主视频内容，我们可以了解粉丝的年龄层、性别比例等要素，从而更好地理解目标受众。同时，还要全面评估博主的视频播放量、点赞和评论量，这些数据可以帮助判断博主的影响力和互动效果。此外，了解博主与其他品牌的合作案例也是非常重要的，这可以帮助我们判断博主是否能够有效地为企业引流。

第二，我们需要仔细分析博主的风格。通过观察博主的视频内容，可以了解他们的整体风格、兴趣喜好以及与粉丝的互动方式。这些因素可以帮助我们判断博主是否适合推广产品或品牌。与风格匹配的博主合作，能够更好地传递品牌信息，并促进用户转化。

2.与博主讨论合作事项

第一种方式是免费寄送样品给引流博主。通常以Vlog、开箱视频、教程视频、测评视频和合集视频等形式进行推广。当博主收到样品后，一般会在7天内发布相关的视频内容。在合作过程中，可以要求博主在帖子中添加#品牌#标签和@品牌官方账号，以增加品牌的曝光度，实现最大程度的品牌推广。

这种合作方式主要适用于中小型博主，通常粉丝数量在2 000人以下。其优点在于成本较低，同时能够快速获得曝光和引流效果。通过与中小型博主合作，企业可以更灵活地调整策略，针对特定目标受众进行精准推广，提高转化率。

第二种方式是付费合作模式，适用于与粉丝量较多的博主合作。为了评估博主的合作费用，企业可以利用第三方工具提供的参考费用进行评估。这些工具提供了博主的粉丝数量、互动率等数据，以及相应的合作参考费用，帮助企业更好地了解博主的合作价值和市场行情。

多数高质量博主的CPM（每千次展现付费）通常为10~20美元，他们会根据预估的播放量来进行报价。合作视频的形式多样化，包括Vlog、开箱视频、教程视频、测评视频、合集视频等，并可以要求视频中只展示本企业的产品，确保品牌的独家曝光。

与博主合作的另一种有效方式是建立企业店铺的优惠券链接。TikTok博主会在发布的视频中告知粉丝，通过访问企业店铺的链接并输入博主名称，即可获取专属优惠券。这种方式既提升了博主的参与度，也为企业带来了实际的销售转化。

在与博主合作过程中，会涉及多个方面的协商，如付款方式、付款时间、视频形式、帖子内容、上线时间、链接追踪以及上线后的质量评估等。为了确保合作顺利进行，建议企业在看到视频草稿后再商定付款时间，以确保视频内容符合预期并保障双方权益。

（三）DOU+推广引流

DOU+是TikTok平台上的一个付费推广工具，旨在为视频内容和直播间带来更多的曝光和流量，如图6-2-1所示。在英语中，"DOU+"意为"Promote"，即推广之意。当一个视频经过发布优化后仍然没有得到足够的播放量，并且平台逐渐减少流量支持时，企业可以选择使用DOU+来付费购买视频流量，以增加视频的曝光度。通过付费推广，企业可以在短时间内提升视频的播放量，并吸引更多用户进行互动或关注。

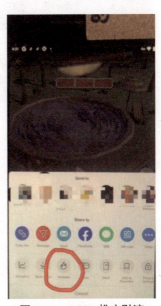

DOU+不仅有助于提升视频的曝光度，还能增加用户的参与度和关注度，从而提升企业的营销效果。通过精准定位目标受众，DOU+可以帮助企业将视频内容推送给更相关的人群，提高转化率和营销效果。

图6-2-1　DOU+推广引流

需要注意的是，在使用DOU+进行推广时，企业需要综合考虑推广预算、目标受众和竞争情况等因素，制订合理的推广计划和策略。同时，企业还需要对推广效果进行持续跟踪和分析，以便不断优化策略，提高引流效果。

Boosted TikToks Auction（BTTA）是TikTok平台推出的一种新型广告形式，采用竞价购买的原生广告形式。这种广告形式本质上是In-Feed信息流广告，通过合约（品牌）和竞价方式进行推广。

BTTA广告形式的优势在于能够通过竞价购买的原生广告形式，有效地提升视频播放量和互动量，提高内容的曝光效果，助力投放的广告主多样化的需求。同时，BTTA可以帮助TikTok账户涨粉、增加关注、提高互动，从而提升品牌的曝光度和知名度。

在使用BTTA进行广告投放时，需要先开通广告账户，并在广告账户后台进行操作。在投放过程中，可以选择更加精准的人群受众，并根据推广目标进行优化投放人

图6-2-2 主页引流

群。同时，可以在广告后台选择投放位置和投放时间，以实现更好的投放效果。

（四）主页引流

主页引流是指企业通过在TikTok主页上挂载独立站、亚马逊、速卖通、阿里国际站等店铺链接，引导用户点击进入，从而将流量引入企业店铺的一种策略。企业通过发布高质量的视频内容，增加视频的曝光度，吸引用户点击主页链接，进而跳转到店铺页面。最终，用户与企业达成交易，实现商业目标，如图6-2-2所示。

这种引流方式不需要企业支付任何费用，主要依靠企业自身的努力和创意来吸引用户。通过在主页上展示优质的内容和引导用户点击进入店铺，企业可以提高品牌的曝光度和知名度，并与潜在客户建立联系。

需要注意的是，企业在实施主页引流策略时，需要关注以下几点。

发布优质视频内容：企业需要制作高质量、有趣、有吸引力的视频内容，以增加视频的曝光度和关注度。同时，要确保视频内容与企业的品牌形象和价值观相一致。

优化主页链接：企业需要在主页上挂载正确的店铺链接，并确保链接的打开速度和页面内容的质量。此外，还要确保链接与视频内容相关，以提高用户点击的转化率。

定期更新内容：企业需要定期更新主页内容，保持用户的关注度和新鲜感。同时，要关注用户的反馈和互动，及时回应和改进。

持续推广：企业可以结合其他营销策略和渠道，如付费推广、社交媒体推广等，提高主页引流的效率和效果。

主页引流是一种有效的免费引流方式，能够帮助企业将TikTok上的流量引入自己的店铺中。通过不断优化内容和推广策略，企业可以提升品牌知名度和商业价值。

（五）评论引流

评论引流是一种有效的免费引流方式，能够帮助企业将TikTok上的流量引入自己的店铺中，如图6-2-3所示。评论引流主要指运营者在TikTok上搜索与自己店铺或商品相关的热门视频，并在这些视频的评论区发布有价值的评

图6-2-3 评论引流

论。企业可以通过这些评论吸引用户点击企业主页的链接，引导他们进入企业店铺。为了提高引流效果，运营者需要确保评论越靠前越好，这样被TikTok用户看到的可能性更大。这种引流方式是完全免费的，主要依靠企业在热门视频下积极主动地进行互动，吸引用户的关注和兴趣。

1.评论引流策略要点

需要注意的是，企业在实施这种引流策略时，需要关注以下几点。

寻找热门视频：企业需要寻找与自己店铺或商品相关的热门。

筛选热门视频：企业需要选择与自己店铺或商品相关的热门视频，并在这些视频的评论区发布评论。可以通过搜索关键词、关注相关账号等方式来寻找热门视频，确保视频内容与企业的品牌形象和价值观相一致。

2.发布评论注意点

寻找热门视频：企业需要关注与自己店铺或商品相关的热门视频，并选择适合自己品牌和目标受众的视频进行评论。

发布有价值的评论：企业需要在评论区发布有价值的评论，吸引用户的关注和兴趣。

发布有吸引力的评论：企业需要发布有趣、有吸引力的评论，以引起用户的兴趣和关注。

撰写有吸引力的评论：企业需要编写有趣、有创意、有吸引力的评论，以引起用户的兴趣和关注。同时，要确保评论与视频内容相关，以提高用户点击的转化率。可以使用与品牌相关的语言和风格，或者针对视频内容进行有趣的回应。同时，要确保评论的质量和与视频内容的关联度。

积极参与互动：企业需要积极回复用户的评论和私信，建立良好的互动关系。

互动回复：企业需要关注用户的回复和评论，及时回复和互动，增强与用户的互动和信任感。同时，要关注用户的反馈和需求，及时改进和调整策略。

引导用户点击进入主页链接：在评论区中，企业可以发布链接或使用引导性语言，引导用户点击进入企业主页。这样可以增加用户对企业品牌的认知和了解。

定期更新评论：企业需要定期更新评论内容，保持用户的关注度和新鲜感。

定期更新：企业可以定期更新自己的评论内容，保持与用户的互动和关注度。同时，要关注TikTok平台的动态和趋势，及时调整和改进策略。

持续互动和回复：企业需要关注用户的反馈和评论，及时回复和互动。

需要注意的是，虽然这种引流方式是免费的，但企业需要投入时间和精力来维护和更新评论内容，并保持与用户的互动。这样可以提高用户的参与度和忠诚度，增强用户的信任感和满意度。同时，企业还需要关注TikTok的社区规范和法律法规，避免发布违规或不当的评论内容。

通过在TikTok热门视频的评论区发布有价值的评论，企业可以吸引用户的关注和兴趣，将流量引入自己的店铺，通过在热门视频下积极参与互动和发布有吸引力的评论，企业可以提升品牌知名度和商业价值中。通过持续的互动和维护，企业可以提高品牌知名度和商业价值。

二、TikTok的变现模式

引流的最终目标是为了实现商业价值，而变现的方式主要来自公域流量和私域流量。公域流量主要包括创作者基金、广告变现、联盟带货（赚取佣金）、短视频带货和直播带货等。私域流量则是将用户引流到其他平台，如电商平台独立站、亚马逊和联盟带货渠道等。

对于公域流量变现，创作者基金是平台为内容创作者提供的奖金，根据创作者的表现和视频的观看量、互动率等进行奖励。广告变现则是通过展示广告来获得广告收入。联盟带货则是与品牌合作，推广并销售品牌商品以赚取佣金。短视频带货是在视频中展示商品，引导用户购买以获得销售分成。直播带货则是通过直播销售商品，获得销售分成或佣金。

对于私域流量变现，主要是将用户引流到其他平台，如电商平台独立站、亚马逊等。通过这些平台进行商品销售，企业可以更好地控制流量和转化路径，提高用户黏性和转化率。具体来说，将流量引导到企业自己的电商平台独立站，可以提高商品销售效率和客户黏性。引流到主流电商平台如亚马逊，可以利用平台的物流配送体系提高用户体验。与品牌合作，通过推广和销售品牌商品赚取佣金的联盟带货渠道，可以利用TikTok的社群效应提高品牌知名度和销售额。

（一）创业者基金（TikTok Creator Fund）

TikTok Creator Fund是TikTok推出的创作者基金，旨在激励内容创作者在平台上创作出更多优质内容。该基金向符合条件的创作者提供资金支持，帮助他们实现创作梦想。

要获得TikTok Creator Fund的资格，需要满足以下条件。

年龄必须在18岁以上；必须拥有至少1万名粉丝；过去30天内视频播放量必须达到至少1万次。此外，创作者的视频作品需要是原创的，不能侵犯任何版权。

TikTok Creator Fund的具体金额根据创作者的播放量和其他因素而定，并没有固定的数额。申请者需要先在TikTok上完成实名认证，然后提交一份申请表格。审核通过后，TikTok Creator Fund将会把款项打入申请者的银行账户。

需要注意的是，TikTok Creator Fund并非适用于所有国家和地区。此外，由于基金数量有限，并不是所有符合条件的创作者都能获得资助。

总体来说，TikTok Creator Fund为内容创作者提供了一个展示才华的平台和机会，同时也为TikTok平台的发展注入新的活力。

（二）广告变现

广告变现是跨境电商自媒体博主在TikTok上运营账号的另一种变现方式。当博主的账号拥有一定数量的粉丝时，他们可能会受到企业的关注，进而产生广告合作的机会。一般来说，粉丝数量越多的账号，获得广告合作的机会越大。但这也存在一定的运气成分，因为即使只有几万粉丝的博主也有可能被企业邀请进行广告合作。

TikTok平台对常规广告的要求是账号粉丝量须达到10万以上。现阶段，音乐类的广告是最受欢迎的，合作金额一般从10美元起。

在进行广告合作时，博主需要注意两点。第一，账号需要具备明显的个人品牌形象和定位，以确保广告内容与账号风格相符合；第二，博主应在个人简介中留下联系方式，以便企业与他们进行联系和合作，如图6-2-4所示。

图6-2-4　TikTok特色博主界面展示

广告收益是跨境电商自媒体博主在TikTok上实现变现的一种有效方式。通过与企业的合作，他们可以扩大自身影响力，同时获得一定的经济回报。但需要注意的是，博主在选择广告合作时需要谨慎考虑，确保广告内容与自身形象和定位相符合，以保持粉丝的信任和关注度。

（三）联盟带货（赚取佣金）

TikTok联盟带货是一种通过TikTok平台上的联盟营销计划赚取佣金的方式。商家可以在TikTok上加入联盟营销计划，并邀请内容创作者在他们的视频中推广商品。当有人通过视频中的链接购买商品时，内容创作者将获得一定比例的佣金。

以下是TikTok联盟带货的基本步骤。

步骤1：注册TikTok账号并完成实名认证。

步骤2：找到想要推广的商品，并了解该商品的佣金比例。

步骤3：制作与商品相关的视频，并在视频中添加商品链接。确保视频内容吸引人，能够激发观众的购买欲望。

步骤4：发布视频并观察数据和反馈。了解观众的兴趣和购买行为，以便调整和优化未来的视频内容。

步骤5：当有人通过视频链接购买商品时，将获得佣金。可以在TikTok联盟营销计划的相关页面查看你的佣金金额和结算记录。

需要注意的是，为了成功地进行TikTok联盟带货，需要具备一定的内容创作和社交媒体营销能力。内容创作者需要能够制作吸引人的视频内容，并掌握与观众互动和推广商品的有效方法。同时，还需要了解联盟营销的规则和条款，确保行为符合平台的要求和规定。

（四）短视频带货

对于已经建立了稳定物流和收款渠道的跨境电商企业，TikTok短视频带货无疑是一种高效的流量获取方式，甚至可能成为拓展市场的有力武器。通过TikTok平台，企业可以充分展示产品的独特卖点，迅速吸引潜在客户的目光，并引导他们顺利进入购买流程，如图6-2-5所示。

图6-2-5　TikTok电商页面链接展示

利用TikTok的免费流量，企业可以直接在个人简介页面挂载链接，实现一键跳转到电商页面，从而完成转化。同时，在评论区发布链接也是一种有效的引流手段。目前，TikTok允许挂载几乎所有主流电商平台的链接，包括亚马逊、速卖通和Shopify等，但具体链接还需根据平台政策进行调整。

除了直接电商转化，企业还可以通过联盟带货的方式进行变现。这种合作模式允许品牌与网红或影响者合作，利用他们的影响力推广产品，并从中获得佣金收益，这种方式可以帮助企业进一步扩大品牌知名度和销售额。

对于已具备稳定物流和收款渠道的跨境电商企业而言，利用TikTok短视频带货是获取流量的有效途径，有助于打开市场并提升业绩。通过合理运用平台功能和联盟带货策略，企业可以更好地实现商业目标。

（五）直播带货

直播带货是一种具有明显变现效果的电商营销方式。以沃尔玛为例，其在TikTok上的首场直播带货时长为1小时，实时在线人数最高时接近2万，展现了强大的带货能力。同样，TikTok在印度尼西亚的首播也取得了显著的成功，邀请当地网红主持直播，1.5小时内吸引了30万在线浏览，如图6-2-6所示，这表明直播带货在TikTok平台上具有巨大的潜力和影响力。

图6-2-6　TikTok主播带货直播间展示

通过TikTok的直播带货功能，企业能够与潜在客户进行实时互动，展示产品特点，解答疑问，从而提高转化率。这种方式的变现效果显著，为跨境电商企业提供了一个全新的销售渠道和流量来源。

直播带货是TikTok上一种非常有效的变现方式。为了在TikTok上成功开播，需要满足一定的条件。下面是三种主要的直播开播条件。

第一种：账号需要累计拥有至少1 000名粉丝，并且直接获得直播权限。此外，账号的注册者必须年满18岁。

第二种：通过开通TikTok Shop并绑定对应的市场账号，可以获得直播权限，即使粉丝数量为零也可以开播。

第三种：与MCN（多频道网络传媒公司）合作，通过他们开通直播权限。需要注意的是，直播的方式通常为真人直播，但近年来数字人直播也逐渐出现并受到欢迎。

直播带货为跨境电商企业提供了一个与潜在客户互动和展示产品的平台，有助于提高销售额和品牌知名度。但企业在开播前需要确保满足相应的条件，并选择合适的直播方式以获得最佳效果。

（六）衍生周边服务

在跨境电商行业中，随着企业的不断涌现，对配套服务的需求也在持续增长，这为服务商提供了巨大的商业机会。这些服务商专注于提供与TikTok相关的多元化服务，包括数据分析、软件解决方案、代运营、培训以及多频道网络（MCN）等。随着越来越多的企业加入TikTok平台，这些服务商的数量也在稳步增加。他们凭借专业的服务能力，满足企业在TikTok平台上的各种需求，为企业创造实际价值。这种变现方式是自然而然的，因为企业需要借助服务商的专业知识和经验来支持他们在TikTok平台上的发展和成功。

三、粉丝运营的技巧

近一年来，越来越多的运营者开始意识到，在跨境社交媒体平台上实现引流变现的过程中，单纯关注GMV（商品成交额）已经不够。他们开始重视"有质量的GMV"，即通过在平台流量高峰时段吸引新粉丝、召回老粉丝，并实施精细化的运营管理，以实现消费者资产的持续增值。这种策略已经成为长期运营和品牌建设的核心要素，有助于商家建立稳定的消费者群体并扩大品牌影响力。

（一）让主页"会说话"

粉丝运营的首要任务是吸引粉丝关注账号，而其中账号的第一印象至关重要。这种印象通常通过账号名称和头像来传达。对于品牌的新用户来说，主页往往是他们对品牌产生第一印象的主要来源。因此，对主页进行精心设计，让品牌的直播信息、粉丝福利等内容清晰明了，能够更有效地吸引用户关注。

（二）经营好评论区

在TikTok平台上，一个账号每天可以发布多达250条评论。精心管理和维护评论区，不仅能为账号带来持续的引流效果，还能有效增强粉丝的黏性。通过积极回复和互动，账号可以与粉丝建立更紧密的联系，提高他们的参与度和忠诚度。具体经营方式如下。

1.点赞"高赞评"

点赞评论区中点赞量较高的评论，所有对其评论和点赞的用户都会收到提醒，可引流一部分"回头客"进入账号，增加他们再次关注和互动的可能性。通过这种方式，可以有效地吸引更多用户进入账号，提高账号的曝光度和用户黏性。

2.回复"高赞评"

回复评论区中高点赞量的评论是一种有效的粉丝运营策略。通过多次回复和互动，可以不断吸引用户关注，实现反复引流的效果。无论是文字回复还是视频回复，都可以增加账号的曝光度和互动性。视频回复可以是对于原视频内容的补充、修正，也可以是全新的创作，这有助于提升账号的专业性和创意性，进一步吸引用户的关注。

3.置顶"高赞评"

将槽点、爆点的高赞评论进行置顶是一种有效的运营策略。通过将最受欢迎和最具话题性的评论放在最显眼的位置，可以吸引更多的用户参与讨论，并增加账号的曝光度和互动性。同时，这也能够加深粉丝对账号的认知和忠诚度，进一步提升账号的影响力。

（三）规律性发布视频

为了确保视频能够获得最佳的曝光和互动效果，建议企业在固定的时间点发布视频。同时，考虑到TikTok平台审核视频需要1~6小时的时间，企业应避免在高峰时段发布视频，以免审核延误影响视频的数据运营。因此，建议企业提前规划好视频发布时间，选择合适的时段发布，以确保视频能够及时通过审核并展示给目标观众。

（四）链接各社交媒体

在多个社交媒体平台上使用相似的账号名称进行管理，能够提高账号的真实性和可信度。这种策略有助于在各个平台之间进行引流，并吸引目标垂直领域的用户。通过统一的管理和运营，能够建立起一致的品牌形象，增加用户对账号的信任感。

（五）选择合适的歌曲

在制作TikTok视频时，选择适合的音乐类型是非常重要的。根据视频内容的特点，选择具有节奏感的音乐能够更好地增强视频的喜感，提升观众的观感和情感共鸣。不同类型的音乐可以带给人们不同的感受，例如，欢快的音乐可以营造出轻松愉快的氛围，而节奏感强的音乐则能够增加视频的动感和活力。因此，在选择音乐时，需要仔细考虑视频的主题和内容，选择与之相匹配的音乐，以达到更好的效果。项目三任务二素材库已详细介绍音乐资源平台，也可使用TikTok自带音乐库。

（六）视频时长较短

视频的时长对于完播率有着直接的影响。根据数据统计，TikTok平台推荐发布15秒以内的短视频，以提高完播率和视频的曝光率。对于账号运营的前期，建议发布7~15秒的视频内容，如果分享的内容较多，可以考虑分上下集进行发布。

任务实施：

小昊在仔细分析了上述资料后，结合公司竞争对手的运营情况，同学们也可以选择感兴趣的领域，整理其在TikTok平台上的引流变现方式和并小结操作要点。

第一步：TikTok引流方式和要点，见表6-2-1。

表 6-2-1　竞争对手引流方式统计表

引流方式	引流要点

第二步：TikTok变现方式和要点，见表6-2-2。

表 6-2-2　竞争对手变现方式统计表

变现方式	变现要点

应用实操：

根据上一个任务整理的信息，小昊计划为"染雅服饰"制订一个引流变现方案，让企业提高店铺流量和转化率，同学们也可以结合自己感兴趣的领域来策划引流变现方案。

任务评价：

项目	掌握店铺引流和变现技巧	了解店铺引流和变现注意事项	能制订引流和站内变现计划
学生自评	□优秀 □良好 □合格	□优秀 □良好 □合格	□优秀 □良好 □合格
小组评价	□优秀 □良好 □合格	□优秀 □良好 □合格	□优秀 □良好 □合格
教师评价	□优秀 □良好 □合格	□优秀 □良好 □合格	□优秀 □良好 □合格
企业评价	□优秀 □良好 □合格	□优秀 □良好 □合格	□优秀 □良好 □合格

任务三　数据分析

情境导入：

小昊在运营专员的指导下，成功地通过发布推广和引流变现的实践为账号带来了一定的流量和收益。然而，他也遇到了一些挑战，如部分视频播放量不如人意，产品销量也未能达到预期目标。为了解决这些问题，小昊向运营专员请教了如何进行账号数据分析，提升粉丝的黏度、活跃度和促进转化等问题。

知识解析：

一、数据分析的目的

跨境电商短视频运营并不仅仅是追求流量和粉丝的增长，而应该基于深入的数据分析。一个高效能的电商短视频运营账号需要定期进行数据分析，包括观察视频播放的高峰时段、识别最受欢迎的视频类型，以及研究客户对短视频的反馈。通过这些数据的分析，我们可以针对性地优化短视频内容，增强其营销效果。

跨境电商短视频数据分析的主要目标是深入挖掘数据价值，揭示用户行为模式、市场趋势和消费者偏好。这样，我们可以为决策层提供精确的数据支持，推动策略的优化和业务的创新。通过精细化的数据分析，企业可以更准确地理解市场动态，精确锁定目标受众，优化内容创作与推广策略，扩大品牌影响力，实现商业价值的最大化。

因此，数据分析在跨境电商短视频运营中扮演着核心角色。通过科学的数据分析，我们可以更深入地了解目标受众的需求和喜好，从而制订更精确的营销策略，提高转化率和用户满意度。同时，数据分析也有助于我们发现潜在的问题和改进方向，不断优化和提升运营效果。

二、数据分析的作用

跨境电商短视频数据分析在多个方面为企业提供支持和指导。

首先，它提供量化的指标，为品牌和营销团队提供决策依据，确保市场推广策略、预算规划和资源分配更加精准和有效。这有助于减少主观偏见和决策风险，使决策过程更加科学和客观。

其次，数据分析还有助于发现市场机会和竞争优势。通过了解受众需求和市场趋

221

势，企业可以制订针对性的竞争策略，抓住市场机会，提升品牌知名度和竞争力。

再次，数据分析还能帮助企业了解竞争对手的策略和趋势，从而调整自身策略，保持竞争优势。

最后，数据分析还有助于建立数据驱动的企业文化和决策制订过程。通过数据分析，企业可以培养团队的数字思维和数据分析能力，促进团队协作、创新和持续改进。这有助于企业更好地适应市场变化，提升运营效率和业绩表现。

三、数据分析的流程

确定分析目标：明确数据分析的目标，如了解受众特征、评估视频表现、优化内容策略等。

采集数据：使用TikTok提供的分析工具，如TikTok Analytics，采集目标数据，包括浏览量、互动数据、受众属性等。确保数据采集操作设置正确并准确采集数据。

数据清洗和预处理：对采集到的数据进行清洗和预处理，包括去除错误数据、处理缺失值、处理异常值等，确保数据质量和准确性。

数据分析和可视化：使用数据探索和可视化技术，探索数据的特征和趋势。通过统计图表、图形化仪表板等方式呈现数据，以便更好地理解数据。数据分析维度可以有以下几个方面。

①分析用户画像：使用数据分析方法，了解跨境短视频的用户特征，包括年龄、性别、地理位置、兴趣爱好等。这可以帮助更好地了解目标用户，优化内容和定位策略。

②分析用户行为：通过分析互动数据，如点赞、评论、分享等，了解用户的反馈和喜好，以便粉丝运营策略优化。

③分析视频表现：分析视频播放量、播放时长、互动数据等指标，识别优质短视频的特点和倾向，以便下一步的内容创作和推广策略优化。

④分析跨境市场：使用地理位置数据和其他相关指标，分析跨境电商市场的潜力和趋势，以便制订市场进入策略。

数据分析报告：客观陈述数据分析的结果，并根据分析结果提出相应的建议和优化策略，如改进内容创作、优化推广渠道和调整目标市场等。

追踪和监测：持续追踪和监测数据，以评估优化策略的实施效果。根据反馈和数据分析结果，进行必要的调整和优化。

在整个数据分析流程中，确保数据的隐私和安全性，遵守相关的法规和政策。同时，使用适当的数据分析工具和技术，如Excel、Python和Tableau等，以提高效率和准确性。根据实际情况和需求，可以调整流程中的步骤和方法。

四、数据分析的指标

关于数据分析的一些指标，见表6-3-1。

表 6-3-1　不同指标定义

指标	定义	说明
视频浏览量	衡量视频被浏览的次数	反映用户对视频内容的兴趣和吸引力
浏览时长	统计用户浏览视频的平均时长	了解视频的吸引力和用户参与度
互动数据	包括点赞、评论、分享等用户的互动行为	衡量用户对视频的参与度和反馈
点赞率	衡量每个视频的点赞数量与浏览量的比例	反映视频的受欢迎程度和用户喜好
评论数量和质量	统计视频的评论数量和质量	了解用户对视频的反馈和观点
分享率	衡量视频被用户分享的次数	反映视频内容的传播力和用户推荐度
受众特征	包括受众的年龄、性别、地理位置、语言偏好等	了解目标受众的特征和兴趣，以便优化内容和定位策略
地域数据	统计视频浏览和互动数据的地理位置分布	帮助确定受众市场和优化地域定位策略
转化率	衡量用户从浏览视频到完成特定行动（如点击链接、购买产品）的转化比例	反映视频的推广效果和营销转化率
ROI（投资回报率）	投入和产出之比	评估投资在跨境短视频上的回报效果，通过比较投入和产出之比，确定广告投放和营销策略的有效性

五、指标的获取渠道

（一）基础数据指标

基础数据指标是衡量TikTok联盟带货效果的重要依据，其中包括视频浏览量、浏览时长、点赞率、评论数量及质量、分享率等互动数据。这些数据可以通过TikTok平台提供的分析工具进行获取。通过登录TikTok创作者账号，并使用TikTok Analytics工具，可以轻松获取视频浏览量、浏览时长和互动数据等指标。此外，第三方分析工具或社交媒体管理平台也可以提供类似的数据分析功能，帮助更全面地了解带货效果和用户行为。这些数据可以深入了解用户兴趣和行为模式，从而优化内容创作和推广策略，提高转化率和商业收益。通过不断分析和优化，以不断提升TikTok联盟带货的效果，更好地实现商业价值。

（二）用户画像数据指标

用户画像数据指标是描述TikTok平台用户特征的重要依据，包括年龄、性别、地理位置等基本信息。通过使用TikTok Analytics工具，可以轻松获取这些数据，以深入了解目标受众的特征和兴趣。此外，一些第三方分析工具也提供了更详细的受众分析报告，帮助更全面地了解用户画像。这些数据指标对于优化内容创作和定位策略至关重要，有助于更好地满足用户需求和提高转化率。

（三）转化率指标

转化率是衡量用户从浏览视频到完成特定行动（如点击链接、购买产品）的转化比例的关键指标。这一数据是通过跟踪用户行为计算得出的，能够帮助创作者评估视频的推广效果和营销转化率。为了获取转化率数据，创作者可以在视频中植入跟踪代码或使用专门的转化追踪工具。例如，可以使用UTM参数来跟踪链接，在特定行动的页面上设置像素代码，或者使用独特的优惠码等方法。这些工具和方法能够提供关于用户行为的详细信息，帮助深入了解用户需求和优化营销策略。

（四）ROI（投资回报率）指标

ROI是评估营销活动效果的重要指标，通过比较投入成本和产出价值来计算。要计算ROI，需要准确统计相关投资成本，如广告费用、视频制作成本等，并结合其他数据指标，如转化率、销售量等来评估投入产出的价值。同时，需要注意的是，数据的获取和分析可能会因平台政策、第三方工具的支持和数据采集的设置等因素而有所不同。因此，在使用数据时，应确保使用合法合规的方式获取数据，并遵守相关隐私和数据保护法规。通过合理利用数据和分析结果，可以优化营销策略，提高ROI，从而更好地实现商业效益。

六、数据分析操作要点

（一）账户升级Pro

在进行TikTok数据分析之前，需要先将默认的PA账号升级为Pro账户。TikTok的Pro账户提供了更高级的数据分析功能，可以更好地监视用户和内容，使品牌和创作者更深入地了解用户需求和行为，优化内容策略，提升营销效果。通过升级为Pro账户，企业可以获得更全面的数据支持和更强大的分析工具，以更好地指导决策和提升运营效果。因此，在进行TikTok数据分析之前，升级为Pro账户是必要的操作步骤。

账户升级Pro具体操作步骤如下。

①点击个人资料右上角的三个点。

②选择"管理我的账户"。

③点击"专业版账户"。

④根据自己的需求选择账户类型和品牌类别。

⑤设置完成后，TikTok普通账户即可升级为Pro账户。

通过以上步骤，企业可以顺利地完成TikTok账户的升级操作，并开始使用更高级的数据分析功能。这将有助于企业更好地了解用户需求和行为，优化内容策略，提升营销效果，实现商业价值的最大化。

（二）查看TikTok Analytics

一旦成功切换至TikTok Pro账户，TikTok后台就会立即启用数据分析功能。

在电脑端，可以通过以下步骤查看数据分析。

点击TikTok界面上的"分析"选项；将鼠标悬停在"个人资料"上，一个小窗口将会弹出；点击小窗口中的"分析"按钮，即可查看详细的数据分析报告。

在手机端，可以按照以下步骤进行查看。

点击TikTok界面上"个人资料"的右上角三个点；在弹出的菜单中选择"设置和隐私"选项；在"设置和隐私"页面中，找到并点击"账户"选项；在"账户"页面中，找到并点击"分析"选项；此时将能够查看与账户相关的数据分析报告。TikTok Analytics进入路径界面如图6-3-1所示。

图6-3-1　TikTok Analytics进入路径界面　　　图6-3-2　TikTok Analytics界面

（三）TikTok Analytics数据维度

TikTok Analytics提供了三个主要的数据维度，分别是个人资料概述、内容数据分析和粉丝数据分析，如图6-3-2所示。这些数据维度提供了不同方面的账户表现和用户行为的洞察，帮助用户更好地了解和优化自己的TikTok账户。

个人资料概述（Overview）：这个维度提供了关于账户的整体概览，包括账户的概览、粉丝数量、喜欢、分享和评论等关键指标。通过这些数据，用户可以了解自己账户的整体表现和增长情况。

内容数据分析（Content）：这个维度提供了关于账户发布的内容的详细分析，包括视频观看次数、点赞、评论和分享等指标。用户可以了解哪些内容更受欢迎，哪些内容需要改进，以及最佳发布时间等关键信息。

粉丝数据分析（Followers）：这个维度提供了关于粉丝的详细分析，包括粉丝的增长趋势、粉丝的互动和偏好等。通过了解粉丝的行为和偏好，用户可以更好地理解自己的受众，并优化内容策略以更好地满足他们的需求。

除此之外，还有以下数据可以帮助分析。

视频播放量：在"个人资料概述"页面上，"视频浏览量"这一指标展示了TikTok上视频的总浏览次数。

粉丝数量：在"个人资料概述"页面上，"粉丝数据"展示了粉丝的总数以及在最近7~28天内新关注的粉丝数量。

个人资料查看次数：可以查看在过去7~28天内用户查看创作者个人资料的次数，这有助于创作者了解哪些内容更吸引用户。

视频浏览总数：在"内容数据分析"下的"视频"标签中，可以查看创作者所有视频的浏览总数，以及过去7天内视频获得的浏览总数。

趋势：在"内容数据分析"下的"为您"标签中，可以查看创作视频的累积浏览次数以及视频的趋势。

单个视频分析：如果想要了解单个视频的具体数据，只需点击该视频的缩略图，便可以看到该视频的各项指标，如总浏览次数、总播放时间、受众群体和流量来源等。

粉丝数据分析：在"内容数据分析"页面上，点击"粉丝"标签，可以显示粉丝的总数；点击"性别"标签，可以呈现粉丝的男女比例；点击"热门区域"标签，可以了解粉丝的地理分布；点击"粉丝活动"标签，可以掌握粉丝的活跃时段，有助于确定发布视频的最佳时间。

标签视图：点击"标签视图"按钮，可以查看用户搜索特定主题标签的次数，从而了解相关主题标签的受欢迎程度。

平均参与率：一般来说，平均参与率是衡量视频受欢迎程度的重要指标，计算公式为：$\dfrac{\text{点赞数+评论数}}{\text{粉丝数}} \times 100\%$。这个值越高，说明视频越受欢迎。

喜欢总数：点击"总喜欢"标签，可以查看所有视频内容的喜欢总量。这一指标类似于抖音的总获赞数，可以反映粉丝的喜爱程度以及视频的创作水平。

通过这些详细的数据分析，TikTok创作者可以更好地了解观众的兴趣和行为模式，从而调整和优化内容策略，提高视频的质量和吸引力。同时，对受众群体的深入了解也有助于更好地满足其需求，创作出更符合其喜好的优质视频。需要注意的是，TikTok账号的激活时间越长，数据分析的准确性越高。因此，对于新账户，一些数据可能不太准确或缺乏足够的历史数据来进行有意义的比较和分析。

七、数据分析优化策略

（一）提高浏览量和浏览时长

首先，要创作具有独特性、趣味性和实用性的视频内容，以吸引更多用户点击播放。避免与市场上其他视频雷同，提供与众不同的内容，并增加幽默、悬疑等元素，使视频更吸引人。同时，提供有价值的信息或教程，使观众觉得视频对他们有帮助。

其次，要重视视频开头的编辑，确保能够立即抓住观众的注意力。视频的前几秒内应有吸引人的画面、音乐或悬念，以促使观众继续观看。避免冗长的介绍，直接切入主题。

最后，要平衡视频的长度和节奏。根据内容选择合适的视频长度，避免过长或过短。同时，确保内容有张有弛，保持观众的兴趣。节奏紧凑，使观众在观看过程中始终保持注意力。

（二）提高互动数据与传播范围

鼓励用户与视频互动是提高互动数据的关键。通过提问、呼吁点赞和评论等方式，激发用户的参与感。及时回复用户评论，与他们建立互动关系，提高用户的留存率和参与感。为了增强用户对品牌的认同感和忠诚度，创建有争议性、引发讨论的内容也是有益的。

添加便于分享的内容，如在视频中加入分享按钮或呼吁用户分享视频，以方便用户一键分享。同时，注重内容的创意和吸引力，使其能够引发用户的共鸣和分享欲望。只有当视频内容真正吸引用户时，他们才会主动分享。

（三）提高转化率与投资回报率

转化率和投资回报率是衡量营销活动成功与否的关键指标。为了提升这两项指标，我们需要对视频中的呼吁行动进行精心设计和优化。以下是一些具体的优化措施。

增强购买诱因：在视频中添加明确的购买链接、优惠码或限时促销活动，以激发观众的购买欲望。这可以促使观众更快地采取购买行动，从而提高转化率。

数据驱动决策：通过跟踪和分析转化数据，深入了解观众的行为和偏好。这些数据可以帮助评估投资回报率，并为未来的营销活动提供有价值的洞察。

动态调整策略：根据转化数据和投资回报率的评估，灵活调整营销策略和资源分配。例如，如果某一视频系列的转化率较高，可以加大对该系列的推广力度。

跨渠道协同：将短视频与其他营销渠道（如社交媒体、跨境电商平台等）进行整合，形成多渠道协同效应。通过跨渠道推广，扩大品牌曝光和流量来源，提高转化率和投资回报率。

综上所述，通过关注内容创作、观众互享、传播分享、提升转化率和投资回报率等方面，可以全面提升视频的质量和效果。根据实际情况和目标用户的需求进行具体优化措施的调整，以实现最佳效果。通过持续监测数据、进行测试和收集反馈，可以不断改进和优化策略，以获得更好的结果。

任务实施：

在跨境电商短视频领域，数据分析能力已成为核心竞争力。从小白到专家，小昊知道这需要经过一系列的学习和实践。为此整理跨境电商短视频数据分析的实训，步骤如下。

1.设定学习目标

明确学习目标。深入了解受众行为、优化内容策略、评估视频表现等。确定希望通过数据分析解决的具体问题。

2.夯实基础知识

学习跨境电商短视频数据分析的核心概念。了解数据指标、数据采集方法和分析技术。通过阅读书籍、参加在线课程等方式，系统学习相关知识。

3.采集样本数据

选择典型的跨境电商短视频案例，确保数据的代表性。采集视频浏览量、互动数据、用户特征和地域数据等关键指标。确保数据的准确性和完整性。

4.数据清洗与预处理

筛选和删除错误、异常或不完整的数据。处理缺失值，采用插值、估算等方法补充数据。确保数据的质量和一致性。

5.数据分析与可视化

使用统计分析工具数据分析。通过图表、图像等形式可视化数据，便于观察趋势和关联性。深入挖掘数据的潜在价值和模式。

6.撰写数据分析报告

客观陈述数据分析结果，确保结论的可靠性。根据分析结果，提出针对性的优化建议。报告应清晰、简洁，方便他人理解。

7.实施优化并持续监测

根据分析报告的建议，制订具体的实施计划。执行优化措施，并持续跟踪监测效果。收集新的数据，与优化前进行对比分析，评估效果。

8.不断进阶与更新

根据实践反馈调整方法，持续提升数据分析能力。关注跨境电商短视频领域的最新动态和趋势。学习新兴技术和分析方法，保持竞争力。

通过以上实训步骤，逐步掌握跨境电商短视频数据分析的基本方法和技巧。在实际操作中不断运用所学知识，提升个人的竞争力。

应用实操：

同学们可以通过网络获取感兴趣的社交媒体头部账号的基础数据，或者查阅艾瑞网发布的行业社交媒体运营报告，以拓展数据分析的学习。在此背景下，小昊根据实习公司"染雅服饰"近期账号的短视频运营数据，尝试构建了一份数据分析报告。这份报告的框架如下，供同学们参考。

1.引言

本报告主要分析了染雅服饰近期账号在短视频平台上的运营表现。通过采集相关数据，并进行深入分析，旨在为染雅服饰提供有价值的建议。

2.数据采集与预处理

在本阶段，我们从染雅服饰的官方账号获取了短视频的相关数据，包括视频浏览量、点赞数、评论数、分享数等。随后，我们对这些原始数据进行了清洗和整理，以确保数据的准确性和完整性。同时，我们也处理了任何的缺失值和异常值，为后续的分析工作做好了准备。

3.数据分析

数据分析阶段主要涉及受众分析、内容分析、互动分析和趋势分析。通过这些分析，我们深入了解了染雅服饰的目标受众群体、内容吸引力、用户参与度以及账号的发展趋势。

4.数据可视化

为了更直观地展示数据分析的结果，我们利用图表和图像等形式将数据进行了可视化处理。例如，我们通过折线图展示了视频浏览量的变化趋势，通过饼图展示了各地区用户的分布情况等。

5.结论与建议

基于数据分析的结果，我们为染雅服饰提出了一系列针对性的优化建议。这些建议涵盖了内容策略、推广策略和受众定位等多个方面，旨在帮助染雅服饰提升其在短视频领域的运营效果。

6.实施与监测

最后，我们根据提出的建议制订了具体的实施计划，并开始实施相应的优化措施。同时，我们也持续监测和评估这些措施的效果，通过收集新的数据并进行比较分析，以评估优化措施的实施效果。通过不断调整和改进，我们希望逐步提升染雅服饰在短视频领域的运营效果。

任务评价：

项目	了解工作室账号分析方法	掌握工作室账号运用技能	能提出有针对性的优化策略和措施
学生自评	□优秀 □良好 □合格	□优秀 □良好 □合格	□优秀 □良好 □合格
小组评价	□优秀 □良好 □合格	□优秀 □良好 □合格	□优秀 □良好 □合格
教师评价	□优秀 □良好 □合格	□优秀 □良好 □合格	□优秀 □良好 □合格
企业评价	□优秀 □良好 □合格	□优秀 □良好 □合格	□优秀 □良好 □合格

【案例拓展】

三个TikTok品牌营销案例分享

TikTok，凭借连续三年增长的态势和超过10亿的月活跃用户基础，已然成为KOL、喜剧演员、运动员、音乐家、名人及各类品牌热衷的营销渠道。其稳固的用户基础和持续扩大的影响力，使TikTok成为品牌和创作者进行营销推广与内容创作的理想平台，具有巨大的吸引力。

案例一：Gymshark

Gymshark，这是一家英国的健身品牌，专注于销售服装和配饰。在Instagram平台上的红人营销策略的助力下，Gymshark实现了迅猛的发展，如图6-4-1。

然而，Gymshark在TikTok上的账号并未专注于产品推广，而是专注于发布一些搞笑的健身表情和出错的锻炼方式等娱乐视频内容。这种独特的策略使得Gymshark与那些主要分享教育内容和锻炼习惯的健身账号截然不同，成功地塑造了其独特的品牌形象。

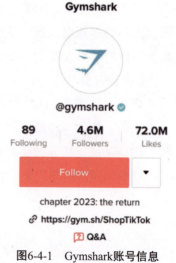

图6-4-1　Gymshark账号信息

案例二：Ryanair

Ryanair巧妙地运用TikTok平台，通过发布以飞机为主角的表情包和创意视频，成功地与用户建立了紧密的联系，并提升了品牌知名度。这种创新方式充分展现了短视频的传播力量，使Ryanair的品牌形象更加深入人心，如图6-4-2所示。

图6-4-2　Ryanair账号和短视频作品界面

案例三：Little Moons

月亮冰激凌品牌于2020年8月在TikTok上开设了官方账号，并积累了6.37万的粉丝和93.22万的点赞。与Ryanair类似，月亮冰激凌品牌也紧跟潮流，善于在视频中融入流行歌曲和表情包。作为冰激凌品牌，月亮冰激凌成功吸引了美食区的粉丝关注，如图6-4-3所示。

图6-4-3　Little Moons账号和短视频作品界面

其中，表现最为出色的两个视频共获得了360万的浏览量和25.19万的点赞。这两个视频主题相似，主要展示麻薯冰激凌和吃冰激凌的ASMR内容，并配以洗脑的背景音乐。此外，月亮冰激凌品牌创建的两个主题标签#littlemoons和#littlemoonsmochi分别获得了2 650万和2 390万的浏览量。

● 【小组讨论】

根据上面的案例介绍小组讨论和思考分析其跨境短视频运营的策略，并请小组代表分享讨论的结果。

● 【项目小结】

跨境短视频运营策略是一个全面且复杂的领域，本项目深入探讨跨境短视频TikTok平台的发布流程、推广方式、引流渠道、变现模式、粉丝运营以及数据分析等方面的知识。这是一个不断发展和创新的领域，需要我们不断学习和探索，以实现更好的营销效果和商业价值。

● 【课后任务】

一、单选题

1.在短视频封面策划中，最关键内容的字号一般建议不低于（　　　）号字体。

A.18　　　　　　　B.22　　　　　　　　C.24　　　　　　D.28

2.下列哪条公式是"抓住用户需求"的"公式1"？（　　　）

A.简单的方法+快速达成成果

B.提出一个日常问题+给出快速解决办法

C.肯定性的词汇+一个美好的结果

D.分享一些用户都需要的小技巧、小方法或者独特的商品

3.在TikTok上发布的全球最佳时间是东部标准时间（EST）哪个时间段？（　　　）

A.上午6—10点以及晚上7—11点

B.上午7—10点以及晚上8—11点

C.上午8—11点以及晚上7—11点

D.上午6—10点以及晚上8—11点

4.TikTokAds（广告投放）最受欢迎的展现形式是哪种？（　　　）

A.Brand Takeovers（开屏广告）　　　　B.Branded Effect Ads（品牌效果广告）

C.Hashtag Challenge（标签挑战赛）　　D.Top View Ads（超级首位）

5.形成现阶段TikTok账号流量红利的核心原因是什么？（　　　）

    A.注意文化差异　　　　　　　　　　　　B.广告推广力度

    C.避免沦为营销号　　　　　　　　　　　D.高质量的内容

6.Branded Effect Ads（品牌效果广告）的周期一般为多少天？（　　　）

    A.10　　　　　　　　B.11　　　　　　　　C.12　　　　　　　　D.13

7.平均参与率可以显示视频的受欢迎程度，一般来讲，"平均参与率=（（点赞数+评论数）/粉丝数）*#"，公式最后的"#"值是多少？（　　　）

    A.200　　　　　　　B.150　　　　　　　C.100　　　　　　　D.50

8.下列哪些物品在空运时不涉及物流限制？（　　　）

    A.液体　　　　　　　B.服装　　　　　　　C.压缩液体　　　　　D.纯电用品

二、多选题

1.封面制作有哪些注意事项？（　　　）

    A.封面展示的主体要鲜明

    B.封面内字体要简洁明了，尽量不要超过15个字

    C.封面需要与视频风格统一

    D.封面的停留时间需要少于1秒

2.TikTok的平台推广目前有哪两种推广方式？（　　　）

    A.搜索引擎推荐　　　　　　　　　　　　B.广告投放

    C.按平台机制免费推广　　　　　　　　　D.使用AR

3.TikTokAds（广告投放）的展现形式有哪几种？（　　　）

    A.Brand Takeovers（开屏广告）　　　　B.Branded Effect Ads（品牌效果广告）

    C.Hashtag Challenge（标签挑战赛）　　D.Top View Ads（超级首位）

4.下列优化账号时哪些对视频的操作步骤被称为"一键三连"？（　　　）

    A.点赞　　　　　　　B.评论　　　　　　　C.系统推送　　　　　D.转发

5.账号矩阵引流可以分为以下哪些类型？（　　　）

    A.达人号　　　　　　B.带货号　　　　　　C.引流号　　　　　　D.选品号

6.TikTok粉丝运营的技巧有哪些？（　　　）

    A.无规律发布视频　　　　　　　　　　　B.经营好评论区

    C.使用合适的歌曲　　　　　　　　　　　D.链接各社交媒体

7.下列跨境短视频变现模式中有哪些属于公域流量？（　　　）

    A.创作者基金　　　　　　　　　　　　　B.电商平台独立站

    C.直播带货　　　　　　　　　　　　　　D.联盟带货渠道

8.TikTok Analytics在"分析"的页面，我们一般可以看到哪三个指标？（　　　　）

  A.个人资料概述Overview   B.内容数据分析Content

  C.粉丝数据分析Followers   D.评论质量数据分析Quantity

三、简答题

1.简述跨境短视频发布推广方法。

2.简要说明TikTok的主要引流方式。

3.如何实现跨境短视频引流变现？

4.阐述跨境短视频数据分析思路。

项目七

TikTok Shop运营

【职场场景训练】

党的二十大报告强调了推动贸易优化升级、创新服务贸易发展机制以及大力发展跨境电商的重要性。为了响应这一号召，相关部门在2023年内相继出台了多项政策举措，旨在提升跨境电商的发展质量和效益。

随着跨境电商业态的不断创新，"社交平台+跨境电商"的新业态迅速崛起，其中跨境社交媒体平台在跨境电商领域中发挥着越来越重要的角色。特别是近年来，跨境短视频小店带货成为一个备受关注的热门趋势，展现出广阔的发展前景。

作为"染雅服饰"的一员，小昊对搭建TikTok Shop并深入了解其入驻流程和相关运营策略充满期待。他希望通过学习这些知识，更好地推动公司跨境电商业务的发展，并在这个竞争激烈的市场中取得成功。

【项目学习目标】

1.知识目标

（1）熟悉跨境电商运营的基本概念和流程。

（2）理解TikTok Shop的运营模式和特点。

（3）了解跨境电商的平台规则和知识。

2.技能目标

（1）能够根据市场需求和竞争情况，运用选品方法挑选具有潜力的产品。

（2）掌握TikTok Shop的运营基础操作，包括产品上架、营销推广、客户服务等。

（3）能够根据平台特点和用户需求，制订有效的运营策略，提升TikTok Shop的曝光量和销售量。

3.素质目标

（1）遵守相关法律法规，并展示良好的职业道德和团队合作能力。

（2）鼓励学生独立思考，提高解决问题的创新思维和能力，培养学生的创意思维和创新精神。

（3）培养学生跨文化沟通能力和全球视野，在国际化的运营环境中适应和应对挑战。

【技能提升图谱】

【案例成果展示】

非遗植物染服饰的TikTok
小店运营策划方案

任务一　跨境电商和TikTok Shop

情境导入：

近年来，随着跨境电子商务的迅猛发展，短视频带货已经成为各大电商平台的重要销售渠道。特别是在海外市场，以TikTok为例，其作为全球最大的短视频平台之一，为跨境电商提供了巨大的流量和销售机会。为了更好地把握这一趋势，"染雅服饰"也紧跟潮流，计划入驻TikTok Shop。为了完成这一任务，小昊和运营部门将深入研究跨境电商和TikTok Shop平台。

知识解析：

一、跨境电商概述

（一）跨境电商定义要素

跨境电商是指通过互联网平台进行的跨越国界的电子商务活动，涉及跨国贸易和国际物流的过程。在跨境电商中，卖家和买家可以通过在线商城、电子支付、国际物流等方式进行商品的交易和交付。

跨境电商的定义包括以下几个关键要素。

①国界跨越。跨境电商涉及不同国家和地区之间的交易，买卖双方通过互联网平台进行商品的交流、交易和交付。

②在线商城。跨境电商的交易通常发生在在线商城或电子商务平台上，卖家可以在平台上注册并展示商品，买家则可以通过平台进行浏览、选择和购买。

③跨国贸易。在跨境电商中，商品的交易涉及跨越国界的进出口行为，卖家可以是其他国家的商家或个人，买家也可以来自其他国家或地区。

④国际物流。跨境电商需要解决物流配送的问题，包括商品的包装、运输、清关和最终交付给买家的过程。涉及物流服务商、海关等来确保商品的顺利运输和清关手续。

⑤电子支付。跨境电商常使用在线支付方式进行交易，如信用卡、支付宝、PayPal等，方便买家在跨境交易中进行支付结算。

跨境电商的发展受到国际贸易政策、互联网技术和消费者行为等多个因素的影响。随着全球互联网的普及和电子商务技术的进步，跨境电商市场呈现出巨大的增长潜力，并为企业和消费者提供了更广阔的市场和合作机会。

（二）跨境电商发展趋势

随着全球化和数字化的推进，跨境电商借助海外社交媒体渠道发展迅猛。跨境电商通过海外社交媒体渠道方面的发展趋势和机遇。

1.发展趋势

海外社交媒体平台如Facebook、Instagram、Twitter等拥有庞大的用户基础，并且用户数量不断增长。企业和品牌越来越意识到通过社交媒体渠道进行广告投放的重要性，投入在海外社交媒体上的广告预算也逐渐增加。社交媒体平台正在不断完善和拓展购物功能，如Facebook的Shop功能、Instagram的购物标签等，使得用户可以直接在社交媒体平台上进行购物。

2.发展机遇

海外社交媒体平台提供了精准的广告定位功能，企业可以根据用户的地理位置、兴趣爱好、行为等因素进行定向广告投放，有效提高广告的曝光率和转化率。通过海外社交媒体渠道，企业可以提高品牌的曝光度，并与海外消费者进行互动，增加用户对品牌的参与度和忠诚度。社交媒体上的购物功能使得消费者可以直接在平台上购买产品，简化了购买流程，提高了转化率。通过社交媒体渠道，企业可以利用用户生成的内容，如用户评价、晒单等，增加产品的口碑和信任度，吸引更多消费者购买。

跨境电商需要了解目标市场的社交媒体使用习惯和偏好，选择合适的海外社交媒体渠道进行推广和营销，借助本地化的策略和内容来适应目标市场的文化和语言特点，增加用户的亲近感和信任度。可以借助与社交媒体KOL（关键意见领袖）合作，增加品牌的曝光度和影响力。

通过利用海外社交媒体渠道的发展趋势和机遇，跨境电商可以扩大品牌影响力、提高销售转化率，并与海外消费者建立更紧密的联系。

（三）跨境电商社交媒体运营流程

①开设TikTok Shop。在TikTok平台上注册并开设TikTok Shop。设置店铺信息，包括店铺名称、品牌介绍、联系方式等，以及上传店铺Logo和背景图片。

②产品选择和上架。确定要销售的产品，根据目标市场需求进行产品选择。拍摄或获取产品图片和视频，编写产品描述。通过TikTok Shop管理界面，将产品上传至TikTok Shop进行展示。

③供应链管理。确保供应链的正常运作。与供应商或生产商进行合作，确保产品的供应稳定性和质量。

④社交媒体营销。利用TikTok平台的广告工具和社交媒体特性进行营销。制订广告计划，如TikTok Ads，进行广告投放，以增加品牌曝光度和吸引潜在消费者。

⑤直播销售和推荐。利用TikTok平台的直播功能，展示和推荐产品。通过直播，向粉丝展示产品特点、使用方式，提供购买链接，增加商品的曝光度和销售量。

⑥订单处理和物流配送。处理来自TikTok Shop的订单，包括确认订单、发货、物流追踪等。选择合适的国际物流服务商，安排商品的运输和海关清关手续，确保及时配送给消费者。

⑦支付结算。提供跨境支付方式，如支付宝、信用卡等，以方便消费者进行支付结算。处理退款和售后服务，保障消费者的权益。

⑧用户互动和客户服务。与消费者进行互动，回复评论、解答问题等。提供优质的客户服务，处理订单问题和投诉。

⑨数据分析和优化。利用TikTok提供的数据分析工具，监控关键数据指标，如销售额、转化率、用户参与度等。根据数据分析结果优化运营策略和内容调整，提高运营效果。

以上流程是跨境电商在TikTok平台上进行运营的基本步骤。具体的流程可能因企业的规模、目标市场和产品类型而有所差异。通过利用TikTok Shop平台的特点和功能，企业可以在全球范围内开展跨境电商，并与海外消费者进行交流和交易。

二、TikTok Shop

（一）基本情况

2024年1月17日，权威数据分析机构data.ai最新发布的《2024移动市场报告》显示，2023年全球购物类App下载增速排行榜前4名，被中国电商"出海四小龙"占据，分别为SHEIN、阿里速卖通AliExpress、拼多多跨境Temu和字节跳动的TikTok Shop。

TikTok Shop致力于成为全球好物、全球买卖的首选平台。凭借直播、短视频和货架的结合，它直接与消费者建立连接，提供多轮驱动的购物体验。TikTok Shop以用户增长最快、流量最便宜、用户黏性最强以及购物体验和玩法多样化而备受赞誉。

卖家在TikTok Shop开通小店，他们将获得功能齐全、覆盖三大入口的小店购物车。这使得卖家能够轻松展示和销售商品，确保高效的转化率。TikTok Shop还提供了完善的店铺后台功能，让卖家可以轻松完成小店的产品上架、装修和营销设置等操作。这极大地简化了卖家的日常工作流程，使他们能够更加专注于商品销售和品牌推广。

除此之外，TikTok Shop还自带了Affiliate联盟营销入口。卖家可以通过设置"定向计划""公开计划""店铺计划"三种营销方式，邀请TikTok上的达人和网红帮助带货，并从中获取佣金。这种合作模式为卖家提供了一个全新的推广渠道，进一步扩大了品牌知名度和销售额。通过与达人合作，卖家能够触达更多的目标受众，提高商品曝光率和转化率。

TikTok Shop不仅提供了强大的功能支持，还始终关注市场趋势和用户需求。该平台不断进行创新和优化，确保卖家在跨境电商领域的竞争优势。通过与TikTok Shop合作，卖家可以充分利用其独特的优势，拓展全球市场，实现商业成功。

（二）申请要求

TikTok Shop提供了两种店铺身份，本土店铺和跨境店铺，两者在注册资料和保证金方面有所差异。对于本土店铺，无须缴纳保证金，而跨境店铺则需要根据不同类目缴纳相应的保证金。

在入驻TikTok Shop时，需要提供法人身份证明和营业执照。对于中国内地的企业或香港地区的商家，店铺经营类目与营业执照的经营范围没有特定要求。对于有跨境电商经验的商家，如亚马逊或速卖通等平台的卖家，需要确保电商店铺的营业执照与TikTok Shop注册的营业执照一致，且电商店铺的综合评分需达到4.5/95%以上。

此外，为了成功开设TikTok Shop，还需要注意一些其他事项。第一，确保账号注册人的年龄符合要求，如英国TikTok小店账号需要注册年龄大于18岁。第二，需要准备一个Payoneer账号来绑定收款。图7-1-1所示为Payoneer首页。Payoneer类似于支付宝，可以登录Payoneer官网注册，个人或企业身份均可注册。

图7-1-1　Payoneer官网首页

（三）入驻流程

TikTok Shop已经覆盖了多个国家。在亚洲地区，新加坡、马来西亚、菲律宾、越南、泰国、中国、日本和韩国等国家已经开通了TikTok Shop。此外，TikTok Shop还覆盖了欧洲的英国，以及北美洲的美国和加拿大等国家。TikTok Shop还在不断拓展新的国家和地区，以提供更多的商业机会和便利。请注意，由于TikTok Shop的开发进度可能随时发生变化，建议查询TikTok官方渠道获取最新信息。

1.入驻小店须知

（1）入驻资质

需要具备合法注册资质的企业或个体工商户，且在申请入驻时拥有正常经营状态，具备完整、有效的企业营业执照或个体工商户营业执照。若申请入驻的品牌已注册商标，商家须提供注册商标的注册证明或商标受理通知书。商家需具备良好的售后服务能力，包括但不限于退换货、客服支持等。按照TikTok Shop的规定商家需缴纳相应的保证金，以保证商家的正常经营和消费者的权益保障。

（2）基础信息

店铺信息，用英文填写店铺名称，确认后无法修改。选择主营类目，最多选择3个。卖家可选择填写1~2个仓库，若第一个选择中国内地仓，第二个仓库仅能选择香港仓，反之同理。

（3）TikTok账号要求

入驻时如需要绑定英国地区的TikTok账号，该账号需要满足以下要求：账号所属人需年满18岁；绑定的TikTok账号需要已发布过5条短视频，并获得超过100个点赞。

（4）其他要求

中国卖家以跨境店身份申请入驻时，需提供中国内地或中国香港的有效营业执照、法人护照/身份证正反面照片（需与营业执照上的法人信息保持一致）、销售品牌商品需要提供商标注册证书或品牌授权证书、英国本土详细的退货地址以及一个英国区TikTok账号。

海外本土商家申请入驻时，需要提供本地企业营业执照、品类资质证书（如果是品牌的类目需要第三方授权则提供相关品类资质证书）、品牌认证（如限制店铺名称的敏感字眼、极限词、Facebook等第三方平台，不允许店铺出现未经品牌许可的品牌名称等）、海外仓（支持本地发货，要求商家收到订单5天内发货）以及一个英国区TikTok账号。

2.入驻流程操作步骤

步骤1：打开TikTok Shop官网注册链接，如图7-1-2所示。

步骤2：输入手机号码、邮箱地址、手机和邮箱验证码，设置好密码后提交。

图7-1-2　TikTok Shop账号注册

步骤3：选择要开通的市场，截至2023年8月有两个市场，欧洲和东南亚（由于东南亚目前能通过邀请码入驻，因此下面注册流程以欧洲市场为例）。

①欧洲市场。目前有两种入驻方式，普通入驻和邀请码入驻，如图7-1-3为TikTok Shop账号注册入驻市场，图7-1-4为TikTok Shop普通入驻及公司主体所在地。

图7-1-3　TikTok Shop账号注册入驻市场

图7-1-4　TikTok Shop普通入驻及公司主体所在地

②东南亚市场。目前只能通过邀请码入驻，不过随着市场完善，后续肯定也会开通普通入驻，图7-1-5为TikTok Shop东南亚市场注册界面。

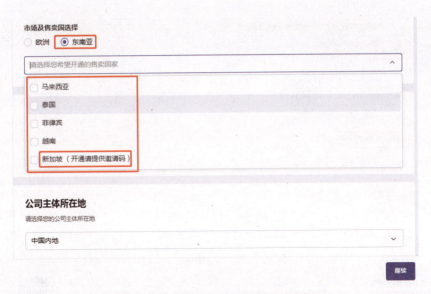

图7-1-5　TikTok Shop东南亚市场注册界面

　　步骤4：根据营业执照主体所在地，选择公司主体所在地，填写邀请码并提交。确认无误后提交（没有邀请码选择普通入驻即可），如图7-1-6为TikTok Shop上传营业执照。

图7-1-6　TikTok Shop上传营业执照

　　步骤5：资质认证。按要求上传公司营业执照，填写公司名称、社会信用代码、注册地址、日期、验证法人信息等，如图7-1-7所示。

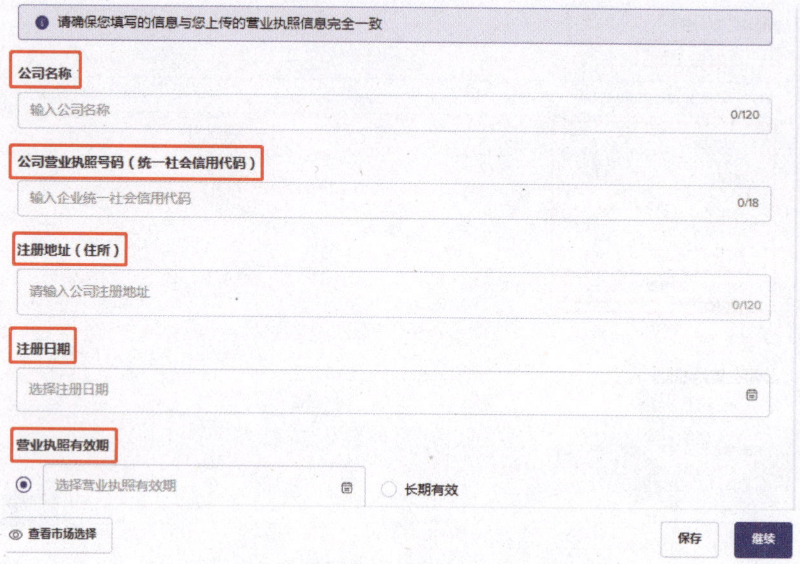

图7-1-7 TikTok Shop填写公司名称等

步骤6：法人信息验证。可通过内地身份证、香港身份证以及护照进行验证（上传证照正反面）。再根据要求添加法人姓名、号码以及证件有效期即可，确认无误后提交，如图7-1-8所示。

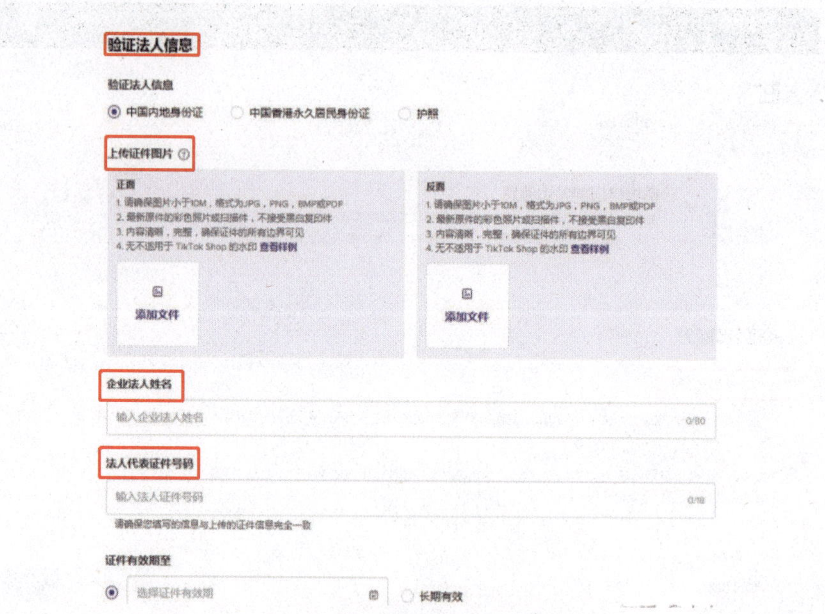

图7-1-8 法人信息验证

步骤7：确认店铺名称类目。目前店铺名称修改比较严格，建议大家谨慎取名，最好是和自己想做的类目相关的名字。注意，主营类目最多选择3个，卖家的营业执照需覆盖商家所售商品类目的经营活动，如图7-1-9所示。

图7-1-9　确认店铺名称类目

步骤8：填入发货地址（仓库信息）。不论是什么注册主体，都可以填写1或2仓库。必须选择至少填写其中一个，如图7-1-10所示。

注：内地仓的手机号码对应区号+86，香港仓的手机号码对应区号+852。

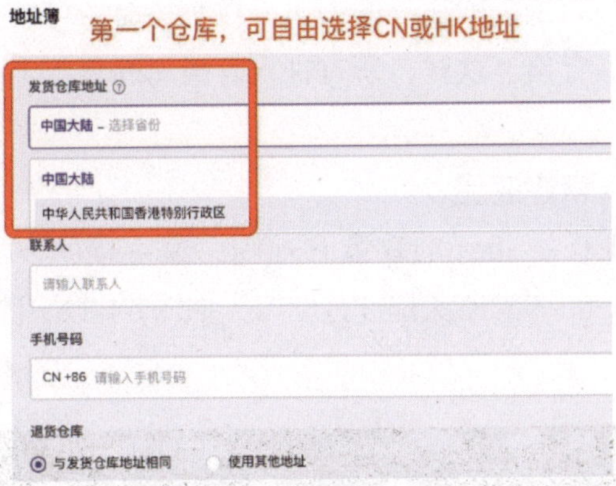

图7-1-10　填入发货地址

步骤9：完成以上入驻TikTok Shop步骤后，审核结果将通过邮件告知，如果被拒可按照要求修改即可。目前，入驻英国站的门槛大大降低，所以现在入驻是最佳的时机。如果上面的操作不够清晰，还可以直接登录官网知识中心，查看注册与入驻指南，如图7-1-11所示。

图7-1-11　入驻指南

3.开通购物车途径

途径一：拥有联盟带货权限，这通常需要在TikTok上有一定的信誉和表现，才能够获得这种权限。

途径二：开通TikTok Shop并将账号绑定在小店，通过官方渠道，可以获得1个账号，并根据销售额获得相应的收入。达人渠道允许开设4个账号，并通过赚取佣金的方式获得收入。

途径三：将账号挂靠在MCN公司（多频道网络传媒公司），通过与MCN公司合作，可以获得更多的支持和资源，以帮助创作者在TikTok上获得更多的曝光和销售机会。

TikTok账号开通购物车可显示首页橱窗列表，用户可以直接点击橱窗列表进入购物，视频购物车（官方称为"电商锚点"），发布视频时，有一个"Add Link"的选项，可以添加直播预约和视频购物车的入口。在直播时，可以提前将商品添加到购物车中，并设置某款商品置顶。这样，所有进入直播间的人都会看到一个弹窗提醒，从而提高点击进店率。

（四）平台规则及禁售商品

为了深入了解TikTok Shop的政策和规则，最直接的方法是访问TikTok Shop Academy，通过TikTok Shop卖家课程进行学习，如图7-1-12、图7-1-13所示，可以找到相关的学习资源和指导。

图7-1-12　TikTok平台规则及禁售商品

图7-1-13　TikTok禁售商品

任务实施：

在了解TikTok Shop的入驻流程和申请要求后，小昊协助运营部的同事为"染雅服饰"完成TikTok Shop入驻申请操作，并将小店的信息整理，见表7-1-1。

表 7-1-1　TikTok Shop 信息表

小店信息	
入驻市场	
公司名称	
店铺名称	
主营类目	

应用实操：

小昊为了深入了解和学习实习公司相关的同类竞争店铺，利用平台资源收集并整理了相关信息，包括竞争对手的账号设置和小店开通情况。通过这样的分析和研究，他能够更好地理解市场动态，为公司的业务发展提供有价值的参考，见表7-1-2。

表 7-1-2　竞争对手分析表

竞争对手信息	
定位	
类型	
名称	
Logo	
简介	
具体操作	
小店信息	
入驻市场	
公司名称	
店铺名称	
主营类目	

任务评价：

项目	熟悉账号搭建的思路	掌握账号搭建的操作	整体完成度高
学生自评	□优秀	□优秀	□优秀
	□良好	□良好	□良好
	□合格	□合格	□合格

续表

项目	熟悉账号搭建的思路	掌握账号搭建的操作	整体完成度高
小组评价	□优秀	□优秀	□优秀
	□良好	□良好	□良好
	□合格	□合格	□合格
教师评价	□优秀	□优秀	□优秀
	□良好	□良好	□良好
	□合格	□合格	□合格
企业评价	□优秀	□优秀	□优秀
	□良好	□良好	□良好
	□合格	□合格	□合格

任务二　TikTok Shop选品分析

情境导入：

对于电商运营来说，选品是一项至关重要的工作。业内常说的"三分运营，七分选品"表明了选品在电商运营中的重要地位。事实上，选品的成败甚至能够影响整个电商运营的表现。即便"染雅服饰"已经拥有了一些成熟的产品合作商，但要想在跨境电商领域取得更好的成绩，仍然需要重视并精进选品技巧。小昊向产品部门请教，深入了解选品依据和具体方法，综合运用多种选品方式，精准把握市场动态，为电商运营成功奠定基础。

知识解析：

跨境短视频带货是实现海外销售、提升品牌知名度、吸引精准客源和实现变现的重要途径。它不仅为小众品牌带来了发展的机会，也为个体经营者带来了可观的流量和收入。在规划选品时，应考虑以下几点。

一、选品依据

选品依据主要包括以下几点：追求高毛利率，最好在70%以上；市场体量要大，竞品表现出色但市场尚未被垄断；产品质量要可控，以便快速补货；产品要轻便，体积小，便于运输，降低物流和退货成本；提前布局季节性、节日性商品，抓住市场机遇；选择高复购率的产品，适合长期经营。综合运用这些选品依据，有助于提高电商运营的成功率。

二、选品方式

（一）根据产品受众用户选品

受众分析至关重要，特别是在电商领域。对目标客户的深入了解，包括年龄、性别、生活环境、兴趣爱好等，能够准确锁定目标群体，从而降低选品的风险。针对不同国家和地区的购物习惯和风俗差异，选品时需特别注意产品的适应性。例如，国内消费者更倾向于选择市场上销量最高和评价最好的产品，而外国消费者可能更注重产品本身的性能、功能和价格。因此，在选品过程中，我们需要充分考虑这些因素，以满足不同国家和地区消费者的需求和偏好。通过深入分析受众心理和购物习惯，我们可以更加精准地选择适合市场的产品，提高电商运营的成功率。

（二）利用数据调研或分析工具选品

数据调研在选品过程中具有关键作用，它可以避免主观臆断，真正从市场和消费者的角度出发进行选品决策。通过数据调研，我们可以了解哪些品类的产品在跨境短视频平台上受欢迎，具体销量如何，进而归纳其共通性和底层逻辑，以增加选品的成功率。

善于使用选品工具可以大大提高选品的效率和准确性，减少重复劳动，让我们有更多时间洞察市场、平台和消费者。为了真正了解一个产品的市场容量、热度趋势以及消费者关注点，以下几款选品工具值得推荐。

1.Find Niche帮助选品

Find Niche 是一款实用的选品工具，它能够帮助用户智能识别具有高销售额和利润的趋势性产品。该工具不仅可以筛选出行情火爆的产品，还可以发现潜力较大的产品。Find Niche 提供全面的绩效分析，包括总销售额、评论和估计利润率，以及链接到速卖通供应商和成功的社交媒体广告活动的信息。

Find Niche 的选品插件非常方便，用户可以直接在插件中进行选品分析。此外，Find Niche 还预设了5种热门的筛选组合，让新手用户能够轻松发现一些特定的产品。对于需要更高级筛选的用户，Find Niche 还提供了自定义筛选组合功能，用户可以根据自己的需求设置筛选条件并保存，以便下次使用。

Find Niche 是一款功能强大的选品工具，它能够帮助用户更快速、准确地发现具有潜力的产品，提高电商运营的成功率，如图7-2-1、图7-2-2所示。

图7-2-1　Find Niche官方首页实用工具——选品插件

图7-2-2　Find Niche选品分析列表页（中文版语言）

2.滴嗒狗

滴嗒狗是一个专注于跨境电商领域的选品工具。它通过大数据分析和人工智能技术，帮助卖家快速发现和追踪热销商品，预测市场趋势，为卖家提供选品灵感和策略。

滴嗒狗的核心功能包括：根据全球各大电商平台的数据，滴嗒狗会筛选出当前热销且有潜力的商品，并推荐给卖家。通过分析历史销售数据和流行趋势，滴嗒狗能够预测未来一段时间内可能热销的商品，为卖家提前布局市场提供依据。滴嗒狗可以帮助卖家分析竞争对手的商品销售情况、价格策略等，从而调整自己的策略。滴嗒狗提供了丰富的选品数据，包括商品销量、评论、价格等信息，帮助卖家更全面地了解商品。根据卖家的需求和偏好，滴嗒狗可以定制个性化的选品推荐，提高选品的精准度和成功率。

总体来说，滴嗒狗是一个功能强大、操作简便的跨境电商选品工具，能够帮助卖家快速发现热销商品，提高选品效率和盈利能力，如图7-2-3、图7-2-4所示。

图7-2-3　滴答狗首页

图7-2-4　滴答狗选品页面

3.其他工具

牛魔王是一款专门针对跨境电商行业的选品工具，它重点分析了速卖通、Wish和亚马逊等平台上的产品数据。牛魔王通过智能化的筛选和分析功能，帮助卖家快速发现具有潜力的产品，同时提供了市场趋势、竞品分析和销售预测等方面的数据支持。该工具旨在提高选品的准确性和降低风险，帮助卖家更好地把握市场机会。

卖家精灵是一款专注于亚马逊平台的数据分析工具，它为卖家提供了丰富的销售数据、竞品分析和市场趋势等方面的信息。通过卖家精灵，卖家可以深入了解亚马逊平台的运营规则和用户需求，从而优化产品选择、定价策略和营销方式。该工具以数据驱动为核心，帮助卖家提升运营效果和客户满意度，实现持续的增长和盈利。

（三）查阅热卖榜单选品

查阅热卖榜单是一种有效的选品方法，通过向成功者学习，可以避免走弯路。各类排名榜单，包括TikTok排行榜、亚马逊、速卖通或其他辅助性网站的榜单，都可以作为选品的参考依据。然而，这些榜单仅仅是一种借鉴，不能盲目照搬。在选品过程中，我们还需要结合其他数据和工具进行综合分析，以确保选品的准确性和可行性。

1.借助平台上榜单或电商属性标签或火爆短视频选品

（1）查阅小店半月榜单

通过TikTok Shop后台的"官方消息"功能，可以查看到平台提供的半月榜单，如图7-2-5所示，这些榜单提供了2022年4月1—25日期间英国市场的销售数据，包括平台热销的产品如空气加湿器、日落灯、蓝牙耳机和家居服等。了解这些热销产品后，卖家可以参考或者进行变体创新，如组合销售或横向扩展产品线。常见的做法是通过在跨境电商平台如速卖通上使用关键词检索来寻找更多类似的产品，以打造爆款。

（2）利用电商属性标签及热门Tag标签

电商属性标签和热门Tag标签在短视频中发挥着重要的作用，可以帮助卖家更好地进行选品规划和营销。这些标签可以为视频内容提供分类和关键词，增加被发现的机会。同时，通过蹭热点话题和运用热门Tag标签，卖家可以吸引更多目标受众，提高曝光率和点击率。在选品规划中，卖家可以考虑与热门Tag标签相关的产品，或者根据标签的分类来选择具有潜力的产品。此外，利用电商平台提供的属性标签，卖家可以对产品进行更精准的定位和描述，提高产品的搜索排名和转化率。总之，利用电商属性标签和热门Tag标签，卖家可以更好地把握市场需求和趋势，为选品和营销提供有力支持。如图7-2-6 #Happy Halloween，运用此标签共7亿多播放量。

图7-2-5　TikTok Shop半月榜

图7-2-6　#Happy Halloween
运用此标签共7亿多播放量

（3）参考爆款短视频选品

通过观察平台上爆款短视频，我们可以从中挖掘出具有潜力的商品。以下是三个例子。

①美妆工具类：美妆时尚是短视频平台上非常流行的趋势，许多美妆博主和网红KOL引领着潮流。例如，一款无热卷发产品的带货视频，通过简单的操作方式，让人

在睡觉时使用卷发器，隔天就能拥有大波浪的美发效果。这种美妆工具在短视频平台上拥有上百万、上千万的视频播放量，展现出巨大的市场需求，如图7-2-7所示。

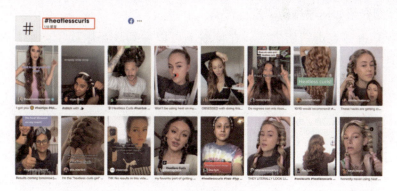

图7-2-7　美妆短视频

②办公用具类：办公用具类产品在新冠疫情背景下也获得了广泛的关注。例如，一款只有一个按键的键盘，为长期居家办公的人们带来了新颖和便利。这款机械键盘在短视频平台上拥有近9亿的播放量，显示出其受欢迎程度和市场需求。通过观察这些爆款短视频，我们可以发现与办公相关的创意产品和实用工具在市场上具有很大的潜力，值得进一步研究和开发，如图7-2-8所示。

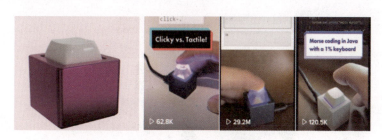

图7-2-8　办公用具短视频

③玩具类：玩具类产品在疫情期间成为人们消遣和娱乐的重要选择，尤其在儿童玩具市场上表现尤为突出，各种创意玩具如儿童化妆玩具套装、迷你餐具等爆款产品在短视频平台上获得了千万级别的视频播放量。通过观察这些玩具类短视频，我们可以发现市场上的热门玩具趋势和创意产品，为选品提供有价值的参考，如图7-2-9所示。

图7-2-9　玩具类短视频

2.查阅亚马逊、速卖通等平台的榜单选品

通过亚马逊、速卖通等平台提供的榜单来选品，是一种有效的策略。以下以亚马逊为例，详细介绍如何通过榜单进行选品。

登录亚马逊，点击镇店之宝，在导航下可以看到日亚爆款、美亚大牌、德亚热卖、英伦尖货等，如图7-2-10所示。

图7-2-10　亚马逊首页

如想要了解美亚方面的热卖商品，点击"美亚大牌"进入商品类目列表页，进一步选择自己所要了解的品类去获得选品信息，如图7-2-11所示。

图7-2-11　亚马逊"美亚大牌"商品列表

同时，也可以直接通过亚马逊具体国家站点网页，如图7-2-12亚马逊美属萨摩亚站点，导航"Best sellers"可以了解当地热销的商品，如图7-2-13选品列表。

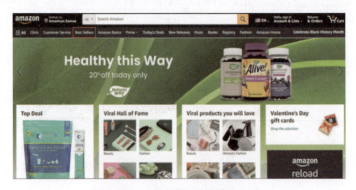

图7-2-12　亚马逊美属萨摩亚站点

图7-2-13 亚马逊美属萨摩亚站点选品列表

（四）借助行业、潮流网站选品

潮流网站选品，如母婴类目选品网站，如图7-2-14所示的Carters母婴官方网站首页；时尚、服饰类目选品网站等。

图7-2-14 Carters母婴官方网站首页

以时尚、服饰类目VOGUE网站为例介绍选品参考具体操作流程。

打开官方网站，可选自己目标国家VOGUE首页，下面以中国VOGUE首页为例，如图7-2-15所示。

图7-2-15 VOGUE官方网站（当前首页中国VOGUE）

选择心仪的类目，可以通过关键词检索，也可以通过功能和品牌，以功能检索为例，点击"单肩包"，如图7-2-16所示 。

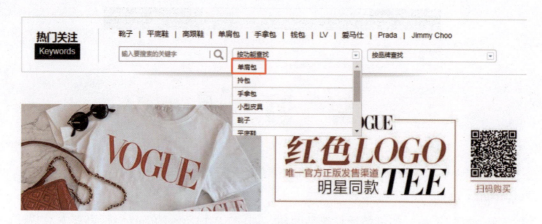

图7-2-16　VOGUE官方网站检索热门商品

商品列表页，可按喜欢人数或人气由高到低进行排序，了解热门的商品列表，如图7-2-17所示。

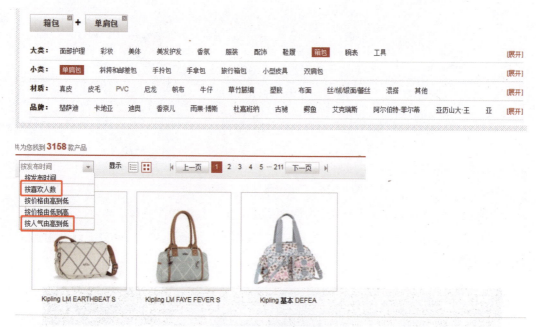

图7-2-17　商品列表页

（五）其他选品方式

1.根据品类选择

专注于某一特定品类，使产品线更加深入。选择一个全年销量稳定的品类，有助于为店铺提供稳定的销售基础，并逐渐积累评价和客户反馈。专注于某一品类，然后对其进行扩展和细化，不断满足消费者的需求，提高产品线的深度和广度。

2.根据季节/节日选择

利用季节性或节假日的时机进行选品。在特定的时间段内，某些产品可能会出现销量激增的情况。通过合理规划项目进度，在节假日期间推出相关产品，可以借助节假日的流量优势，在销售旺季实现产品的爆发式增长。这样不仅能增加销售额，还能积累评价和店铺反馈，为其他时间的产品销售提供参考依据。然而，这种选品方式的节奏比较紧凑，需要精确地把握时间节点。一般来说，整个项目的流程包括产品选择、竞品分析、供应商谈判、生产、发货和销售等环节。

3.跟随竞争对手

观察和分析竞争对手的产品线，了解其销售情况和产品特点。通过研究竞争对手的产品策略和市场定位，可以发现其优势和不足之处，从而为自己的产品线提供参考和差异化竞争的机会。

三、货源渠道

（一）大型综合类网站

大型综合类网站是国内进货的重要渠道之一，其中阿里巴巴旗下的1688网站是首选。该平台拥有跨境专供频道，汇聚了大量专业为跨境电商商家供货的供应商。通过点击"网站导航"下的"跨境专供"，输入关键词并选择相应的筛选条件，可以轻松找到适合在跨境电商平台上销售的产品。

（二）玩具类

玩具巴巴和中外玩具网都是知名的玩具行业网站，为商家和消费者提供丰富的玩具产品信息和采购服务。玩具巴巴是国内领先的玩具行业门户网站，提供全面的玩具资讯、产品展示、在线交易等服务。该网站汇聚了众多优质的玩具供应商和品牌，为买家提供了便捷的采购渠道。在玩具巴巴上，可以轻松浏览各类玩具产品，了解市场动态，与供应商进行在线沟通，实现快速采购。

中外玩具网则是一个专注于中外玩具市场的B2B电子商务平台。该网站致力于为全球的玩具采购商和生产商提供一个高效的交易平台，促进中外玩具产业的交流与合作。通过中外玩具网，可以接触到来自世界各地的优质玩具供应商，了解最新的玩具产品和技术，拓展国际业务合作。

（三）母婴类

挚爱母婴是一家专注于母婴用品的电商平台，提供丰富的婴儿用品和孕产妇用品。该平台拥有严格的质量控制体系，确保所售商品的安全可靠。挚爱母婴还为用户提供个性化的购物体验，以及便捷的在线支付和物流配送服务。作为一家专业的母婴用品平台，挚爱母婴致力于为家长们提供高品质的母婴用品，让育儿生活更加轻松愉快。

（四）美妆、护肤

NALA美妆网是国内领先的美妆B2B平台，致力于为全球美妆品牌和商家提供一站式的在线交易服务。该网站汇聚了众多优质的美妆品牌和供应商，为买家提供了丰富的选择和专业的采购服务。NALA美妆网注重品牌推广和渠道拓展，助力美妆品牌快速成长。

个秀名妆是一个专注于美妆品牌孵化和运营的平台。该平台通过整合产业链资源，为有潜力的美妆品牌提供全方位的支持，包括品牌策划、产品设计、市场推广等。个秀名妆致力于打造具有独特魅力的美妆品牌，为消费者带来时尚、高品质的美妆产品。

（五）食品批发

食品代理网是一个专注于食品行业的B2B电子商务平台，为食品生产和流通企业提供全面的在线交易服务。该网站汇聚了大量优质的食品供应商和采购商，为买卖双方提供了便捷的交易渠道。食品代理网致力于打造一个诚信、高效的食品行业交易平台，促进食品产业的流通和发展。通过食品代理网，可以轻松找到合适的供应商或采购商，实现快速、便捷的食品交易。

（六）鞋饰批发

爱搜鞋是一个专注于鞋类产品的在线购物平台，提供时尚、舒适的男女鞋类选择。

中国鞋网是中国最具影响力的鞋业资讯平台，提供鞋业新闻、市场动态和技术交流等服务。

鞋裤网是一家专业的鞋裤搭配购物网站，提供时尚、实用的鞋裤搭配指南和在线购买服务。

新款网是一个时尚潮流的鞋类品牌集合平台，展示和销售各种新款、潮流的鞋类产品。

（七）服装批发

批批网是一个专注于服装批发的在线平台，提供中高端服装的一站式采购服务。平台汇聚了众多优质的供应商，商品种类丰富，品质有保障。批批网还提供智能化的筛选和推荐功能，方便采购商快速找到心仪的商品。

聚衣网是一个以女装为主的在线批发平台，致力于为服装零售商提供时尚、高品质的女装产品。聚衣网紧跟时尚潮流，不断推出新款女装，满足不同消费者的需求。同时，聚衣网还提供专业的搭配建议和营销支持，助力商家提升销售业绩。

衣联网是一个综合性的服装电商平台，提供男装、女装、童装等各类服装商品。衣联重视品牌建设，与众多知名品牌合作，确保商品品质。同时，衣联网还提供个性化的购物体验，消费者可以根据自己的需求筛选商品，享受便捷的在线支付和物流配送服务。

女装网是专注于服务女装行业的专业平台，提供最新的女装资讯、流行趋势、品牌展示等服务。女装网致力于推动中国女装产业的创新与发展，为女装企业和设计师提供一个交流与合作的平台。

任务实施：

为了能掌握跨境选品，小昊借助Tichoo工具开展选品实践。他明白，掌握选品的关键在于对市场趋势的敏锐洞察和对消费者需求的精准把握。Tichoo作为一个先进的数据分析工具，可以帮助他从海量数据中挖掘出有价值的信息，如图7-2-18所示。

图7-2-18　Tichoo数据分析工具

第一，他通过Tichoo数据分析工具挖掘近1个月商品榜、视频榜，罗列选品清单。明确国家，商品分类，价格区间以及时间周期，收集商品数据，见表7-2-1。

表 7-2-1　热卖商品榜

地区	商品名	价格	销量	销售额	关联达人	关联视频	增长率

第二，通过检索店铺，如图7-2-19所示，利用Tichoo检索店铺排名榜，了解排名第一、第二的店铺，了解其店铺销售商品。

具体步骤：首页—搜店铺—设置筛选条件—选择排名第一店铺，如图7-2-20所示，进入店铺分析页—店铺商品—商品排名，如图7-2-21所示；销量—点击商品详情，了解商品、视频及评论分析情况，如图7-2-22所示，填写内容见表7-2-2。

图7-2-19　Tichoo检索店铺排名榜

图7-2-20　Tichoo排名第一店铺界面

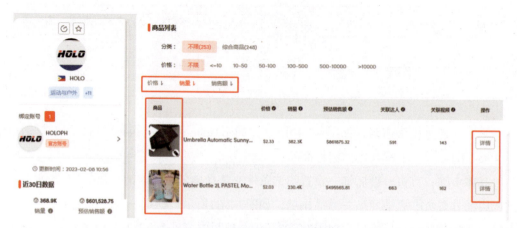

图7-2-21　排名第一店铺商品情况

图7-2-22　排名第一店铺数据分析

表 7-2-2　店铺热卖产品收集表

店铺	产品	销量	价格		分析
店铺 1					
店铺 2					

应用实操：

　　小昊打算使用Find Niche和滴嗒狗等工具，针对TikTok Shop的目标受众，进行深度市场调研，筛选出符合高毛利率、大市场体量、高质量可控、轻便易运输等标准的潜力产品，并结合受众偏好和季节性趋势，制订一份详细的选品方案。

任务评价：

项目	了解选品方式	掌握选品技能	能制定优质选品策略，获得订单
学生自评	□优秀	□优秀	□优秀
	□良好	□良好	□良好
	□合格	□合格	□合格
小组评价	□优秀	□优秀	□优秀
	□良好	□良好	□良好
	□合格	□合格	□合格

续表

项目	了解选品方式	掌握选品技能	能制定优质选品策略，获得订单
教师评价	□优秀	□优秀	□优秀
	□良好	□良好	□良好
	□合格	□合格	□合格
企业评价	□优秀	□优秀	□优秀
	□良好	□良好	□良好
	□合格	□合格	□合格

任务三　TikTok Shop运营策略

情境导入：

在部门同事的协助下，小昊掌握入驻TikTok Shop的相关流程和操作。为了更有效地运营小店，他决定进一步探索新手任务、产品发布、流量获取、订单处理、物流配送、收货收款以及其他运营方面的问题。通过系统地了解这些关键环节，小昊将能够为顾客提供更好的购物体验，并不断提升店铺的业绩。

知识解析：

一、运营模式和特点

（一）社交化购物体验

TikTok Shop运营提供了社交化购物的体验，让用户能够在浏览短视频的同时直接购买商品，将购物和社交媒体结合在一起。

（二）直播和推荐

创作者可以通过直播和推荐功能向粉丝展示和推荐产品。他们可以展示商品的特点、使用方式，并提供购买链接，增加商品的曝光量和销售量。

（三）便捷的下单流程

用户可以在TikTok Shop平台上直接下单购买商品，无须离开应用程序或跳转到其他购物平台，提供了快速便捷的购物体验。

（四）个性化推荐

TikTok Shop根据用户的兴趣和行为数据，提供个性化的商品推荐，让用户更容易发现感兴趣的商品，增加购买意愿和体验。

（五）社区互动

用户可以在小店页面与卖家或创作者进行互动，提出问题、留下评论或分享购买体验，增加用户与品牌之间的互动和忠诚度。

二、运营思路和要点

TikTok Shop运营思路应根据具体情况和目标市场来确定。以下是一些常见的TikTok Shop运营要点。

（一）品牌定位和目标设定

确定TikTok Shop在TikTok平台上的品牌定位和运营目标。这包括确定目标市场、明确品牌形象和关注点，以及设定运营目标，如增加销售量、提高品牌知名度等。

（二）内容策略和创作

制订符合TikTok平台风格和用户喜好的内容策略。创作有趣、有创意和吸引人的短视频内容，包括产品展示、使用教程、品牌故事等。注意内容的时长、配乐和剪辑风格，以吸引用户的注意力。

（三）社交媒体广告投放

利用TikTok Ads等广告工具进行广告投放。根据目标受众和广告目标，制订广告计划，选择适合的广告类型（如原生广告、品牌挑战等）和投放方式（如定向投放、兴趣定向等），以增加品牌曝光率和转化率。

（四）直播销售和推荐

利用TikTok平台的直播功能，展示和推荐产品。通过直播，向粉丝展示产品特点、使用方式，提供购买链接，增加商品的曝光量和销售量。与KOL或有影响力的创作者合作，增加产品推荐和用户参与度。

（五）用户互动和社交互动

与TikTok用户进行互动，回复评论、点赞、分享用户生成的内容等，增加用户参与度和品牌互动。利用TikTok的互动功能，如Duet和Stitch，与用户合作创作有趣的短视频，增加品牌的曝光和社交影响力。

（六）直接销售和订单处理

在TikTok平台上提供商品展示和购买链接，方便用户直接进行购买。及时处理来自TikTok Shop的订单，包括确认订单、发货、物流追踪等，提供良好的购物体验。

（七）数据分析和优化

使用TikTok提供的数据分析工具，监控关键数据指标，如销售额、转化率、用户参与度等。根据数据分析结果进行优化策略和内容调整，提高运营效果。

（八）合作和联合营销

与其他品牌、创作者或KOL进行合作和联合营销，共同推广产品和增加品牌影响力。

关键是根据目标市场和用户喜好制定相应的TikTok Shop运营策略，并不断优化和调整策略以适应市场变化和用户需求。同时，关注TikTok平台的最新趋势和功能，积极与用户互动和参与，以提升品牌在TikTok上的知名度和影响力。

三、运营的基础操作

（一）运营前准备

①小店设置和优化。完善小店的设置，包括店铺名称、品牌介绍、联系方式等，并上传店铺Logo和背景图片。确保小店的外观和信息的品牌形象一致，吸引用户的注意力。

②产品选择和上架。确定要销售的产品，并准备好产品的图片和视频。根据目标市场的需求和趋势，选择适合的产品进行上架。确保产品描述准确、吸引人，能够有效传达产品的特点和优势。

③社交媒体内容策略。制订一个有吸引力和多样化的内容策略，包括短视频、产品展示、使用教程、品牌故事等。创作有趣、创意和与目标受众相关的内容，以吸引更多的用户关注和参与。

④广告投放和推广。小店起步运营一段时间后可以考虑广告投放，利用TikTok Ads等广告工具进行广告投放，根据目标受众和广告目标制订广告计划。选择合适的广告类型和投放方式，以增加小店的曝光率和转化率。同时，可以考虑与KOL或有影响力的创作者合作，增加品牌推广和用户参与度。

⑤用户互动和社交互动。与用户进行互动，回复评论、点赞、分享用户生成的内容等，增加用户参与度和品牌互动。利用TikTok的互动功能，与用户合作创作有趣的短视频，增加品牌的曝光和社交影响力。

⑥维护良好的客户关系。提供优质的客户服务，及时回复用户的问题和疑虑，并处理订单问题和投诉。建立良好的客户关系，增加用户的忠诚度和口碑传播。

以上任务旨在快速入门TikTok Shop的运营。根据自身需求和目标市场的特点，逐步调整和优化的运营策略，以实现更好的业务成果和用户参与度。详细的还可以通过小店官网知识中心了解，如图7-3-1所示。

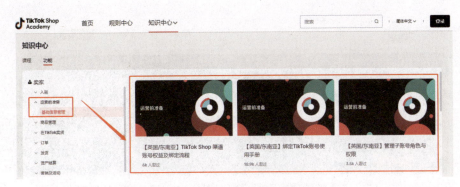

图7-3-1　官网上运营前准备的指南

（二）发布产品

1.了解限售商品

要更好地规划TikTok Shop的运营策略，就必须对限售商品有深入的了解。这不仅有助于选择合适的商品进行销售，提升品牌形象和用户忠诚度，还有助于提高销售效果。在实施限售商品的营销策略时，应与供应链伙伴和营销团队保持密切合作，确保策略符合平台的要求和规定。通过这样的合作，可以更好地满足市场需求，提升用户体验，并为TikTok Shop的发展打下坚实的基础。

2.做好发布准备

为了确保您的商品在TikTok Shop上获得最佳的展示效果，以下是一些建议和要求。

①图片。请上传至少6张图片，其中1张为主图，其余为辅图。主图和辅图的尺寸建议为1 280 px×1 280 px，保持1∶1的比例，且图片大小应在5 MB以内。这样的图片质量既能保证清晰度，又不会过大导致加载缓慢。

②文字描述：标题是吸引用户点击的关键，应包含品牌名称、产品特点、适用人群和场合等信息。同时，颜色、尺寸等商品属性也是重要的信息，需要详细列出。此外，根据季节、节日等因素进行相应的调整和优化也是提升商品点击率的重要手段。

3.确定商品售价

在确定TikTok Shop的商品售价时，我们应考虑多个因素。第一，售价应包括商品的采购成本、运费、佣金（通常设定为5%）、适当的折扣空间、汇损以及其他潜在成本。第二，为了确保商品的准确识别和管理，我们需要为商品分配一个有效的识别码。常用的商品识别码包括通用产品代码（UPC）、国际标准书号（ISBN）、欧洲商品编号（EAN）以及部分商品的全球贸易项目代码（GTIN）。在选择类目时，请确保填写的产品识别码已在GS1数据库中注册。制造商可通过GS1网站申请厂商识别代码，如图7-3-2所示。

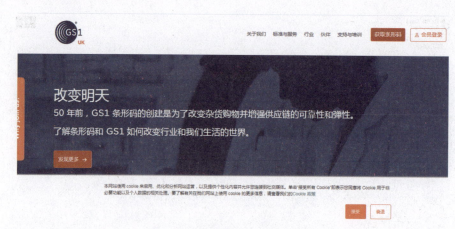

图7-3-2　申请厂商识别代码官网

4.基本发布流程

使用TikTok账号登录到商家后台。选择发布产品的选项后，填写准确的产品信息，包括名称、描述、价格、库存量、SKU、尺寸、颜色等。上传高质量的图片和视频，并设定合适的配送方式和费用，明确退货政策。设定价格和库存量，确保库存更新及时。提交产品信息后，TikTok Shop将对产品进行审核，一旦通过，产品将发布到小店中。在发布前准备好所有相关信息、图片和视频素材，遵守平台要求和规定，提供准确的配送和退货政策，以提供良好的购物体验。发布后定期检查和更新产品信息，确保准确性。

（三）获取流量的方式

1.自然流量来源

TikTok的For You、Following-视频流、Top LIVEs、Messages、账号主页以及搜索功能等都是自然流量的重要来源。用户可通过点击头像进入直播间，关注账号以获取更多直播内容，在Inbox界面顶部点击Watch观看推荐直播，关注账号开播时接收站内信提醒，以及在搜索结果中查看正在直播的直播间。

2.付费流量方式

TikTok提供了Promote投放、直播推流和短视频推流等付费流量方式。通过Promote投放，用户可以针对直播和短视频进行推广，增加曝光和互动。直播推流和短视频推流则可将内容推送到更广泛的用户群体，提升观看量和互动度。

3.私域流量利用

卖家可以在其他社交媒体渠道如Instagram、Facebook、Youtube等预告TikTok直播，引导私域用户在TikTok应用内观看直播并完成购买。通过利用私域流量带动公域流量，可以促进用户的转化，提升销售效果。

具体小店营销活动、投放广告从官网的知识中心进一步了解，如图7-3-3所示。

图7-3-3 官网的知识中心（营销活动、投放广告）

（四）订单处理

在处理跨境订单时，物流和售后是关键环节，需要特别关注。买家和卖家都有一定的规则需要遵守。付款后的一小时内，买家可以自行取消订单，超过一小时后，如需取消需向卖家发起请求并获得批准。卖家在超过5个工作日未发货的情况下可以选择"延迟发货"来取消订单。发货后，卖家须在48小时内处理所有取消请求。对于未支付的订单，平台会在规定时间内提醒买家完成付款，如超过48小时仍未付款，平台会自动取消订单并告知买家。

如果因付款失败（如信用卡退款）或买家涉嫌欺诈导致订单取消，TikTok Shop会在卖家中心进行通知，并在订单取消时发送电子邮件提醒卖家。明确这些规则和流程有助于更好地管理订单处理，确保物流和售后的顺畅进行，提升客户满意度。具体的订单处理可以通过官网学习和了解，如图7-3-4所示。

图7-3-4 官网订单处理指南

（五）国际物流

在处理跨境物流时，需要了解一些基本情况和限制。首先，物流公司对包裹的体积和重量有限制，标准物流重量为3 kg，经济物流重量为20 kg。体积限制为最大60 cm（长）×45 cm（宽）×35 cm（高）。其次，物流时效标准为5~9个工作日，经济物流时效为6~13个工作日。最后，品类限制包括普货、内置电池（单个包裹不超过2节电池，总功率不超过100 W·h）、固体化妆品等，但禁止纯电、配套电池、液体粉末、枪支弹药等违禁品。发货渠道有多种选择，包括海外仓发货等，如图7-3-5所示。国际物流相关信息也会不断更新，了解物流的基本情况和限制变得尤为重要。这些信息和限制因素有助于卖家更好地规划物流方案，从而确保商品能够按时、安全地送达买家手中。

图7-3-5　海外仓发货

关于发货流程。在接收到订单后的48小时内，将订单状态更新为"准备发货"。接着，承运人收到包裹后，订单状态将更新为"已发货"。当买家签收包裹或确认收货后，订单状态将最终更新为"已交付"。此外，提供包裹追踪功能，方便卖家实时管理订单，确保物流信息的准确性和及时更新。通过这一流程，卖家能够更好地掌握订单的发货状态，提高物流效率和客户满意度。

（六）收货收款

在处理订单售后时，遇到快递投递失败的情况，可以选择申请"二次改派"。对于其他问题，通常会进行退款处理。评价规则方面，评价发布后不能修改或删除，买家需要在订单完成之日起60天内为商品留下评价，并在订单完成后的180天内追加一次后续评论。为了鼓励评价，卖家可以采取邀请评价、赠送小礼品或发优惠券等策略。

在收款方式上，卖家可以选择使用Payoneer（派安盈）绑定在英国小店后台进行收款，如图7-3-6所示。具体路径为：我的账号—商家资料—支付信息。收款流程为，买家下单后，平台会在买家收货14天后自动打款至Payoneer账户（如已绑定银行卡）。同时，卖家也可以参考官网的资金结算信息进行收款操作。通过这些规则和流程，卖家可以更好地管理订单售后和评价，确保资金安全和客户满意度。

图7-3-6　官网资金结算

（七）其他问题

1.店铺考核

店铺考核（卖方绩效）主要关注订单履行情况。对于30个日历日内创建的客户订单，延迟履约率应小于4%，以保障订单按时履行。同时，卖家取消订单率也应控制在2.5%以下，仅在订单数量超过100件时进行评估，以减少不必要的订单取消。此外，卖家不得要求买家取消订单或提供替换产品，以维护买家权益和公平交易。这些标准旨在提高卖家的订单履行效率和客户满意度，从而提升店铺的绩效评价。

2.售后服务

售后服务方面，卖家需要关注订单缺陷退货率、争议率和商家责任退货率等指标。对于在30个日历日内创建的客户订单，买家订单缺陷率应小于8%，但不包括延迟发货的情况，只有当买家订单数量超过100时才开始评估此项。同时，卖方有责任的争议请求在所有买家发起争议请求的订单中所占的百分比不应超过4%。在售后期内，由买家发起的售后请求原因为商家责任的订单不应超过2%。

在客户服务方面，卖家需要满足24小时内第一时间响应、48小时响应率等要求。卖家的首次响应时间应大于85%（24小时），即从买家发送消息到卖家首次响应该消息的时间应符合此比例。对于所有消息，48小时回复率应达到95%。此外，卖家与买家的沟通内容也受到限制，某些特定内容是禁止使用的。

3.费用问题

关于费用问题，TikTok Shop目前平台抽佣率为5%。平台负责统一收款，并在买家收到货后的14天内自动结算账期。这14天是保障无理由退换货的期限。

（八）平台规则

学习平台规则对于经营TikTok Shop至关重要。

第一，通过了解平台的规范和要求，商家可以确保合规经营，避免违规行为，确保小店的正常运营。这包括商品限制、服务规范、广告宣传等方面的规则，严格遵守这些规则有助于维护小店的利益。

第二，学习平台规则有助于保护品牌声誉。平台规则通常要求商家提供真实、准确的信息，并禁止欺诈、虚假宣传等行为。通过合规经营，商家可以树立良好的品牌形象，建立信任和口碑。

第三，平台规则通常有一系列保护消费者权益的规定。了解这些规定有助于为消费者提供优质的购物体验，增强消费者的信任和忠诚度。良好的购物体验能够吸引更多的回头客，提高小店的销售额。

第四，了解平台规则有助于商家利用推广机制和活动提高小店的曝光度和推广效果。例如，参与平台的合作推广活动或与平台合作的创作者合作等。这些机会能够增加小店的曝光度，吸引更多潜在客户。

最重要的是，学习平台规则可以避免纠纷和违规处罚。了解规则有助于与消费者和平台建立良好的沟通，避免产生纠纷。同时，避免违规行为可以避免受到平台的处罚，确保小店的正常运营。如图7-3-7所示的卖家课程界面。

图7-3-7　卖家课程

任务实施：

以TikTok为例，通过TikTok Shop Academy 系统进行平台规则，具体步骤实施如下。

1.注册和登录

访问TikTok Shop Academy平台并注册账号。

2.登录后进入平台

导航至规则中心，点击平台首页左上角"规则中心"，进入平台规则学习界面，了解平台规则的重要性和作用。

3.浏览规则细则

仔细阅读规则中心中的各项规则细则。这些规则可能涵盖商品发布要求、广告宣传规范、交易行为准则、售后服务规定等方面。

4.理解规则要求

对每个规则细则进行逐个解读，确保理解规则要求的具体细节和规定。弄清楚哪些行为被允许，哪些被禁止，以及要遵循的标准。

5.案例分析

分析一些实际案例，将规则细则与具体情况相结合。理解规则如何应用于实际的小店经营场景，以及可能面临的挑战和解决方案。

6.讨论和互动

在学习平台上与其他用户进行讨论和互动，分享对规则的理解和经验。了解其他人的观点，共同学习和解决问题。

7.小测验和评估

完成小测验，测试对规则细则的理解程度。通过评估和反馈，了解自己的学习进展，并识别需要继续加强的领域。

8.小结学习心得或收获，交流分享

通过这些实训步骤，将能够全面了解TikTok Shop Academy平台规则中心的规则细则，并能够将其应用于实际的小店经营中。这将帮助遵守平台规则，保护品牌声誉，提供良好的购物体验，并在平台上获得成功。

应用实操：

通过数据分析工具对感兴趣的领域进行深入研究，结合市场调研和选品决策，为TikTok Shop制订一份全面且具有针对性的运营策划方案。

任务评价：

项目	了解短视频小店入住规则	掌握小店入住申请技能	能进行小店基础运营
学生自评	□优秀 □良好 □合格	□优秀 □良好 □合格	□优秀 □良好 □合格
小组评价	□优秀 □良好 □合格	□优秀 □良好 □合格	□优秀 □良好 □合格
教师评价	□优秀 □良好 □合格	□优秀 □良好 □合格	□优秀 □良好 □合格
企业评价	□优秀 □良好 □合格	□优秀 □良好 □合格	□优秀 □良好 □合格

【案例拓展】

TikTok Shop运营案例分析

案例一：HappyHomewares

HappyHomewares是一家家居用品品牌，如图7-4-1所示，他们在TikTok Shop上成功地运营了小店。他们制作了有趣、富有创意的TikTok短视频，展示了家居产品的用途和特点。通过与TikTok上的创作者合作，他们成功地吸引了大量的关注和购买者，实现了销售的增长。

HappyHomewares小店成功运营的关键因素可能包括以下几点。

创作有趣的短视频内容：HappyHomewares制作了有趣、富有创意的TikTok短视频，展示了他们家居产品的用途和特点。这种轻松愉快的内容能够引起用户的兴趣和共鸣，增加观众的关注和互动。

合作创作者推广：HappyHomewares与TikTok上的创作者合作，通过合作推广，增加了他们的品牌知名度和曝光度。与有影响力的创作者合作，他们的产品能够被更多目标受众注意到，并吸引更多购买者。

产品展示和演示：HappyHomewares通过短视频展示了他们家居产品的用途和效果，让消费者更好地了解和欣赏产品。他们演示了不同场景下的产品应用，帮助消费者更好地想象产品在自己家中的实际效果。

回应用户互动：HappyHomewares积极回应用户的评论和互动，在视频下方回答用户的问题和提供建议。这种互动可以增加用户与品牌的连接，增加用户的忠诚度。

数据分析和策略优化：HappyHomewares定期分析数据，了解用户行为和购买习惯。通过数据分析，他们能够优化广告投放、调整内容创作和产品推荐，以满足用户需求，提高运营效果和销售业绩。

总体而言，HappyHomewares通过创作有趣、富有创意的视频内容、与创作者合作、展示产品功能和回应用户互动等方法，成功地在TikTok Shop上运营他们的小店。他们注重用户体验和互动，并通过数据分析和优化策略，不断提升品牌知名度和销售业绩。

图7-4-1　账号界面

案例二：harpreet.glam1

harpreet.glam1是一家时尚服饰品牌，如图7-4-2所示。在TikTok Shop上取得了成功。他们制作了时尚穿搭的短视频，展示了他们的服饰款式和搭配建议。通过与时尚类创作者的合作，他们成功地将品牌推广给目标受众，增加了产品的曝光度，并实现了销售的增长。

harpreet.glam1小店成功运营的关键因素可能包括以下几点。

时尚穿搭短视频制作：harpreet.glam1在TikTok上制作了有关时尚穿搭的短视频，展示他们的服饰款式和搭配建议。这些视频具有视觉吸引力，能够吸引目标受众的关注，并激发他们的购买欲望。

与时尚类创作者合作：harpreet.glam1与TikTok上的时尚类创作者合作，通过合作推广，将品牌介绍给更多的目标受众。这些创作者在时尚领域有一定的影响力，他们的合作能够提升品牌的知名度和曝光度。

展示品牌个性和风格：harpreet.glam1通过短视频展示品牌的个性和风格，突出其独特的设计和时尚元素。这有助于建立品牌形象，吸引具有类似时尚品位的目标受众。

回应用户互动：harpreet.glam1积极回应用户的评论和互动，并提供购买建议和产品推荐。这种及时的互动可以增加用户与品牌的连接，增强用户购买意愿，并促进用户口碑传播。

数据分析和策略优化：harpreet.glam1定期分析数据，了解用户行为和购买习惯。通过数据分析，他们可以优化广告投放策略、调整内容创作和产品推荐，以更好地满足用户需求，提高运营效果和销售业绩。

时尚趋势和潮流把握：harpreet.glam1密切关注时尚趋势和潮流，及时推出符合市场需求的产品。他们了解目标受众的喜好和趋势，以便在时尚领域保持竞争力。

图7-4-2　账号界面

通过以上的运营策略，harpreet.glam1成功地在TikTok Shop上运营他们的小店。他们通过创作时尚穿搭短视频、与时尚类创作者合作、展示品牌个性和风格等方法，吸引了目标受众的关注，并通过数据分析和优化策略提高了销售业绩。重视用户互动和时尚趋势把握也是他们成功的关键。

案例三：PetParadise

PetParadise是一家宠物用品品牌，如图7-4-3所示。他们在TikTok Shop上成功地推广了他们的产品。他们制作了有趣的宠物视频，展示了他们的宠物用品的功能和适用性。通过与宠物领域的影响者合作，他们成功地吸引了宠物爱好者的关注，并实现了销售的增长。这些成功案例表明，通过充分利用TikTok Shop平台的短视频功能、合作伙伴关系和精准广告投放，小店可以在TikTok上实现成功。关键是制作有趣、富有创意的内容，与适合品牌定位和目标受众的创作者合作，建立与用户的互动和亲密关系，并不断分析数据和优化策略。通过这些努力，小店可以提高品牌知名度、增加用户参与度，并实现销售业绩的增长。

PetParadise小店成功运营的关键因素可能包括以下几点。

有趣的宠物视频制作：PetParadise制作了有趣、有互动性的TikTok短视频，展示了他们的宠物用品的功能和适用性。这些视频吸引了宠物爱好者的关注，增加了用户的互动和分享，提高了品牌知名度和曝光度。

与宠物领域的影响者合作：PetParadise与TikTok上的宠物领域影响者合作，通过合作推广，将品牌介绍给更多的目标受众。这些影响者在宠物领域具有一定的影响力，他们的合作能够扩大品牌的影响范围，增加用户的信任和购买意愿。

展示产品用途和效果：PetParadise通过短视频展示他们宠物用品的用途和效果，如宠物玩具的互动性、宠物床的舒适度等。这帮助消费者更好地了解和欣赏产品，增加了用户对产品的兴趣和购买欲望。

回应用户互动和建立社群：PetParadise积极回应用户的评论和互动，回答用户的问题并提供专业的宠物建议。他们还致力于建立宠物爱好者的社群，鼓励用户分享他们的宠物经历和使用PetParadise产品的体验，增加用户参与度和忠诚度。

定期推出新产品和促销活动：PetParadise定期推出新产品并进行促销活动，如新品上市、限时特惠等。这激发了用户的购买欲望，并带来了重复购买和口碑传播。

数据分析和策略优化：PetParadise定期分析数据，了解用户行为和购买习惯。通过数据分析，他们能够优化广告投放、调整内容创作和产品推荐，以满足用户需求，提高运营效果和销售业绩。

通过以上策略，PetParadise成功地在TikTok Shop上运营他们的小店。他们通过制作有趣的宠物视频、与宠物领域的影响者合作、展示产品用途和效果等方法，吸引了宠物爱好者的关注，建立了用户社群，并通过数据分析和策略优化不断提高运营效果和销售业绩。重视用户互动和定期推出新产品与促销活动也是他们成功的关键。

图7-4-3　账号界面

这些成功案例表明，通过充分利用TikTok Shop平台的短视频功能、合作伙伴关系和精准广告投放，小店可以在TikTok上实现成功。关键是制作有趣、富有创意的内容，与适合品牌定位和目标受众的创作者合作，建立与用户的互动和亲密关系，并不断分析数据和优化策略。通过这些努力，小店可以提高品牌知名度、增加用户参与度，并实现销售业绩的增长。

●【小组讨论】

根据上面的案例介绍小组讨论和思考分析TikTok Shop的运营策略，并请小组代表分享讨论的结果。

●【项目小结】

本项目专注于TikTok Shop的运营，通过跨境电商概述，介绍跨境电商和TikTok Shop平台的背景和特点；深入探讨选品的依据、方式、货源渠道，以及TikTok Shop的运营模式和平台的用户分析和商机；聚焦于TikTok Shop的运营策略，包括运营思路、要点和基础操作。这些知识和技能为成功运营TikTok Shop提供了坚实的基础。

●【课后任务】

一、单选题

1.跨境电商的定义以下哪项不是关键要素？（　　　）

　A.国界跨越　　　B.在线商城　　　　　　C.跨国贸易　　　　　　　D.国内物流

2.借助海外社交媒体TikTok，跨境电商运营流程不包括哪项？（　　　）

　A.了解当地经济文化　　　　　　　　B.直播销售和推荐

　C.开设TikTok Shop　　　　　　　　　D.订单处理和物流配送

3.下列哪项不属于TikTok Shop的特点？（ 　　 ）

A.用户增长最快 　　　　　　　　B.用户黏性最强

C.语言单一，主要是英语 　　　　D.购物体验和玩法多样化

4.选品依据不属于的是（ 　　 ）。

A.毛利率高 　　　　　　　　　　B.复购率低

C.市场体量大 　　　　　　　　　D.产品质量可控

二、多选题

1.TikTok Shop正在逐步开放当中，现开通站点的国家有（ 　　 ）。

A.新加坡 　　　B.马来西亚 　　　C.菲律宾 　　　　　　　D.越南

2.TikTok选品方式有（ 　　 ）。

A.根据产品受众用户选品 　　　　B.利用数据调研或分析工具选品

C.查阅热卖榜单选品 　　　　　　D.根据季节/节日选品

3.小店的运营模式和特点是（ 　　 ）。

A.社交化购物体验 　　　　　　　B.便捷的下单流程

C.个性化推荐 　　　　　　　　　D.社区互动

4.TikTok Shop的运营思路和要点是（ 　　 ）。

A.品牌定位和目标设定 　　　　　B.内容策略和创作

C.社交媒体广告投放 　　　　　　D.直播销售和推

三、简答题

1.跨境电商的定义包括哪些关键要素？

2.借助海外社交媒体TikTok，简述跨境电商运营流程。

3.开通TikTok Shop购物车的途径。

4.选品依据是什么，请列举一个选品方式。

5.TikTok Shop上发布产品基础流程。

项目八
跨境电商短视频实战案例

【职场场景训练】

从党的二十大会议精神来看，二十大报告对全面建设社会主义现代化国家提出了新的要求，包括"提升对外开放质量和水平""加快贸易强国建设""积极参与全球治理体系改革和建设"等。报告中，习近平总书记强调了加强与各国务实合作、推动共建"一带一路"高质量发展，并支持企业拓展国际市场和参与全球经济治理体系改革。这一思路源于中国自古以来的开放合作传统。早在两千年前，中国就开启了陆上丝绸之路，将丝绸、茶叶和瓷器等商品销往西方。六百年前，郑和七下西洋，进一步开拓了海上丝绸之路，促进了东西方世界的交流与互利。

如今，中国经济和文化发展取得了举世瞩目的成就，国货品牌在综合国力提升的背景下，积极开拓海外市场。中国企业不仅注重商品出口，还注重品牌建设和品牌认知，逐步形成品牌效应。

在出海浪潮的推动下，各行各业都有不少优秀企业崭露头角。其中，短视频运营凭借其开放、互动的特点，助力出海品牌迅速提升品牌影响力，实现长远发展。通过利用短视频平台的用户资源，把握精准流量和热点内容，企业更容易获得用户关注，开拓线上市场。结合品牌的创意包装和网红流量经济，发挥创意和想象力，满足用户多样化和丰富的需求，在短视频平台中抓住商机，取得成功。

这些企业如何利用短视频短小精悍的特点，根据行业特点打造自己的市场地位，是值得我们深入探讨和学习的。通过研究这些企业的成功案例，我们可以从中汲取经验，为自身的发展提供有益的借鉴。

【项目学习目标】

1.知识目标

（1）了解不同行业跨境短视频运营概况。

（2）熟悉不同行业典型的跨境短视频运营优秀案例。

（3）了解不同行业跨境短视频运营策略。

2.技能目标

（1）能够分析不同行业的经典短视频营销案例。

（2）能够进行初步的跨境短视频运营策划。

3.素质目标

（1）通过不同行业的案例，激发学生的民族自信心和自豪感。

（2）通过对出海跨境企业案例的学习，培养学生的爱国精神和社会责任感。

（3）案例教学引导学生精益求精、脚踏实地的工匠精神，培养诚实守信、遵纪守法的工作意识。

【技能提升图谱】

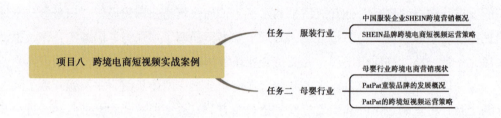

任务一　服装行业

情境导入：

　　服装行业在短视频平台上的销售占据了重要份额，作为较早利用短视频平台的品类之一，其通过创意内容展现时尚趋势和产品特色。在这个领域，SHEIN作为近年来迅速发展的跨境服装品牌，凭借低廉的售价和惊人的上新速度，在海外市场赢得了广泛的欢迎和持续的高热度。对于这一品牌的短视频运营情况，小昊觉得值得进一步探究。

知识解析：

一、中国服装企业SHEIN跨境营销概况

　　SHEIN是一家快时尚的跨境B2C服装公司，总部在中国，但它踏足的却是除中国以外的几乎全球的市场。2008年注册，主营婚纱业务，2012年正式转型为女装服饰，目前已成为囊括男装、童装、饰品、鞋包、宠物用品、美妆商品等商品销售于一身的一站式购物平台，销售方式主要是通过其官方网站和SHEIN App。目前SHEIN主要面向欧美、中东等市场，遍及全球220多个国家和地区。SHEIN连续8年营收增长超过100%，年活跃用户超过3 000万，揽下了1.2亿注册用户。在2022年BrandZ中国全球化品牌50强榜单中，SHEIN位列第十，超过了腾讯，在50强品牌里增速最高的品牌中排名第三，如图8-1-1所示，较2021年同比增长了19%，发展势头迅猛。如今，SHEIN已拥有千亿美元资产，成为全球最有价值的独角兽公司之一。SHEIN到底有着怎样的核心竞争力？它是如何利用国内优势，打开国际市场的？

　　SHEIN近年来以惊人的速度崛起，成为西

图8-1-1　2022年度BrandZ中国全球化品牌50强（前20强）

方国家最火的品牌之一。它超过了亚马逊，成为北美下载量最高的购物App，在美国快时尚的市场占有率高达30%。SHEIN自2012年以来业绩逐年上升，但让其真正大爆发的契机是2020年的新冠疫情。在其他快时尚品牌因为疫情，实体门市无法营业时，本就款式多样、价格低廉的SHEIN更受消费者的欢迎，实现营收超爆发式增长，如图8-1-2 SHEIN官方网站。

图8-1-2　SHEIN官方网站

二、SHEIN品牌跨境电商短视频运营策略

1.利用社交平台，海量直播"带货"

SHEIN作为全球最早尝试网红推广的公司之一，他们在每个地区的业务拓展都会联系当地的明星、KOL（关键意见领袖，拥有大量产品信息且为受众所信任，对受众群体的购买行为有强大影响力，粉丝量一般为百万级）、KOC（关键意见消费者，能影响自身的朋友和粉丝的消费者，粉丝量一般为万到十万级）以及小网红（影响力较小，粉丝量一般为千人级）。SHEIN在流量明星和网红明星的选择上非常广泛，这些KOL和KOC、网红所在的圈层各不相同。早期SHEIN通过支付佣金、赠送产品、折扣优惠等方式，邀请KOL和KOC以Facebook、Twitter为平台做穿搭分享进行产品推广，后来TikTok、Instagram和YouTube也成为他们业务推广的主阵地,涌现大量带有SHEIN标签的视频。随着业务不断拓展，SHEIN早已开始邀请头部KOL来提升品牌知名度和影响力，近年来，SHEIN更是与各国明星强强联合，打造品牌形象，引领服装潮流，如图8-1-3、图8-1-4所示。

图8-1-3　以明星为评委的设计挑战赛

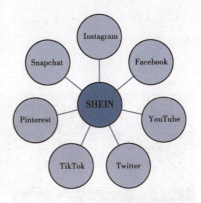

图8-1-4　SHEIN的社群营销图谱

SHEIN利用各个层级的网络流量，以低廉的获取成本，快速进入用户视野，并进行海量直播"带货"，为自己赢得网红经济的一大波红利。如今，SHEIN在外国的社交网站拥有着庞大的粉丝量，其早期的社群经营、直播"带货"策略功不可没，如图8-1-5、图8-1-6所示。

图8-1-5　SHEIN的Instagram粉丝数

图8-1-6　SHEIN的Fcaebook粉丝数

2.分享式短视频，实现用户裂变

SHEIN抓住消费者爱看"买家秀"的心理，在短视频平台实现惊人的用户裂变。SHEIN鼓励消费者在Facebook、Instagram、TikTok、YouTube等平台上分享产品的使用体验、穿搭心得、开箱视频等，消费者通过分享可获得平台的优惠券。SHEIN也在其官网上公开招募"SHEIN女孩"，通过分享带有SHEIN标签的视频，可获得购物折扣。于是，在TikTok和YouTube平台，除了SHEIN的官方账号，更多的年轻人拿起SHEIN的衣服，对它们一件件进行试穿，SHEIN女孩们分享她们的穿搭，带有

"#SHEIN"话题的短视频在TikTok上越来越多，而且，收获几十万点赞的爆款短视频亦是随处可见。爆发式增长的分享式短视频，带来的是爆发式用户数量，加上SHEIN超低的包邮价格，带来的是同样爆发式增长的销售订单，如图8-1-7所示。

图8-1-7　SHEIN女孩的短视频分享

3.大数据分析用户喜好，柔性供应链助力驰骋海外

SHEIN之所以能够深受消费者欢迎，不得不提它的极速"上新"速度。SHEIN有着强大的设计团队，每天上架2 000多个新款，而且品类繁多，价格低廉，官网价格平均在10~15美元，7美元的上衣，12美元的连衣裙比比皆是，吸引了一大批Z世代的年轻消费者。Molly Miao（SHEIN公司首席运营官司）受访时曾说过"我们的商品很少卖不出去，这就是我们可以具有如此成本效益的方式"，她说"SHEIN的售罄率（sell-through rate）保持在98%"，这就意味着它每生产100件产品就有98件能成功售出。

如此快速又海量的"上新"速度，SHEIN又是如何精准地捕捉到消费者的喜好呢？这就要归功于SHEIN的大数据测款。SHEIN充分利用互联网和大数据，全天候地对全球时尚网站、品牌官网以及电商平台进行数据抓取，以此来快速捕捉流行趋势，分析用户喜好，预测行情，指导选款。

SHEIN能够在保证每天庞大上新数据的同时，保持低库存、快速分销和配送，其卓越的供应链管理能力功不可没。SHEIN的新款都是以很小的首单量上线测试市场，当市场给出反应，再迅速回到工厂增加生产订单，减少库存积压，让生产契合市场需求，建立柔性供应链，其超强的库存周转能力，比以柔性供应链著称的ZARA还快，如图8-1-8所示。

海量的"上新"数一方面能吸引更多的消费者来平台浏览，另一方面消费者个性化的需求得到满足从而带来更多的销量。通过精细的数据分析来指导服装团队的设计研发，生产团队的配货组货；通过巨大的销售数据，反哺供应链和上游生产厂商，是SHEIN不可或缺的两大制胜法宝。

图 33：SHEIN 与其他快时尚品牌的产品平均价格对比

种类	SHEIN	ZARA	H&M	Forever 21
牛仔裤	$18.85	$41.54	$31.20	$27.86
连衣裙	$15.74	$48.19	$29.87	$22.01
上衣	$10.07	$35.73	$22.55	$15.61
外套	$19.72	$96.05	$51.22	$35.15
鞋	$24.07	$78.27	$42.50	$20.50
配饰	$6.56	$43.53	$15.45	$7.58

资料来源：各品牌官网，Edited，西部证券研发中心

图8-1-8　SHEIN与其他品牌价格对比

任务二　母婴行业

情境导入：

在实习期间，小昊对跨境短视频行业的发展和趋势进行了深入研究。通过观察近年来各行业在跨境短视频领域的发展历程，他发现，随着年轻宝爸宝妈消费需求的升级以及内外因素的刺激，母婴行业呈现出持续增长的趋势。同时，短视频和直播已经成为赋能母婴品牌营销的有效工具。由于母婴用品的特殊性，这些产品有可能成为市场发展的主要动力。

知识解析：

一、母婴行业跨境电商营销现状

母婴行业是跨境电商的重要组成部分，近年来呈现出以下营销现状和趋势。

随着全球人口出生率的不断上升，母婴市场的需求逐年增加。同时，由于年轻一代消费者对线上购物的接受度越来越高，越来越多的家庭选择通过跨境电商平台购买母婴用品。这使得母婴行业跨境电商市场规模持续扩大，成为全球电商增长的重要动力。

消费者对母婴用品的品质和安全性要求越来越高。跨境电商平台需要严格把控产品质量，确保所售商品符合相关标准和规定。同时，平台还需加强与供应商的合作，建立长期稳定的合作关系，确保产品的持续供应和质量稳定。

多元化需求突显，年轻一代的父母更加注重个性化、多元化和体验式的消费。他们不仅关注产品的品质和安全性，还注重产品的设计、功能和用户体验。因此，跨境电商平台需要不断创新，提供更加个性化、多元化的产品和服务，满足消费者的需求和期望。

社交媒体和KOL营销成为重要手段，社交媒体和KOL（关键意见领袖）在母婴行业的营销中发挥着越来越重要的作用。跨境电商平台需要充分利用社交媒体平台和KOL的影响力，通过精准的广告投放、口碑营销等方式提高品牌知名度和销售额。同时，与KOL的合作还能为平台带来更多的用户互动和社群建设机会。

法律法规和监管日益严格，各国政府对母婴用品的法律法规和监管要求越来越严格。跨境电商平台需要密切关注各国法律法规的变化，确保所售商品符合相关标准和规定。同时，平台还需加强与当地政府的合作和沟通，建立良好的商业关系，以应对可能的政策风险和市场变化。

物流配送和售后服务成为竞争焦点，物流配送和售后服务是影响母婴行业跨境电商竞争力的关键因素。平台需要建立高效的物流配送体系，确保商品快速、准确地送达消费者手中。同时，提供优质的售后服务和退换货政策也是提高消费者满意度和忠诚度的关键。

总之，母婴行业跨境电商市场具有广阔的发展前景和巨大的潜力。

二、PatPat童装品牌的发展概况

PatPat作为全球规模最大，用户增长最快的童装DTC品牌，是如何打造出全球母婴家庭消费场景的品牌呢？PatPat于2015年在深圳成立，短短两年间，其交易额就实现了20倍的增长，2018年用户数量超过2 000万。在美国，妈妈的消费金额占到家庭消费总额的80%，近年来依然保持稳定增长，其母婴方面的消费能力远超亚洲、中东等其他地区，因此，PatPat首先瞄准美国赛道，强势出击。

PatPat的人群定位瞄准了美国追求高性价比母婴用品的中低收入家庭和年轻家庭。区别于其他出海企业，依托亚马逊进行线上销售，PatPat选择的是DTC模式，通过自建网站和官方App。直接面对消费者的好处是减少了中间商，因此PatPat在产品售价上远远低于亚马逊，如图8-2-1所示。

母婴用品作为高复购率的商品，婴幼儿成长过程中各种用品更换频率高，PatPat顺势将商品垂直做到极致，网站销售对象不仅包括婴儿、小童、大童，甚至连孕产妇的用品也应有尽有，在售商品包括衣服、鞋子、玩具、袜子、餐具、奶瓶也一应俱全。它提高了妈妈们一站式的购物体验，如图8-2-2所示。

图8-2-1　PatPat的官方网站

三、PatPat的跨境短视频运营策略

1.搭建品牌矩阵——覆盖全面

　　PatPat作为DTC平台，尤其注重建立品牌的私域流量。因此PatPat搭建了覆盖全面的社交媒体矩阵，PatPat在Facebook、Pinterest、TikTok、Youtube等主流的海外社交媒体上都有稳定的用户基础，在欧美地区以Facebook为主阵地，在东南亚地区以TikTok为主阵地，通过图片、文字和视频等多样化形式，利用广告投放、病毒式营销等多种营销方式，建立庞大而坚固的社交媒体矩阵，如图8-2-2所示。

图8-2-2　PatPat 在TikTok平台账户粉丝数量

图8-2-3　PatPat在Instagram上的直播

2.率先尝试Instagram——敢为人先

PatPat在视频直播方面，勇于做"第一个吃螃蟹的人"。在别的品牌还在畏首畏尾、犹豫不决的时候，PatPat就率先尝试在Instagram上进行带货直播。PatPat邀请的是一位美国本土的主播每周定时直播，主播本地化的面孔和言语，更容易与消费者建立信任，提高直播的互动性。直播带来的效果就是让品牌可以直接触及用户，从而更好地为品牌了解用户需求提供渠道，在降低获客成本的同时，能够更准确地分析用户需求，不断完善产品，提高品牌竞争力，如图8-2-3所示。

3.短视频用户裂变——口碑传播

PatPat充分利用短视频平台展开病毒式营销，实现用户裂变。PatPat在其Facebook和TikTok等平台上，公开征集用户试用建议，并由此开展系列产品分享活动，通过奖励的方式，引起各方关注和讨论，获得"人拉人"的快速的传播链条，并广泛整合多平台的用户意见，分析时下最潮流的母婴发展趋势，赢得美国年轻妈妈们的青睐。

例如PatPat推广的一款"Go-Neat"的防水T恤，就是留意到妈妈们时常在平台上抱怨孩子活泼好动，一天要弄脏好几套衣服，为此非常苦恼。PatPat找准了妈妈们的需求和痛点，在推广"Go-Neat"的短视频中，让孩子把水倒在妈妈的衣服上，水珠瞬间滑落，衣服仍旧干净。超过2 100万的观看量可以看出，PatPat的短视频引起了用户的广泛关注，不少用户留言想给孩子购入该产品，也有家长表示自己也想拥有一件，如图8-2-4所示。

图8-2-4　PatPat的Go-Neat系列服装的短视频

4.本土化运营策略——制胜之道

权威市场调研数据显示，PatPat在美国所有的童装品牌当中，用户推荐指数排名第一，说明其产品符合大多数美国人的喜爱，这与PatPat精心布局的本土化运营策略有着极大关系。PatPat的本土化思维渗透到品牌的每一处细节。①在品牌塑造和产品包装上，PatPat的设计团队和摄影团队以美国本土员工为主，注重对视觉包装和产品方案进行欧美化设计，细致到产品说明书上的长度单位和重量单位都换算成美国人常用的单位制，确保产品的美国化。②满足本土化的用户需求，PatPat组建了一支由2万多名美国妈妈组成的本土化选品团队，专门观察美国市场的需求，提供专业采购建议，生产制造更加潮流和更有设计感的产品。③在文案宣传上，PatPat的五人文案团队中，有两名是美国员工，主要文案的语言转换为英语并进行本土化润色。一系列的本土化运营，极大地提升了美国用户的购物体验，让其更好地把握市场，提高用户黏性，如图8-2-5所示。

图8-2-5　PatPat在印度尼西亚的直播选用印度尼西亚人为主播

尝到了本土化的甜头后，PatPat保持优势，继续前进，将品牌从欧美市场扩大到东南亚、中东、南美市场，包括带货主播的选择，产品的供应等都遵循着浓浓的本地化的运营策略。

任务评价：

项目		掌握设定短视频运营目标技能	能进行具体短视频运营计划策划	能进行短视频运营活动策划
学生自评		□优秀	□优秀	□优秀
		□良好	□良好	□良好
		□合格	□合格	□合格
小组评价		□优秀	□优秀	□优秀
		□良好	□良好	□良好
		□合格	□合格	□合格

续表

项目	掌握设定短视频运营目标技能	能进行具体短视频运营计划策划	能进行短视频运营活动策划
教师评价	□优秀	□优秀	□优秀
	□良好	□良好	□良好
	□合格	□合格	□合格
企业评价	□优秀	□优秀	□优秀
	□良好	□良好	□良好
	□合格	□合格	□合格

●【小组讨论】

本项目通过对服装、母婴等不同行业的跨境电商短视频实战案例进行分析，总结出了各行业在短视频运营中的特点和策略。对于想要在跨境电商领域取得成功的品牌和企业来说，掌握短视频运营的技巧和方法至关重要。通过不断创新和优化运营策略，品牌和企业可以更好地吸引目标受众，提升品牌知名度和商业价值。

参考文献

［1］郭振中.亚马逊跨境品牌流量闭环：全阶广告、社交短视频与合伙人制度［M］. 北京：电子工业出版社，2021.

［2］方玙，王君玲.短视频的跨文化传播策略：以山药视频为例［J］.新闻世界，2021 （5）：63-66.

［3］郭振中.亚马逊跨境品牌流量闭环：全阶广告、社交短视频与合伙人制度［M］. 北京：电子工业出版社，2021.

［4］邓庭筠.海外社交媒体平台的电商化转型探析［J］.青年记者，2022（20）：111- 113.

［5］王夏，蔡宝玉.新媒体短视频应用于跨境电商营销的方法途径［J］.大众投资指 南，2020（14）：80-81.

［6］夏依琳，赵云双.TikTok平台跨境电商的战略分析［J］.商展经济，2024(3)：54- 57.

［7］董静怡.视频化风起 跨境电商寻路新模式［EB/OL］.（2023-05-24）［2024-05- 01］.21世纪经济网.